福祉への道標
― 教職のための社会福祉 ―

山口洋史・伊藤一雄・福本幹雄 編

は じ め に

　本書は教職に従事することを希望する学生や社会人を対象に、教養としての社会福祉について解説したものである。福祉に対する真の理解とは支援対象者の目線で物事を見「共に生きる心」をもつことである。

　義務教育関係の教員免許状を取得することを希望する学生は、「介護等体験特例法」により在学中に介護等体験が義務づけられた。その趣旨は「個人の尊厳及び社会連帯の理念に関する認識を深めること」となっている。

　具体的には障害者、高齢者等に対する介護、介助、交流等の体験を7日間課している。福祉専門職の実習とは異なり体験であるといっても、一定の福祉に関する基礎的な知識は必要である。本書はそうした人たちへの入門書の役割ももっている。

また、現に教員として勤務している人にとっても、福祉についての基礎的な問題を再認識するのに役立つ内容だと考えている。とりわけ教科「福祉」の教員免許状の取得希望者にとっては、社会福祉の分野を概括するのに適当な書物となろう。執筆者はいずれも各分野でのベテランである。この書籍は社会福祉関係の研究者及び福祉施設での実務経験者と教職関係者が連携して取組んだ内容であることが特徴である。

　本書を有効に活用していただき、福祉教育の理解と進展に多少なりとも貢献できれば執筆者一同望外の喜びとするところである。

2006年1月1日　厳寒の京都にて

山口　洋史
伊藤　一雄
福本　幹雄

目　　次

第1章　社会福祉とは
 第1節　教養としての社会福祉……………………………………　8
 第2節　教員と社会福祉……………………………………………　15
 第3節　介護等体験の意義と課題…………………………………　24

第2章　社会福祉の分野と制度
 第1節　児童福祉……………………………………………………　32
 第2節　障害者福祉…………………………………………………　42
 第3節　高齢者福祉…………………………………………………　51
 第4節　地域福祉……………………………………………………　58
 第5節　社会保障……………………………………………………　65

第3章　社会福祉施設等の解説と体験のポイント
 第1節　児童養護施設・乳児院……………………………………　78
 第2節　身体障害児・者関係施設…………………………………　85
 第3節　知的障害児・者関係施設…………………………………　94
 第4節　特別養護老人ホーム………………………………………　103
 第5節　介護老人保健施設…………………………………………　113
 第6節　特殊教育諸学校（「特別支援学校（仮称）」）……………　121
 第7節　その他の介護等体験を行う施設や機関…………………　132

第4章　社会福祉の仕事
 第1節　社会福祉事業の量的拡大…………………………………　144
 第2節　社会福祉の各種資格制度…………………………………　147
 第3節　社会福祉の仕事の内容……………………………………　155

第5章　専門高校の教員と福祉

　第1節　専門高校の教育制度……………………………………………… 170
　第2節　教員の職務と社会福祉…………………………………………… 174
　第3節　教科指導と福祉…………………………………………………… 176
　第4節　教科外指導と福祉………………………………………………… 178
　第5節　教育指導と福祉…………………………………………………… 182
　第6節　福祉とキャリア教育……………………………………………… 184

巻末資料 ……………………………………………………………………… 191

第1章　社会福祉とは

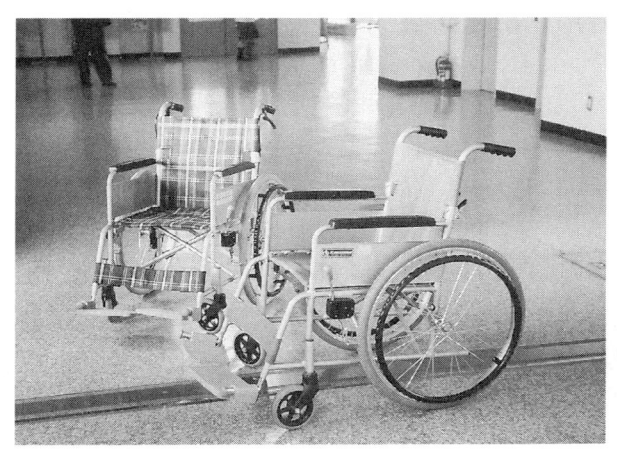

本章ではすべての国民にとって必要な社会福祉についての教養とは何かについて概説し、合わせて義務教育に従事する教員の免許状取得者に課せられている介護等体験について解説している。また社会福祉の問題を学校現場の中でどのように取り扱い児童生徒に指導するかの視点を文部科学省の人権教育の指導方法等に関する調査研究会議のまとめを中心として説明している。

第1節　教養としての社会福祉

1. 国民福祉の向上と社会福祉

　「福祉」という言葉は大変広い意味に用いられる。国民一人ひとりの福祉の向上は、政治的にも革新の政党のみならず、保守政党を含めてすべての政党の大きなスローガンとなっている。この場合の「福祉」とは、経済生活を含めたよりよい「充実した幸せな生活」という意味合いが強いのである。この国民福祉の向上という意味での福祉と具体的な社会的支援を必要とする人たちに社会的な固有の援助を専門に行う活動・行為を指す社会福祉とは、分けて考えなければいけないのである。

　そのことは、他のさまざまな社会的分野・領域における「すべての人たちの一般的理解」と「専門家の仕事」との関係に置き換えることもできよう。例えば、健康、衛生、病気についての必要な知識は、多くの人々に求められることと、医学関係者の専門的仕事とは、つながっているものの別の問題である。社会的なルールやさまざまな組織における約束や契約についての一般的な理解と法律家の専門的仕事もそうであり、子供の教育についても多くの人にとっては重大な関心事であり、その理解度や知識も広くて深いものがあるが、教育活動に専門的にかかわる専門家とは別である。

　ただ、社会福祉に関しては、歴史的に見てもわかるように、「救貧」、「救済」という言葉とともに「社会事業」といわれた時期が長く、ごく限られた一部の人たちの問題であるとの考えが強く、多くの国民の関心事にはならなかった。第2次大戦後、新しく社会福祉として民主社会の中で裾野の広がりを見せてきたが、残念ながらまだ多くの人たちの関心事となっているとは言いがたいのが現状である。しかし、戦後も60年を経て、「少子・高齢社会」

に突入した日本において、高齢者の介護・医療や年金の問題はもちろん、若い人たちの将来の年金問題なども大きな国民の関心事となってきている。

　さらに、一方では、さまざまな社会福祉制度や専門機関における専門的な支援活動の広がりと深化は、社会福祉専門従事者の専門性がいっそう強く求められているのである。ますます多様化する援助技術、それは、福祉の支援の主流であった専門機関や施設での支援から地域における多様で柔軟な支援へと広がりを見せているだけに、福祉の支援が、国民一人ひとりにとってより身近なものになりつつあることも事実である。

　そして、この福祉活動の充実には、福祉専門従事者の努力はもちろんであるが、関係者の努力だけではなく、広く多くの人たちの賛成が必要なのである。このことについて具体的に例をあげてみてみよう。もうずいぶん前からであるが、多くの市町村において、「バリアフリーの街づくり」、「高齢者や障害者が安心して住める町」、「福祉の心の育成と環境に優しい街づくり」、「ユニバーサルデザインの街づくり」等のスローガンが市町村役場の前や駅前の広場などに垂れ幕、のぼり、塔などの形で掲げられてきた。そして、道路や役所などの公共の建物はもとより、駅や病院、デパートや大型店舗、銀行や郵便局等多くの人たちが利用するところは、できるだけ段差をなくし、スロープや手すりの取り付け、エレベーターの設置、車椅子利用のトイレを作り、また、音の出る信号機や誘導の点字ブロックの設置、各種の券売機に点字表示の取り付け、各種のアナウンスを電光文字による表示と併用等の環境は徐々に整いつつある。ここで「徐々に」というには、整備されてきたスピードが各地でバラバラであり、整備内容にもバラツキがあることである。このことは設置の裏づけとなる財政の問題があったからである。限られた予算の中で、住民へのサービスをどのような重要度・順序で行うかは、多くの人たちの意識を反映したものになるからである。このように公的なもの、公共性の強いものについては、比較的賛意を得やすいのであるが、民間の建物すべてとなるとなかなか大変である。たとえば、ある民間の企業が新しい建物を作る際に、従来のようなものであれば12億円かかるところ、「ハートビル法」にのっとったさまざまなバリアフリーの施設・設備をつけて建築すると12億5千万円かかるとすると、その企業の社会的役割やもっと長期的な

視点での判断はあるにせよ、厳しい競争の中での利潤を追求している企業としては、そうたやすい話ではないのである。

また、ある地域で社会福祉施設の建設の話に反対の声が上がったり、反対運動が展開されたりしてきたこともある。幸いにもこのような状況はずいぶん変わってきたが、社会福祉の実践が、専門従事者や関係者の努力だけではなかなか進展しないことを物語っているのである。

このような、いわばハード面においても、そのバリアを低くしていくのは並大抵のことではなく、多大の労力と時間がかかるものである。そしてこの問題がさらに「心のバリア」といわれる周りの人たちの意識や態度にかかわる無理解や偏見ということになるとその除去や改善には更なる労力と時間がかかるのが一般的である。このように見てくると「社会福祉の実践」というものは、社会福祉専門従事者が対象者に直接働きかけたり、専門機関や行政の仕事として社会福祉の活動を支援・援助したりすることが、中核になることはいうまでもないが、支援・援助の対象者やその関係者への働きかけと同時にもっと幅広く多くの人たちへの働きかけも重要なことになってくるのである。しかしこの多くの人たちへの働きかけについては、すべての社会福祉関係者が重要と思い、それなりの立場での努力があったわけであるが、そのことが必ずしもうまく言ったとは言い難い面がある。政治、行政、実践者、研究者などの役割や守備範囲がはっきりしていなかったり、行き違いがあったりして、全体としての機能が発揮できなかった点もあったのである。

次に社会福祉の現状や問題点と国民生活とのつながりについてみてみよう。

2．社会福祉の問題点と国民生活

社会福祉の活動は、現在大きく変わりつつある。社会福祉基礎構造改革という名のもとに、従来型の対象となる人たちの条件により個別に固有の処遇をするという方法から、多様な福祉サービスを提供する中で、対象者がそれぞれの福祉ニーズに基づいてサービスを利用・選択する方向へと変わってきたのである。所得保障が必要な人でも、生活保護のための経済的援助は当然であるが、それと同時に、それぞれの人が、自立に向けての職業訓練が必要

なのか、たとえば、アルコール依存症の人であれば、そのことに対する日常的な支援がどうなっているのかが大切であり、所得保障といういわばハード面とそれぞれの人の多様な福祉ニーズと結びついたソフト面の支援とが結びついた形で展開されることが重要なのである。

　このような変化は、支援を必要としている子供たちの問題、高齢者問題や障害者問題についてもいえることである。

　支援を必要としている子供たちの問題は、「児童福祉法」にあるように乳児院、保育所、児童養護施設、さまざまな障害児施設や児童自立支援施設等のように対象児の持つ条件に対して、それぞれ専門機関での処遇が中心であった。そのことは現在でも変わりはないが、何よりも対象児の持つ条件が大きく変わってきていることに対して、専門機関の処遇方法も変化してきているのである。母子生活支援施設や児童養護施設で支援を受けている児童が大きく変わってきていることを見ても、その重点が専門機関での処遇というよりも「どのような支援方法は必要なのか」というソフト面での専門性が問われるようになってきているのである。母子家庭が問題なのか、片親の家庭が問題なのかという広がりであり、児童養護施設においても「両親がいないから」ということよりも、「その子の成長にとって不適切な家庭」であれば、ソフト面での支援が必要なのである。しかもその「不適切」の内容が、かっての経済的理由から「虐待」に象徴されるように、心理的「不適切さ」に比重が移ってきているのである。したがって専門職員の対応にも変化がなくてはいけないのである。

　また、児童の健全育成の視点からの「児童館」、「児童公園」等の遊び場の問題も十分とはいえない状況である。もちろんこの問題は「すべての子供」ということからすれば、社会教育、社会体育、生涯学習というまさに「地域の教育力」の問題でもあるが、福祉の側からの積極的な働きかけが必要なのである。「保育所」の問題も、歴史的な「保育に欠ける…」とか経済的理由での「共働き」という時代ではないのである。このような問題は、制度的には福祉であっても、すべての人たちの問題になっているのである。

　高齢者福祉の問題も大きく変わりつつある。介護保険の問題がすべての人たちの（一定年齢以上）問題であるように、高齢者福祉の問題は、個人差は

あるにせよ、避けて通ることができないすべての人たちの課題なのである。「自宅で家族が介護」か「養護老人ホーム」に入るか、というようなことではなく、自宅での介護であっても、ホームヘルパーの支援はもとより、地域でのさまざまな支援がどれくらい受けられ、家族介護の負担を軽減できるかが重要なのである。在宅介護センターなどが、全国あらゆる地域に十分に作られ、「地域で暮らす」という希望が、家族の犠牲的努力によってのみ可能になるというのではなく、普通にならなければならないのである。養護老人ホームや特別養護老人ホームのような施設への入所であっても、その人のさまざまな条件、すなわち、経済的なこと、要介護度の軽重、本人や家族の意思などを踏まえて、多種多様な施設介護の条件が整えられなければならないのである。

　障害者問題においては、その変化がもっとも著しいものである。北欧に端を発したノーマライゼーションの考え方は、アメリカを経て、日本にも大きな影響を与えた。さらに、国連の「国際障害者年」や「サラマンカ宣言」などのこともあり、また、何よりも日本における障害者処遇の実践の中で、専門施設における専門家による処遇という名のもとで展開されてきた隔離的、閉鎖的な実践が反省され、ノーマライゼーションからインクルージョンへという思想の流れの中で、「地域で暮らす」、「共に暮らす」という方向が大きく打ち出されてきたのである。通勤寮や福祉ホーム、グループホームでの支援が増えてきているのである。そしてかつては、在宅での処遇といえば、「行くところがないから在宅」という消極的、否定的な「在宅」であったが、現在では大きく変わり、積極的に「在宅」を選択する家族も増えてきているのである。しかし、このことは、入所施設をすべて解体してしまえばよいというものでもない。障害者一人ひとりさまざまな条件があり、また、「施設入所」＝「隔離・閉鎖的」というものでもないのである。多くの施設が、より開放的な実践を目指し、地域との交流を図り、地域へのサービスの一環として相談活動を展開したりしているのである。実践のベクトルが外側に、すなわち地域のほうに向いているかどうかということが大切なのである。

　この問題は、新しく障害者問題のひとつの柱となった精神障害者の処遇についても同じようなことがいえるのである。「中間施設」の更なる増大と仕

事への復帰にかかわるさまざまな援助の充実がなされなければ、「社会的入院」の減少は望めないのである。いわば「医療」と「労働」をつなぐすべての支援が「福祉」でなくてはならないのである。

さらにここで付け加えておかなければならないのが、社会福祉従事者の専門性とそれに対する労働条件を基礎とした評価の問題である。多くのところで、措置ではなく、利用者の選択・契約に変わったことは、事業者の「経営」の比重が増し、経営的な合理主義がウエイトを増す結果となり、各機関の正規職員の採用減などの状況を呈していることは、各種資格が認知されてきた中で、相反することとなっているのであり、社会福祉活動そのものに対する多くの国民の理解と応援が必要なのである。

3．すべての国民に必要な社会福祉への理解と関心

社会福祉の活動はますます複雑多様なものになってきている。幼児の保育問題にしろ、高齢者の介護の問題にしろ、ある限られた人たちだけの問題ではなくなってきているのである。さらに社会福祉の支援の大きな流れが、施設や専門機関での支援・処遇から地域における支援・処遇へと変化してきていることである。このことは、高齢者や障害者とまさに「地域で暮らす」、「ともに生きる」実践が、多くの人たちの具体的な課題となりつつあるのである。社会福祉専門従事者の専門性が問われる一方で、その専門性も専門機関と結びついた専門性というよりは、地域でさまざまな条件の対象者に対する応用的な援助技術を有する経験豊富な専門性が求められているのである。地域におけるこのような専門性の支援は、専門家のみならず、周りの多くの人たちの理解や支えが必要になるのである。それは、高齢者や障害者が在宅であれ、地域のグループホーム等で生活をしているにせよ、常に日常生活の中で、周りの健常者の人たちと一緒に生活をする機会が多くなることである。このようなことは、いろいろ地域差があるにせよ、場合によっては、周りの人たちの無理解や偏見・差別といわれるような状況にも出会う可能性があるということである。現在の段階では、バリアフリーの街づくり、社会福祉の専門機関などはそれなりに整えられてきたが、社会福祉に対する正しい理解、すなわち、「心のバリア」は残念ながら十分に低くなったとはいえないので

ある。

　高齢者や障害者のような社会福祉の対象者、すなわち、「社会的弱者」といわれる人たちに対する正しい理解の進展は、多くの努力と長い時間とが必要であると考えられる。

　社会福祉事業や社会福祉対象者に対する理解の進展については、一般的に、次のようなことが考えられる。

①　新しい、未経験な問題に気づくことである。そして今までの自分の「人間観」、「社会観」に大きな刺激となる。

②　その新しい問題に関してきちんと学習し、正しい知識を身につけることである。

③　新しい問題に関しては、情緒的・感情的に難しい問題がある。すべての人が肯定的な感情を持つとは限らないのである。「驚き」、「拒否的態度」などが現れる場合もあろう。しかし小さな経験の積み重ねは、そのことに対する知識によって支えられるようになり、必要以上のネガティヴな情緒的態度が減じてくるのである。

④　正しい知識に支えられたさまざまな経験は、望ましい、そして安定した態度形成へとつながるのである。

⑤　そしてこの「望ましい態度」は、より積極的な行動へとつながることが期待されるのである。子供でも、大人でも、年齢段階での違いはあっても、この「望ましい態度」と「受容的・積極的な行動」との間にはズレや距離があるものである。このズレや距離をできるだけ縮めることが大切なのである。

　この一般的な態度・行動形成の問題は、あくまでも長期的に見ればということであり、現実の問題としては、体系的・長期的な社会福祉に対する体験や学習が十分ではない現状においては、いろいろの段階を「行きつ戻りつ」しながら進んでいくものである。小学校や中学校における福祉教育やボランティア学習の「読本」の中に、バスや電車の中で、障害者や高齢者に出会って、席を譲りたかったが、なかなか勇気がなくてできなかった話が出てくる。「望ましい態度」と「行動に移す」とのズレは、ある意味では当然のことで、一般的にはよくあることである。「望ましい態度」をできるだけ「行動に移

す」ようになるには個人差があるが、日常的なさまざまな社会福祉の学習や体験が豊富であれば、その時間は短くなるのである。この問題はさらに一般化すれば、よく言われる「本音」と「建前」の問題にもかかわるのである。「建前」は、それ自体「本音」を隠すという意味では必ずしもいい意味に用いられない場合もあるが、個々人が、「未知のこと」、「未経験なこと」の場合は、この「望ましい態度」すなわち「建前」を理性や知識によってしっかりさせることは重要なことである。

このようなことを考えれば、社会福祉に対する理解や関心を高める働きかけは、できれば学校教育においても、また、地域社会においても、できるだけ早くから取り組むことが望まれるのである。

(山口　洋史)

第2節　教員と社会福祉

1．教職としての社会福祉
(1)　今、教職に求められるもの

介護等体験を行う趣旨は、「義務教育に従事する教員が個人の尊厳及び社会連帯の理念に関する認識を深めることの重要性にかんがみ、教員としての資質の向上を図り、義務教育の一層の充実を期する」(小学校及び中学校の教諭の普通免許状授与に係る教職員免許法の特例に関する法律第1条)ことである。個人の尊厳と社会連帯の理念にかかわっては、教員の人権についての意識や人権感覚が問われることでもあり、子ども達には個人の尊厳を基調とする人間尊重の教育を推進していくことの必要性が痛感されている。一方で、今日の学校においては、いじめ、不登校、親による子の虐待等の問題状況に対して、焦眉の対応が求められている。

人権については、国が策定した「人権教育・啓発に関する基本計画」(2002年3月)では、今日においても、生命・身体の安全にかかわる事象や社会的身分、門地、人種、民族、信条、性別、障害等による不当な差別などの、人権侵害が生じていることが問題視されている。様々な人権問題が生じている背景として、「より根本的には、人権尊重の理念についての正しい理

解やこれを実践する態度が未だ国民の中に十分に定着していないこと」を指摘している。また、学校教育における人権教育の現状に関しては、「教育活動全体を通じて、人権教育が推進されているが、知的理解にとどまり、人権感覚が十分に身に付いていないなど指導方法の問題、教職員に人権尊重の理念について十分な認識が必ずしもいきわたっていない等の問題」があるとし、人権教育に関する取り組みの一層の改善・充実を求めている。

　以下、本節では、教職に求められる、子どもの人権についての意識、人権教育の進め方、いじめ、不登校、被虐待に対する具体的な対応についてふれる。

(2) **児童福祉の理念と子どもの人権**

　児童福祉法（第1条）は、子どもは心身ともに健やかに生まれ、育成されることと生活が保障され、愛護されることが児童福祉の理念であるとしている。子どもは保護されるだけでなく、憲法で保障された基本的人権が尊重され、その権利の実現にあたっては、子どもの最善の利益が図られなければならない。

　1959年、国連総会で採択された「児童権利宣言」は、1948年の世界人権宣言の人権条項を子どもにも適用するもので、権利の内容として、児童の出生権や生存権、発達権、幸福追求権、教育権等を掲げている。また、子どもは特別の保護を受け、成長することができるための機会と便益を法律等によって与えられなければならないが、このためには「子どもの最善の利益」について最高の考慮が払われなければならない（第2条）、とした。子どもを権利の主体としてとらえ、その権利の実現のために様々な面での保護を図っていかなければならない。

　さらに30年後の1989年、国連総会で「児童の権利に関する条約」が採択され、子どもの人権について「児童権利宣言」よりさらに具体的、積極的に多くの規定をしている。生命、生存、発達の権利（6条）、意見表明権（12条）、表現・情報の自由（13条）、思想・良心・宗教の自由（14条）、結社・集会の自由（15条）などであり、子どもは従来の保護の対象から「（大人と同じような）権利行使の主体」としてとらえられることになった。子どもに関するすべての措置をとるに当たっては、子どもの最善の利益を考慮すること（第

3条)としている。子どもにとって最善の利益になることであるかどうかを基準にして判断し、行動しなければならない。

　今日の学校教育や子どもの学校生活において、子どもの最善の利益のためにはどのようなことが必要であろうか。例えば、最近になって、校則の見直しが徐々にではあるがなされるようになってきた。「子どもにとって何が最善の利益か」と考える姿勢が、子どもと教員の信頼関係を築き、子どもの自主性を育て、責任ある行動につながる。子ども本人に意見を表明する機会を与え、それを尊重することが、問題状況の解決の方向を見つけるために重要であると考えられる。

　また、教職員が子どもについての内面理解や相互理解に基づく望ましい人間関係づくりとともに、人権の意義を理解し、人権教育の理念について十分に認識していることが必要である。教職員が一人ひとりの子どものよさを受け入れ、同じように接し、子どもとともに考えようとする。子どもが自分の活動や意見・考えをきちんと受けとめられているのか、自らの大切さが認められていることが実感されているのか、教職員の人権感覚が具体的な対応の姿として発揮されていなければならない。

　教職員には、人権についての意義・内容についての正しい知識(「知的理解」)を身につけ、人権問題を直感的にとらえる感性及び人権への配慮が態度や行動に現れるような人権感覚を磨き、人権教育を推進することが求められている。教職員は、学校や学級が子どもの学習することや生活する上で居心地のよい場所か、校則や学級の雰囲気が人権を侵害するものでないか、敏感に察知し、判断できなければならない。

　今日の問題状況に検討を加えるには、他人への関心と愛着に欠ける子ども、子どもを支える家庭の養育基盤の脆弱さ、教職員同士の関係の希薄さ、など克服しなければならない課題は多い。学級担任や一人の教職員からだけでなく、家庭と協力し、学校ぐるみで多方面と連携し、あきらめないという信念に基づくものがないといけない。教職員の人権感覚と教職員集団としての在りようが問われている。

(3) **人権教育の進め方**

　文部科学省は、2003（平成15）年6月から、「人権教育の指導方法等に関する調査研究会議」を設置し、「人権教育・啓発に関する基本計画」に基づき、学校における人権教育を推進するため、学習指導要領等を踏まえた指導方法の望ましい在り方等について検討してきた。同会議は、2004年6月「人権教育の指導方法等の在り方について」［第一次とりまとめ］を公表したが、ここには人権教育の基本的考え方と学校教育における指導の改善・充実に向けた視点が示されている。

　① 　人権教育の目標

　［第一次とりまとめ］によると、人権教育の目標は、一人ひとりの児童生徒がその発達段階に応じ、人権の意義・内容や重要性について理解するとともに、「自分の大切さとともに他の人の大切さを認めること」ができるようになり、それが様々な場面や状況下での具体的な態度や行動に現れるようにすること、である。具体的には、各学校においてはこの考え方を基本としつつ、教育活動全体を通じて例えば次のような力や技能などを総合的にバランスよく培うことが求められる。

　　1 　他の人の立場に立って、その人に必要なことやその人の考えや気持ちなどが分かるような想像力や共感的に理解する力
　　2 　考えや気持ちを適切かつ豊かに表現し、また的確に理解することができるような、伝え合い分かり合うためのコミュニケーションの能力やそのための技能
　　3 　自分の要求を一方的に主張するのではなく、建設的な手法により他の人との人間関係を調整する能力及び自他の要求を共に満たせる解決方法を見いだして、それを実現させる能力やそのための技能

　児童生徒が人権感覚を育てる基礎的なものとして、自分自身をかけがえのない価値ある存在として認め、実感できるセルフエスティーム（自尊感情）が持てることが必要である。また、自分の大切さとともに、他者の大切さを認めることができることにつながる。このためには、周囲の人たちとの良好な関係が築かれることが重要で、一方的な自己主張ではなく、お互いを尊重する気持ちを持ちながら、自分の気持ちや意見を表現し合う能力やそのため

の技能が必要となる。共通の目標に向かって協力し合う活動の中で、相手の存在や思い、助け合うことの大切さを理解する態度が育つ。
② 人権教育の基盤と推進体制づくり
　1　教職員における人権尊重の理念の理解・体得
　　　まず、教職員が人権尊重の理念について十分に認識し、児童生徒が自らの大切さが認められていることを実感できるような環境づくりに努める。また、教職員同士の間においても、児童生徒の指導について自由に意見交換ができるのか、学校の雰囲気と環境づくりに取り組む必要がある。
　　　教職員が人権尊重の理念を十分に認識し人権教育を推進することができるようにするため、学校や教育委員会等において効果的な研修を実施する。
　2　人権教育の全体計画と年間指導計画
　　　人権教育は学校のすべての教育活動において行われる。各学校は、いじめや偏見や差別につながる表れなどはないかを正しくとらえ、人権教育の基本的な方針と学校と地域の当面の人権上の課題を明確にし、教育目標や指導の重点の設定を全体計画として示すことが重要である。これに基づき、児童・生徒等の発達に即して、領域、各教科と道徳、特別活動、総合的な学習の時間、それぞれについて指導目標、指導内容、指導の順序、指導方法、使用する教材、指導の時間配当を定めた年間指導計画を作成する。具体的な実践には、月ごと、週ごとの指導計画を活用する。
　3　教職員の校内体制、人権教育（推進）担当者の役割
　　　人権教育の組織的な推進のために、人権教育（推進）担当者を中心に校務分掌組織を確立する必要がある。担当者は人権教育推進計画、人権教育年間指導計画の作成、取りまとめを行うとともに、校長、教頭、生徒指導主任、学年主任、担任、養護教諭等との連絡・調整を行い、学校ぐるみで人権教育を推進する。また、生徒指導の基本方針や校則等について、人権教育の視点から助言する。児童生徒の健康や安全に配慮するとともに、情操を豊かにするための環境整備について助

言する。いじめの防止や児童虐待の早期発見等ができるように指導体制を点検・改善する。スクールカウンセラーや関係機関等との情報交換等により、緊密な連携を図る。
　4　家庭や地域社会との協力、連携
　　「学校だより」などの通信を発行し、授業等の公開を行い、PTAや地域懇談会、学校評議員会を開催したりして、「開かれた学校づくり」を進め、学校の人権教育の取り組みを保護者や地域に発信するとともに、保護者や地域の人々からの意見や情報の提供と評価を積極的に受けるようにする。このとき、個人情報や家庭のプライバシーに十分配慮する。また、地域の行事や会合、各種のイベントへの参加を通し、町内会、社会福祉協議会、公民館等、関係諸機関との連携を図る。相互の共通理解と信頼関係に基づいた地域社会の教育力を求めるようにようにしたい。
③　人権教育の指導内容・方法
　1　基礎的・基本的な内容の定着
　　学校の教育活動を進めるにあたっては、児童生徒に「生きる力」を育むことを目ざし、各教科と領域の年間指導計画の中に人権教育を位置づけ、学習意欲を高め、基礎的・基本的な内容の確実な定着を図るため、題材を系統的・発展的に配列できるよう工夫する。偏見や差別意識をなくすためには、事象を冷静、客観的にとらえ、科学的、合理的に考える能力と対処する態度を育成することも重要である。
　2　効果的な学習教材の選定・開発
　　日常の授業においては、一人ひとりの発達（学習）の速度と達成度、学習スタイル、興味・関心様子等に基づき、学習教材を選定・開発し、個別のきめ細かな指導がなされなければならない。生命の大切さに気づくことができる教材、様々な人権問題に気づくことができる教材、自分自身を深く見つめることを意図した教材、技能を学ぶ教材など学習の目的に応じて多様に選定・開発する。
　3　自主性の尊重と多様な体験活動の充実
　　児童生徒の自主性を尊重し、指導が一方的なものにならないよう留

意することにより、課題意識を持って自ら考え主体的に判断する力や実践的な行動力を育成する。例えば、学級活動、児童会活動・生徒会活動などにおいて自分たちでルールをつくる経験を積み重ねるなど、指導方法を工夫し、多面的・多角的に考える力や合理的なものの見方・考え方を育てる。

社会性や豊かな人間性を育み、人への思いやりが実際の行動につながるために、ボランティア活動、自然体験活動、職場体験活動、高齢者や障害者等との交流活動などの多様な体験活動を系統的に展開する。その際、事前指導と事後指導を工夫することなどにより、その取り組みが単発的なものに終わることなく、人権教育における意義を明確にし、その成果を効果的に生かす。

(4) 子どもを取り巻く問題状況への対応
① いじめ

いじめは、仲間はずれ、身体への攻撃、いやがることをさせるなど、一方的に身体的、心理的な攻撃を継続的に加え、相手に深刻な苦痛を与える重大な人権侵害である。1996(平成8)年7月、文部科学省(当時は文部省)の「児童生徒の問題行動等に関する調査研究協力者会議」による報告「いじめの問題に関する総合的な取組について―今こそ、子どもたちのために我々一人一人が行動するとき―」は、いじめ問題への取り組みに当たっての次の5つの基本的な認識を示したが、学校、家庭、地域社会がひとつになって、いじめに毅然と立ち向かうことや指導の重要さを指摘している。

1 「弱い者をいじめることは人間として絶対に許さない」との強い認識に立つこと
2 いじめられている子どもの立場に立った親身の指導を行うこと
3 いじめは家庭教育の在り方に大きなかかわりを有していること
4 いじめの問題は教師の児童生徒観や指導の在り方が問われている問題であること
5 家庭、学校、地域社会など全ての関係者がそれぞれの役割を果たし、一体となって真剣に取り組むことが必要であること

いじめの防止のために、第一に大切なことはいじめの早期発見である。教師は、子どもの表情が暗く、おどおどしたり、ふさぎ込んだりしていないか、また、持ち物が頻繁になくなったり、壊されたり、落書きをされたりしていないか、いつも注意が必要である。服を汚してきたり、破いてきたり、お金の使い方が荒くなった、といった家庭からの連絡・情報に敏感でなくてはならない。また、教室で発言すると周りの子どもから嘲笑される、といった教室の雰囲気から、いじめられている子どもの存在が察せられることもある。

指導に当たっては、個別の教育相談を充実し、親身になって話を聞き、いじめられている児童生徒の悩みを受け止め、支えることが必要である。いじめる児童生徒にはいじめの非人間性に気づかせるとともに、活躍できる場やよさを引き出す機会をつくるなど、学級経営上の配慮をすることが大切である。さらに、開放的、共感的な学級づくりを進め、いじめを傍観することはいじめの助長につながることを理解させ、相互に人権を尊重し合う人間関係を育成することが必要である。

② 児童虐待

深刻な児童虐待はあとを絶たないが、改正「児童虐待の防止等に関する法律」が2004（平成16）年10月1日より施行された。この改正で特筆すべき点は、目的（第1条）で「児童の人権」が明記されたことである。すなわち、「この法律は、児童虐待が児童の人権を著しく侵害し、その心身の成長及び人格の形成に重大な影響を与える…」との記述がされて、児童虐待については子どもの権利の視点から施策が構築され、実施されなければならないことを明らかにした。

また、改正法では、虐待通告の対象がこれまでの「児童虐待を受けた児童」から「児童虐待を受けたと思われる児童」（第6条）に拡大された。確証がつかめないために通告を躊躇することがあったことを省み、児童虐待の疑いの段階で通告することができるものである。

教職員は登校（園）時の健康観察などの場面や授業中や給食時などの生活場面で、子どもの表情や態度、言動、服装などに異常がないか、気を配らなくてはいけない。保護者とのかかわりの中では、わが子への配慮の様子、育児やしつけに対する言動等に注意が必要で、総合的な判断をすることが大切

である。
　さらに、改正法は「学校、児童福祉施設、病院その他児童の福祉に業務上関係のある者は、……児童虐待の予防、防止、保護、自立の支援に協力するように努めなければならない」（第5条2項）、「学校及び児童福祉施設は、児童及び保護者に対して、児童虐待の防止のための教育又は啓発に努めなければならない」（第5条3項）とした。防止、自立支援、普及・啓発に関しても、児童相談所等の関係機関との連携強化が必要である。
　③　不登校
　不登校の原因や背景は多様で、複雑であるが、登校の意思があるのに身体の不調などで学校に行けない「情緒的混乱」と「無気力」といった心因的な理由が半数を超えている。
　学校は、児童生徒にとって魅力ある学校づくりを目指すことが重要である。学校は、自分は大事にされている、認められている等が実感でき、かつ精神的な充実感が得られる「心の居場所」として、さらに、教師や友だちとの心の結びつきの中で、共同の活動を通して社会性を身につける「絆づくりの場」であることが求められる。
　2002（平成14）年度から実施されている新学習指導要領では、特別活動に関して、学級や学校の生活への適応指導、児童生徒の自発的・自治的な活動、ガイダンスの機能などの充実が図られている。児童生徒間や教師との人間関係を形成し、学校における居場所づくりや帰属意識を高める観点から重要である。
　また、不登校経験者に直接聞いた実態調査（文部科学省委託調査「不登校保護者に対するアンケート調査」）によれば、「自分自身は不登校を悪いこととは思わないが、他人の見方が気になった」といった「他人の見方」によって不登校児童生徒が心理的に強い圧迫を感じている事例が「学校に行きたいが、行けなかった」や「学校へ行かないことに何ら心理的負担はなかった」を上回った。不登校となった直接のきっかけは、いじめや教員による体罰、不適切な言動や指導等、人権侵害の存在を指摘する声もある。学業不振や学校生活上の問題において、教師は共感的な受けとめとともに学ぶ意欲を喚起する等の配慮が必要である。

文部科学省は、1995（平成7）年度以来、「心の専門家」であるスクールカウンセラーについて中学校を中心に配置し、学校における教育相談体制の充実を図ってきた。1998年度からは中学生が悩みを気軽に話し、ストレスを和らげることのできるよう「心の教室相談員」を配置する事業を実施して、教職経験者や青少年団体指導者等の様々な人材との連携協力を行っている。また、2003（平成15）年度から、不登校への早期の対応ときめ細かな支援を行うため、不登校児童生徒の学校外の居場所である教育支援センター（いわゆる適応指導教室）を核として、地域ぐるみのネットワークを整備する「スクーリング・サポート・ネットワーク整備事業（SSN）」を実施している。

　2003（平成15）年3月、文部科学省の不登校問題に関する調査研究協力者会議は「今後の不登校への対応の在り方について」（報告）を発表したが、各学校においては、不登校児童生徒に対する適切な対応のために、中心的かつコーディネーター的な役割を果たす教員を明確に位置づけることが必要である、としている。コーディネーター的な役割を果たす教員は、校内における不登校児童生徒の学級担任や養護教諭、生徒指導主事等との連絡調整及び児童生徒の状況に関する情報収集、児童生徒の状況に合わせた学習支援等の指導のための計画づくりに関する学級担任等との連携、不登校児童生徒の個別指導記録等の管理、学校外の人材や関係機関との連携協力のためのコーディネート等を行うことが求められる。

（渡辺　明広）

第3節　介護等体験の意義と課題

1．教員養成課程における社会福祉への理解

　「どのような教師を養成するのか」という問題は、近代学校が、地域における専門機関としての役割を果たすようになって以来の「古くて新しい課題」なのである。戦前までの官立による画一的な師範学校による閉鎖的なものは例外としても、戦後の開放制の教員養成の時代になってから60年を経過した。この間、「特設道徳・道徳」、「生活科」、「総合的な学習」の新設や教科の再編などの変化に対応しての小学校、中学校・高等学校の「各教科」の養成に

かかわる改訂が行われてきた。このことと無関係ではないのだが、もう一方では、それぞれの教科内容の学習と子供の発達にかかわる教育や心理の学習とそれを生かした教育実習を、「いつ」「どれくらいの期間」行うかということが常に議論されてきたのである。大きな流れとしては、教科内容の一定の基準を定め、いわば教職科目とのバランスを保つ形になっている。ただ現在の「教職員免許法」では、免許の上位更新に際しては、中・高校の各教科に関しては、従来基本的には教科内容の積み上げを基本としていたのが、1989（平成元）年の「免許法」の改訂により、この「上位免許」への積み上げは、教科内容でも教職科目でもよいように自由度が増したのである。

しかし、別の視点からの問題点もある。ひとつは、障害児に対する実践やその固有の「免許」がありながら、その問題がすべての教師の問題とはなかなかならなかった点である。もう一点は、教師の人間的な幅を広げたり、社会のさまざまな問題に対するリアルな目を持つことへの問題であり、この二つの問題は、教員の養成の段階からの問題でもあるのである。

まず、障害児教育に関しては、「盲学校」、「ろう学校」、「養護学校」の独自の免許があり、何よりも実践そのものが大きく展開されてきたのである。しかし、それぞれの免許が、その養成課程において、その専門科目の履修を中心に組み立てられており、しかも、障害児教育の免許は、それ自体単独では機能せず、小・中・高校の基礎免許を持っていることが条件とされている。一方障害児教育にあまり関心がない人は、障害児のことをほとんど学習することなく教育実践に入って行き、実践を続けることとなっていたのである。さらに、現実の実践においては、障害児教育の実践は、1960年代から急速に量的拡大を見せ、1979年の養護学校教育義務制の確立を見、重度・重複障害児に対する取り組みや健常児との交流教育も実践の深まりを見せるようになった。このように障害児教育の実践はますます専門性が求められる一方、小・中学校の障害児学級の実践はもとより、通常学級の実践への広がりを見せたのである。この広がりに対して、障害児教育「免許状」を有している教員が不足し、障害児に対する理解度は、現実は個々の教員によってバラツキがあったと思われるが、形式的には障害児教育の「免許」を持っていない人が多数実践に責任を持つ形で展開されてきたのである。この問題は形の上で

は現在も同じ状況であるが、すでに20数年前から、多くの教員養成系の大学や学部において、すべての学生へ「障害児教育」の学習を課す努力がなされてきた（選択制や任意のところもあった）。教育現場においても、各教育委員会が「認定講習」や研修会を開催し、障害児教育への理解の努力がなされてきた。この問題は、前節で見てきた現在の教育現場の状況に対応するひとつの手立てでもあったのである。このようにさまざまな変化や多様な状況に対する的確な判断と対応ができることの必要性が強く求められてきたことに対して、「介護等体験」が有効なひとつの学習活動になるのではないかということが認められてきたのである。

　そして近年、いくつかの府県において、教員の「研修」の「あり方」のひとつとして、一般企業やサービス業への派遣研修が行われてきている。これは、従来の「研修」の「あり方」といえば、常に教育に関する専門研修が一般的であった。これはまさに社会の多様な問題に対応できる教員の人間的幅を広げることが狙われているのであり、「介護等体験」の学習とつながっている問題である。

2．「介護等体験」の意義と目標

　教育のさまざまな変化、とりわけ障害児に対する対応や不登校、いじめ、落ち着きのない子に対する対応など教師自身の専門性が求められる一方、他の専門職員との連携も重要なものとなりつつある。このような教員に求められる資質の一助になるものとして、その養成段階において、多様なものの見方、人間性の幅を広げることを狙いとして「介護等体験」の学習がなされるようになったのである。

　具体的には1997（平成9）年の6月に議員立法として成立した法律「小学校及び中学校の教諭の普通免許状授与にかかわる教育職員免許法の特定等に関する法律」（法律第90号）により、1998（平成10）年4月1日より実施されたのである。この法律により、1998（平成10）年4月に大学・短期大学に入学した学生からスタートしたのである。通称「介護等体験特例法」と呼ばれるこの法律は、わずか4条からなる短いものであるが、義務教育に携わろうとする教員に「介護等体験」を義務付けたものである。この趣旨は、前節

にもあげたように「個人の尊厳及び社会連帯の理念に関する認識を深めること」（同法第1条）としている。そして、障害者、高齢者等に対する介護、介助、交流等の体験を課している（同法第1条）。その体験の期間は7日間としている（同法第2条）。

　この法律による目的は、まず「個人の尊厳」に対する正しい認識の深まりを求めている。これは、その内実としては非常に多くのことを含んでいるのである。「個人の尊厳」の具体的内実は、まず個々人の人権ということを基礎としていなければならず、高齢者で全面介助を受けている人、障害が重なっているために日常生活にも大変な人、障害にもめげずに一生懸命努力している人、世の中、地域社会はいろいろな人たちが生活をしていることを、偏見や差別意識なく正しく認識することの大切さを言っているのである。別の言い方をすれば「個性の尊重」が、どこまでできるようになるかということと同じなのである。そして、その「個性」は、まさに「人権」に裏打ちされたものでなくてはならないのである。この「介護等体験」で出会うであろう社会福祉の支援対象者に対して、偏見なく「個人の尊厳」を正しく認識するきっかけになれば、それは教師になってからの仕事において、子供同士、教師と児童・生徒という関係はもとより、教職員間、教職員と保護者間などにおいてもお互いの「個性」は尊重されなければならないのである。そのことは、家庭においても同じでなければならない。親と子供、夫婦間、兄弟間もそうであり、社会・地域社会においても、仕事や社会的役割の違い、社会関係における力の強弱による違い、組織や立場の違いによる利害の対立などがあったとしても、それぞれの「個性」は尊重されなければならないのである。そして何よりもその「個性」は「人権」に裏打ちされたものでなければならないのである。

　この「個人の尊厳」の問題は、次の「社会連帯の理念の認識」と実は裏腹の関係にあり、同じ内実を違った角度から言っていることなのである。社会連帯といえば「考え方」や「立場」を同じくする人たちの連帯のことが出てくるが、そのことも一概に否定すべきことではなく、ある場合には、大切なことでもあるが、その難しさを含めて、真に求められているのは、「個性」の違いや社会的関係の違いの中での「社会的連帯」の意味するところをきち

んと理性的にわかることである。このようなことへの体験・認識の道筋として、「最も象徴的な事象」としての社会福祉現場の体験を位置づけているのである。このことは、たとえば、「道徳」の「親切」の目標達成について「だれに対しても…」あるいは「みんなで…」ということが述べられているが、そのことを本当にわからせるには、何十回そのことを唱えさせても難しいのであり、ある集団や仲間の中で「もっとも厳しい条件の人」を具体的にわからせることが大切なのである。「社会連帯」についても、このような社会的には厳しい状況にある人たちに対するリアルで正しい視点やものを見る目線の高さを学ぶことが大切なのである。

3．「介護等体験」の内容と課題

　「介護等体験」の具体的な内容に関しては「介護等体験特例法」には、場所は盲、ろう、養護学校（知的障害、肢体不自由、病弱）と社会福祉施設等とされているだけであり、体験内容については、介護、介助、交流等の体験（同法第2条）とされているのみである。

　そして同法が成立してすぐ、「同法施行規則」と文部事務次官通達（1997年11月26日　省令第40号及び第230号）を出したのである。その中でさまざまな社会福祉法に基づく社会福祉施設を規定した後、「介護、介助のほか、障害者等の話し相手、散歩の付き添いなどの交流等の体験、あるいは掃除や洗濯といった、障害者等と直接接するわけではないが、受け入れ施設の職員に必要とされる業務の補助など、介護等の体験を行うものの知識・技能の程度、受け入れ施設の種類、業務の内容、業務の状況等に応じ、幅広い体験が想定されること」となっている。ここでは、施設ごとの体験内容を整理したものなどはなく、受け入れ施設にかなりの自由度のある裁量に任されているのである。

　すでに「介護等体験」が実践されて数年が経っている。その中で問題なのは、事務次官通達に示された中の「後段の部分」すなわち「受け入れ施設の職員に必要とされる業務の補助など…（掃除、洗濯など）」の問題である。この「直接障害者や高齢者に接するわけではないが…」という広い意味での業務の体験について、学生に「どうオリエンテーションされ」、受け入れ施

設側が、学生に「どのような姿勢で受け入れ、指導方針を持っており、それが学生に十分伝わっているか」ということである。学生を送り出す側の大学も、社会福祉については必ずしも十分な知識、情報を持っているとは限らず、つい、相手に「お任せ」の姿勢がないわけではなく、明確な目標設定とそれに向けての的確なオリエンテーションが行われているとはいえない現状がある。

　一方、学生を受け入れる施設の側も、社会福祉専攻の学生のいわゆる「現場実習」については、将来の社会福祉専門従事者の養成という視点での実習経験も長く、各施設、それぞれの経験により指導方針もほぼ確立されてきている。しかし、将来の教師志望の学生に対して社会福祉の「体験等」とは、どういうものを指すのかについては、各施設の状況が違うだけに、その内容が定かではないのである。「体験等」とは、観察参加なのか、どのような活動には補助できるのかなど、各施設では、経験により、広い意味での「体験内容」を整理することが大事である。さらに、社会福祉施設の受け入れに対して、難しい条件も増えてきている。それは、小・中・高校における「福祉教育」の実践による社会福祉施設との交流が盛んになり、さらに「総合的な学習」の柱にひとつとして、「福祉の授業」が展開されるようになり、いずれの場合も、社会福祉施設に小学生、中学生、高校生が交流に来るという状況が多くなってきたのである。それぞれは、一つひとつよいことではあるが、それを受ける施設の側はひとつであるので、いろいろ大変なことになる場合があるのである。この問題に関しても各地で、それぞれ努力されてきている。それぞれの施設で、そして送り出す大学の側も当然であるが、間に入ってマネジメントをしている各社会福祉協議会もずいぶん努力され、「介護等体験のプログラム」もそれぞれ作成されつつある。

　今後の課題としては、それぞれ条件が違う社会福祉の各施設において、「どのような体験等の内容」を決め、社会福祉専門従事者養成のための「現場実習」でもなく、「福祉教育」や「総合的な学習」による交流とも違う、明確な指導理念の確立とそのコミニュケーションによるお互いの相互理解にも力を注がなければならないであろう。特に「直接対象者と交流するわけではないが…」という広い意味での「介護等体験」については、送り出す側も、

受け入れる施設の側も、お互いがしっかりしたコミュニケーションが不足していると、学生はもとより、それぞれが思わぬ誤解や不満を持つ場合もあるからである。「草取りや掃除ばかりして…」というような思わぬ不満が出たりしないようにすることが大事なのである。

(山口　洋史)

参考文献
① 　不登校問題に関する調査研究協力者会議,「今後の不登校への対応の在り方について」(報告), 2003年
② 　伊藤　敬,『21世紀の学校と教師―教職入門』, 学文社, 2000年
③ 　児童生徒の問題行動等に関する調査研究協力者会議,「いじめの問題に関する総合的な取組について―今こそ、子どもたちのために我々一人一人が行動するとき―」, 1996年
④ 　「人権教育・啓発に関する基本計画」, 2002年
⑤ 　人権教育の指導方法等に関する調査研究会議,「人権教育の指導方法等の在り方について」[第一次とりまとめ], 2004年
⑥ 　日本子どもを守る会編,『子ども白書2004』, 草土文化, 2004年
⑦ 　東京都教育庁指導部指導企画課,『人権教育プログラム (学校教育編)』, 2005年
⑧ 　徳田克己・名川勝編,『介護等体験の手引き』, 共同出版, 2002年
⑨ 　船津守久・河内昌彦・他,『介護等体験における人間理解』, 中央法規, 2001年
⑩ 　全社協,『社会福祉施設における介護体験プログラム』, 全社協, 1998年
⑪ 　岩田正美・上野谷加代子・藤村正之,『社会福祉入門』, 有斐閣アルマ, 1999年

第2章　社会福祉の分野と制度

本章においては、第3章以下で学ぶ各分野の法体系・制度及び計画とその内容についての理解を深める。分野としては、対象別に児童福祉、障害者福祉、高齢者福祉を挙げ、私たちが生活する地域を対象とする地域福祉を概観し、それら法体系等の根拠となる社会保障の全体像について述べる。
　第1節の児童福祉では、児童福祉法を中心とした要援護児童に対する施策、母子家庭に対する支援、その他関連法について理解する。第2節の障害者福祉では、障害の概念や、日本の各種障害者福祉にかかわる法律の目的や対象及びサービスについて理解する。第3節の高齢者福祉では、老人福祉法・老人保健法・介護保険法の3つの法律の目的や内容を理解し、実習先となることが予想される高齢者福祉施設での留意点について理解を深める。第4節の地域福祉では、地域住民と社会福祉協議会や民生委員、NPO等それぞれの役割や連携について概略を学ぶ。第5節の社会保障では社会保障の考え方や生活保護法を中心とし、各種手当や健康保険、公衆衛生対策等について概略を理解する。

第1節　児童福祉

1．児童福祉法
(1) 法の制定及び改正
　① 法が制定されるまで

　第二次世界大戦後における我が国は不況と混乱の中にあり、国民の生活水準は低迷状態となった。それに伴い、戦争で親を亡くした孤児や浮浪児等が町にあふれて不良化した。また、劣悪な衛生状態もともなって子どもがおかれていた環境は憲法25条にあるような健康で文化的な生活とは程遠いものであった。戦争は子どもに悪影響を及ぼしたのである。

　政府は、戦災孤児や浮浪児を救済するために彼らを発見して保護することに努めたが、これは治安維持的要素が強かった。このような対策では、一部の子どもしか恩恵を受けることができないため、すべての子どもの健全育成をもたらすには限界があった。そこで、政府は、すべての問題に対応するために児童保護法の要綱案をまとめて中央社会事業委員会に諮問した。その委員会では、それを児童福祉法の要綱案としてあらわした。政府は、これを修正して1947年8月の第1回国会へ提出した。ここでは児童福祉司の新設が求められる等し、法の中に組み込まれたが、同年12月12日に法律第164号とし

て公布、翌1月1日から施行されることとなった。
　②　改正について
　児童福祉法は、社会状況の変化に対応するために、1947年に公布されて以来現在に至るまで、およそ60回以上の改正が行われてきている。改正がなされるにつれ、法は子どもの保護を中心とする政策から自立参加を促す政策へと変わっていった。
　その中で、抜本的改正がなされたのは1997年である。主な改正点としては、保育所入所方式の変更、放課後児童健全育成事業の法定化、児童相談所機能を強化するための児童家庭支援センターの新設、児童福祉施設における子どもへの対応の中に自立支援を含めたことなどである。そして2001年の改正では、保育士資格が法定化されたり、児童委員の位置づけが明確にされるなどした。2002年の改正では子育て短期支援事業が創設され、2003年の改正では子どもにとっての最善の利益をより充実させるために、また、一向におさまらない少子化傾向を抑制していくために地域子育て支援事業の強化が盛り込まれた。

(2)　児童福祉法の内容
　児童福祉法は、第1章総則、第2章福祉の保障、第3章事業及び施設、第4章費用、第5章雑則、第6章罰則から成り立っている。この中に児童福祉の原理・定義、その関係の仕事・活動をする人びとの3種類の資格、児童福祉施設の種類などが明記されている。
　①　児童福祉の原理
　児童福祉の原理は、第1条（児童福祉の理念）、第2条（児童育成の責任）においてあらわされ、第3条（原理の尊重）では、それらを尊重しなければならないことが定められている。
　　第1条　すべて国民は、児童が心身ともに健やかに生まれ、且つ、育成されるよう努めなければならない。②すべて児童は、ひとしくその生活を保障され、愛護されなければならない。
　　第2条　国及び地方公共団体は、児童の保護者とともに児童を心身ともに健やかに育成する責任を負う。

第3条　前2項に規定するところは児童の福祉を保障するための原理であり、この原理は、すべて児童に関する法令の施行にあたって常に尊重されなければならない。
② 児童の定義
児童福祉法では、第4条（児童）において児童の対象を定義している。
　　　第4条　この法律で児童とは、満18歳に満たないの者のことをいい、児童を左ママのように分ける。
　　　1　乳児　満1歳に満たない者
　　　2　幼児　満1歳から小学校就学の始期に達するまでの者
　　　3　少年　小学校就学の始期から満18歳に達するまでの者
③ 児童福祉法で定められている資格
　同法で定められている児童福祉関連の資格は、児童福祉司、児童委員、保育士である。
　児童福祉司については法第13条に規定されている。この名称を用いて仕事を行う人々は、児童相談所に所属し、同相談所長の命令にもとづいて子どもの保護と健全育成に関する相談援助を行う。児童委員については法第16条に規定されている。児童委員は、民生委員法にもとづく民生委員があてられて市町村の担当区域で子どもの福祉に関する支援を行う。保育士については法第18条に規定されている。彼らは、指定保育士養成施設を卒業または保育士試験に合格した後、都道府県に登録して保育士の名称を用いて子どもの保育と保護者への支援を行う。また、守秘義務が課せられており、名称独占の専門職である。
　この他にも、里親となることを希望し、都道府県知事の許可を受けて子どもを養育する人々などがある。
④ 児童福祉施設
　児童福祉施設については、第7条（児童福祉施設）で14種類の施設が定められ、内容については第36条から第44条の2に記されている。第7条では、助産施設、乳児院、母子生活支援施設、保育所、児童厚生施設、児童養護施設、知的障害児施設、知的障害児通園施設、盲ろうあ児施設、肢体不自由児施設、重症心身障害児施設、情緒障害児短期治療施設、児童自立支援施設及

表2−1−1 児童福祉施設の種類

児童福祉施設の種類	施設の目的
1 助産施設	保健上必要があるにもかかわらず、経済的理由により入院助産を受けることができない妊産婦を入所させて助産を受けさせること（児童福祉法第36条、以下法と称す。）
2 乳児院	乳児を入院させてこれを養育すること（法第37条）詳細については次章で述べている。
3 母子生活支援施設	配偶者のいない女子またはこれに準ずる事情にある女子及びその者の監護すべき児童を入所させて保護すると共に自立促進のためにその生活を支援すること（法第38条）
4 保育所	日々保護者の委託を受けて保育に欠けるその乳児や幼児を保育すること（法第39条）
5 児童館	児童に健全な遊びを与えて、その健康を増進しまたは情操を豊かにすること（法第40条）
6 児童遊園	児童に健全な遊びを与えて、その健康を増進しまたは情操を豊かにするとともに、事故による傷害の防止を図ること（法第40条）
7 児童養護施設	保護者のない児童、虐待されている児童その他環境上養護を要する児童を入所させてこれを養護し、その自立を支援すること（法第41条）詳細については次章に述べている。
8 知的障害児施設	知的障害の児童を入所させてこれを保護すると共に独立自活に必要な知識技能を与えること（法第42条）
9 自閉症児施設	自閉症児に対する医療、心理指導及び生活指導を行うこと（法第42条）
10 知的障害児通園施設	知的障害の児童を日々保護者の下から通わせてこれを保護すると共に独立自活に必要な知識技能を与えること（法第43条）
11 盲児施設	盲児を入所させてこれを保護すると共に独立自活に必要な指導と援助をすること（法第43条の2）
12 ろうあ児施設	ろうあ児を入所させてこれを保護すると共に独立自活に必要な指導と援助をすること（法第43条の2）
13 難聴幼児通園施設	強度難聴の幼児を保護者のもとから通わせて指導訓練を行うこと（法第43条の2）
14 肢体不自由児施設	肢体不自由のある児童を治療すると共に独立自活に必要な知識技能を与えること（第43条の3）
15 肢体不自由児通園施設	肢体不自由のある児童を通所によって治療すると共に独立自活に必要な知識技能を与えること（第43条の3）
16 肢体不自由児療護施設	病院に入院することを要しない肢体不自由のある児童であって、家庭における養育が困難な者を入所させ、これを保護すると共に独立自活に必要な知識技能を与えること（法第43条の3）
17 重症心身障害児施設	重度の知的障害及び重度の肢体不自由が重複している児童を入所させてこれを保護すると共に治療及び日常生活の指導をすること（第43条の4）
18 情緒障害児短期治療施設	軽度の情緒障害を有する児童を短期間入所させて、または保護者のもとから通わせて、その情緒障害を治すこと（法第43条の5）
19 児童自立支援施設	不良行為をなしまたはなすおそれのある児童及び家庭環境その他の環境上の理由により生活指導を要する児童を入所させ、または保護者の下から通わせて個々の児童の状況に応じて必要な指導を行い、その自立を支援すること（法第44条）
20 児童家庭支援センター	地域の児童の福祉に関する各般の問題につき児童、母子家庭その他の家庭地域住民その他からの相談に応じ必要な助言を行うと共に保護を要する児童またはその保護者に対する指導を行い、あわせて児童相談所、児童福祉施設などとの連絡調整を総合的に行い、地域の児童、家庭の福祉の向上を図ること（法第44条の2）

出典：福祉士養成講座編集委員会編,『社会福祉士養成講座4　児童福祉論』,中央法規,2002年,101頁

び児童家庭支援センターが明記されているが詳細に分けると20種類の施設が存在する。具体的には（表2－1－1）のとおりである。

2．児童福祉をより充実させるための法律
(1) 児童手当法
　児童手当法は、第1章総則、第2章児童手当の支給、第3章費用、第4章雑則から成り立っている。これは、1971年5月に制定され、翌1月から施行された。法の目的は、子どもを養育する者に児童手当を支給し、家庭生活の安定の一助となること、次世代育成を図ることである。児童手当は、当初、18歳未満の子どもを3人以上養育する保護者の第3子以降が義務教育終了前である時に支給されていた。1985年改正時では、子ども2人以上を監護している保護者の第2子以降が義務教育就学前であるときに支給されることとなった。1991年には子育て支援強化のために3歳未満の第1子から支給されることとなり支給額も増額され、翌1月1日から実施された。2000年6月からは、支給対象となる子どもの年齢は3歳未満から義務教育就学前までに引き上げられた。

(2) 児童扶養手当法
　児童扶養手当法は、第1章総則、第2章児童扶養手当の支給、第3章不服申立て、第4章雑則から成り立っている。同法は、1961年11月に制定、翌1月から施行された。これは、父親と生計が別になっている子どもが安定した家庭生活を送り、自立をすることができるようにするために児童扶養手当を支給するためのものである。例えば、両親が離婚した家庭の子どもなどを監護・養育する母親などに対して子どもの福祉増進を目指して彼らを育てることができるようにするために支給される。しかし、公的年金給付（老齢福祉年金以外の）が受給可能な場合、手当は支給されない。

(3) 特別児童扶養手当等の支給に関する法律
　この法律は、第1章総則、第2章特別児童扶養手当、第3章障害児福祉手当、第3章の2特別障害者手当、第4章不服申立て、第5章雑則で構成され

ている。これは、1964年7月に制定、同9月から施行され、以後改正がなされてきた。子どもに関する内容に焦点をあてるとすれば、法は精神または身体に障害のある子どもに対して「特別児童扶養手当」を支給し、重度の障害がある場合には「障害児福祉手当」を支給することが定められ、彼らの福祉増進が図られているといえる。才村は両者を次のようにまとめている（才村純2002、76頁）。

> **特別児童扶養手当** 障害児（20歳未満であって、一定の障害の状態にある者）の父若しくは母がその障害児を監護するとき、またはその障害児の父母以外の者が養育するときに、その父若しくは母またはその養育者に対して支給される。ただし、対象となる児童が施設に入所しているときなどは支給されない。
>
> **障害児福祉手当** 重度障害児（障害児のうち、さらに重度の障害の状態にあるため、日常生活において常時介護を必要とする者）に対して支給される。ただし、対象となる児童が肢体不自由児施設等の施設に入所している時などは支給されない。

(4) 母子及び寡婦福祉法

　この法律は、第1章総則、第2章基本方針等、第3章母子家庭等に対する福祉の措置、第4章寡婦に対する福祉の措置、第5章福祉資金貸付金に関する特別会計等、第6章母子福祉施設、第7章費用、第8章雑則より成り立っている。同法は1964年7月に母子福祉法という名称で公布・施行された。1981年6月時では、寡婦（母子家庭の母であった）もその福祉の対象となり母子及び寡婦福祉法と改称された。その目的は、母子家庭と寡婦の生活安定を図るための支援を行い、充実した生活をすることができるように導くことである。例えば、母子と寡婦に対して母子相談員が設置され、自立をもたらすための身上相談を受ける取り組み、母子福祉資金・寡婦福祉資金の貸付けを行うなどの取り組みがなされている。また、1993年5月改正では母子家庭・寡婦の自立に向けた相談・指導の体制を充実させるなどした。2002年改正では近年における社会環境の変化に対応した母子家庭などの自立を目指すため、保育所へ優先的に入所できること、子育て短期支援事業が明記される。

(5) 母子保健法

　母子保健法は、第1章総則、第2章母子保健の向上に関する措置、第3章母子保健施設、第4章雑則で構成されている。法は、1965年8月に制定、翌1月から施行された。その目的は、母性と乳幼児の健康増進のために、彼らに保健指導、健康診査、医療等を行い、保健向上をもたらすことである。ここでは、妊娠の届出、母子健康手帳の交付、母子保健センターなどについて定められている。1994年の改正時には1歳6ヶ月児健康診査が定められ、妊産婦・乳幼児の保健指導、3歳児健康診査等の事業が1997年4月から市町村で実施されることとなった。市町村の母子保健に関する役割が強化されたといえる。

(6) 児童虐待の防止等に関する法律

　児童相談所において子どもの虐待に関する相談件数が急増している。厚生労働省はこの状況を改善させるために、児童相談所等で適切な対応をすることができるようにするために施策の充実をもたらしてきた。しかし、限界があったため、2000年5月に議員立法により同法を制定させた。この中では、児童虐待の定義、児童に対する虐待の禁止などの規定が含められている。また、虐待への対応に対するより詳細な法律に改正され2004年4月に公布された。

(7) 児童買春や児童ポルノに係る行為等の処罰及び児童の保護等に関する法律

　子どもへの性的搾取や虐待は子どもが持つ権利を侵害する。また、国際的にもそのような被害を受ける子どもたちの権利を守ることに目が向けられだした。そのために、同法は、1999年5月に制定、同年11月から施行されている。これにともない、児童買春、児童ポルノに関連する行為などに対して処罰が与えられることになり、また、被害者である子どもを保護し、権利を擁護されることとなった。

3．児童福祉に関連する法律

(1) 少年法

この法律は、第1章総則、第2章少年の保護事件、第3章成人の刑事事件、第4章少年の刑事事件、第5章雑則より成り立っている。法の目的は「少年の健全な育成を期し、非行のある少年に対して性格の矯正及び環境の調整に関する保護処分を行うとともに、少年及び少年の福祉を害する成人の刑事事件について特別の措置を講ずること」である。第18条に児童福祉法にもとづく児童自立支援施設等の措置に関することが規定されている。

(2) 教育基本法

教育基本法では教育の目的とその方針、等しく教育を受ける機会を与えられるということ、9年の教育を子どもたちに受けさせる義務があることなどについて定められている。つまり、子どもたちは皆、9年間の教育を受ける権利を持つということが明記され、彼らの健全育成が図られている。

(3) 学校教育法

同法は、学校の範囲及びここに規定されている各種学校の目的と内容について記している。中でも障害をもった子どもを対象とした学校は児童福祉と関連が深いといえよう。

表2－1－2　児童福祉の法体系

基本法	児童福祉法
児童福祉をより充実させる法律	児童手当法 児童扶養手当法 特別児童扶養手当等の支給に関する法律 母子及び寡婦福祉法 母子保健法 児童虐待の防止等に関する法律 児童買春や児童ポルノに係る行為等の処罰及び児童の保護等に関する法律
児童福祉に関連する主な法律	少年法 教育基本法 学校教育法

出典：伊達悦子・辰巳　隆編、『保育士を目指す人の児童福祉』、みらい、2004年、58頁、筆者一部加筆

以上のように、児童福祉に関する法律を述べたがまとめると（表2-1-2）のようになる。

4．近年における児童福祉関連の施策
(1) 新エンゼルプラン
　1.57ショックをきっかけに、1994年にエンゼルプラン「今後の子育て支援のための基本方向について」が策定された。しかし、少子化に歯止めがかからず合計特殊出生率は1.34となり、1999年に新エンゼルプラン「重点的に推進すべき少子化対策の具体的実施計画について」が策定された。その目標は（表2-1-3）（表2-1-4）のとおりである。
　また、今年度から子ども・子育て応援プランが実施されている。

(2) 少子化社会対策基本法
　本法は、2003年に議員立法によって制定され、第1章総則、第2章基本的施策、第3章少子化対策会議の3つの章で構成されている。これは、少子化の進行に歯止めをかけることを目的に策定された法律である。その目的については第1条の中に記されている。
　　第1条　この法律は、我が国において急速に少子化が進展しており、その状況が21世紀の国民生活に深刻かつ多大な影響を及ぼすものであることにかんがみ、このような事態に対し、長期的な視点にたって的確に対処するため、少子化社会において講ぜられる施策の基本理念を明らかにするとともに、国及び地方公共団体の責務、少子化に対処するために講ずべき施策の基本となる事項その他の事項を定めることにより、少子化に対処するための施策を総合的に推進し、もって国民が豊かで安心して暮らすことのできる社会の実現に寄与することを目的とする。

(3) 次世代育成支援対策推進法
　この法律は、第1章総則、第2章行動計画、第3章次世代育成支援対策地域協議会、第4章雑則で構成されている。
　同法は、少子化の傾向に歯止めをかけるために、2003年に公布された2005

表2-1-3 新エンゼルプランの目標

①保育サービス等子育て支援サービスの充実
②仕事と子育ての両立のための雇用環境の整備
③働き方について固定的な性別役割分業や職場優先の企業風土の是正
④母子保健医療体制の整備
⑤地域で子どもを育てる教育環境の整備
⑥子どもたちがのびのび育つ教育環境の実現
⑦教育にともなう経済的負担の軽減
⑧住まいづくりやまちづくりによる子育ての支援

出典：岸井勇雄・無藤　隆・柴崎正行監,『保育・教育ネオシリーズ6　児童福祉の新展開』,同文書院,2004年,157頁

表2-1-4 新エンゼルプランの目標値

1．保育サービス等子育て支援サービスの充実

事　項	平成11年度	平成16年度
(1) 低年齢児の受入れ枠の拡大	58万人	68万人
(2) 多様な需要に応える保育サービスの推進		
・延長保育の推進	7,000ヶ所	10,000ヶ所
・休日保育の推進	100ヶ所	300ヶ所
・乳幼児健康支援一時預かりの推進	450ヶ所	500市町村
	7～11年度の5ヶ年で	16年度までに
・多機能保育所等の整備	1,600ヶ所	2,000ヶ所
(3) 在宅児も含めた子育て支援の推進		
・地域子育て支援センターの整備	1,500ヶ所	3,000ヶ所
・一時保育の推進	1,500ヶ所	3,000ヶ所
・放課後児童クラブの推進	9,000ヶ所	11,500ヶ所

2．母子保健医療体制の整備

事　項	平成11年度	平成16年度
・国立成育医療センター（仮称）の整備等		13年度開設
・周産期医療ネットワークの整備	10都道府県	47都道府県
		13年度までに
・小児救急医療支援の推進	118地区	360地区
		（2次医療圏）
・不妊専門相談センターの整備	24ヶ所	47ヶ所

出典：http://www1.mhlw.go.jp/topics/syousika/tp0816-3_18.html（厚生省関係部分）

年4月から2014年度までの時限立法である。法の第1条には目的が、第3条には基本理念が定められている。

　　第1条　この法律は、我が国における急速な少子化の進行並びに家庭及び地域をとりまく環境の変化にかんがみ、次世代育成支援対策に関し、基本理念を定め、並

びに国、地方公共団体、事業主及び国民の責務を明らかにするとともに、行動計画策定指針並びに地方公共団体及び事業主の行動計画の策定その他の次世代育成支援対策を推進するための必要な事項を定めることにより、次世代育成支援対策を迅速且つ重点的に推進し、もって時代の社会を担う子どもが健やかに生まれ、かつ育成される社会の形成に資することを目的とする。

第3条　次世代育成支援対策は、父母その他の保護者が子育てについての第一義的責任を有するという基本的認識の下に、家庭その他の場において、子育ての意義についての理解が深められ、かつ、子育てに伴う喜びが実感されるように配慮して行われなければならない。

　　　　　　　　　　　　　　　　　　　　　　　　　　（中　　典子）

第2節　障害者福祉

1．障害の捉え方

　ノーマライゼーション思想の浸透とともに、障害のある人々に対する理解や支援が広がりつつある。その一つの契機が、「完全参加と平等」をテーマとする「国際障害者年」（1981年）であった。国連は、その理念の実現のために「障害者に関する世界行動計画」（1982年）を採択し、1983（昭和58）年から1992（平成4）年を「国連・障害者の10年」と位置づけ、世界的な取り組みを促進してきた。こうした国際的な動向のなかで、「障害」の捉え方も新たな変化をみせている。以下に、その概要と特徴を整理しておく。

(1)　国際障害分類（ICIDH）

　世界保健機関（WHO）は、1980（昭和55）年に「障害」に関する概念を整理・分類した「国際障害分類」（International Classification of Impairments, Disabilities and Handicaps; ICIDH）を試案として発表した（1993年に「試案」という文言は削除）。それは、「障害」を「機能・形態障害」（Impairment）、「能力障害」（Disability）、「社会的不利」（Handicap）の3つの次元で捉えたもので、疾病又は変調（Disease or Disorder）によって「機能・形態障害」が起こり、それによって活動能力が制限される「能力障害」が生じ、さらに通常の社会的役割を果たせなくなる「社会的不利」が

```
┌─────────────────────────────────────────────────────────────────┐
│   Disease                                                       │
│     or      →  Impairment    →  Disability   →  Handicap        │
│   Disorder    （機能・形態障害）  （能力障害）      （社会的不利） │
│  （疾患・変調）                                         ↑        │
│                    └─────────────────────────────────┘          │
└─────────────────────────────────────────────────────────────────┘
```

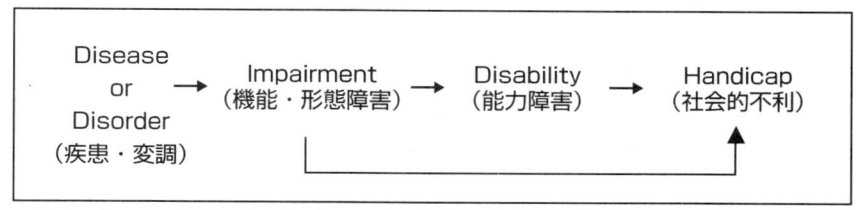

図2-2-1　国際障害分類（ICIDH）の障害構造モデル

もたらされるというものである（図2-2-1）。ICIDHの考え方には、障害の影響を構造的に把握しやすくするなど一定の評価がある一方で、①障害というマイナス面を強調している（医学的モデルへの批判）、②人の生活に影響を与える社会的環境（住居や交通機関など）が考慮されていない、③機能障害が改善しなければ能力低下も改善せず結果として社会的不利も改善しないといった一方向的なものであるとの誤解を生じやすい、などの問題点が指摘されていた（厚生労働省, 2004）。

(2)　国際生活機能分類（ICF）

WHOは、ICIDHの課題を踏まえ、その改訂版として2001（平成13）年5月「国際生活機能分類」（International Classification of Functioning, Disability and Health; ICF）を採択した。ICIDHが単に身体機能の障害による生活機能の障害を分類するという考え方が中心であったのに対し、ICFは活動や社会参加、特に背景因子（環境因子と個人因子）の観点（人間・環境相互作用モデル）を加えている（世界保健機関, 2003）。また、障害を3つの次元から捉える点においては変わらないものの、「機能・形態障害」を「心身機能・構造」（Body Functions and Structure）、「能力障害」を「活動」（Activity）、「社会的不利」を「参加」（Participation）と置き換えて肯定的な表現を用いた。また、それらの次元と因子の関係は一方向ではなく、相互に関連づけられて双方向で捉えることができる（図2-2-2）。つまり、障害によってどのような社会的不利が存在するのか（疾病の諸帰結）ではなく、社会とのかかわりのなかから障害を位置づけようとするものといえよう（茂木, 2002）。ICFの活用によって障害の構造や関連する要因を正確に理解し、支援に生かしていくことが期待される。

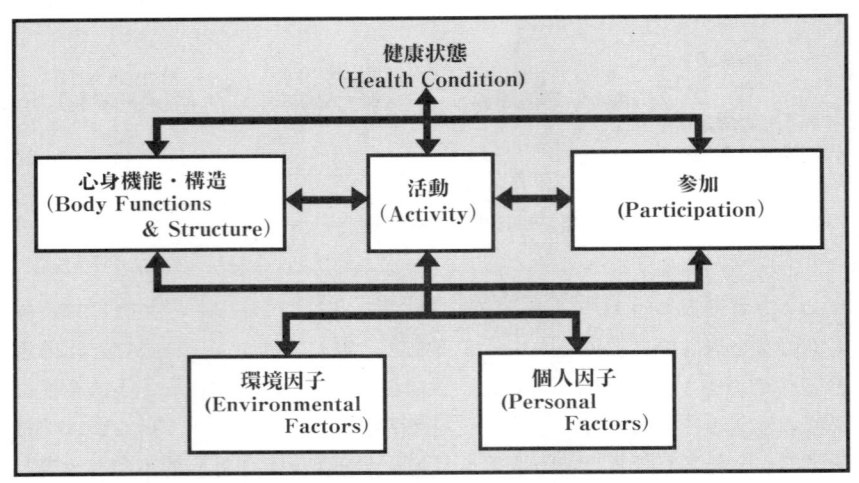

図2－2－2　ICFの構成要素間の相互作用

2. 障害者福祉法制と「障害者」

次に、わが国の法制度はどのように「障害者」を定義し、福祉のためにいかなる規定が整備されているのであろうか。障害のある人の福祉に関連する主要な法律について、その内容をみていく。

(1) 障害者基本法

障害者基本法は、1993（平成5）年に成立し、障害者施策の基本的理念・事項を定めている。その目的は、「障害者のための施策を総合的かつ計画的に推進し、もつて障害者の自立と社会、経済、文化その他あらゆる分野の活動への参加を促進すること」（第1条）である。同法は、1970（昭和45）年に制定された「心身障害者対策基本法」の改正法であり、「障害者」を「身体障害、知的障害又は精神障害があるため、継続的に日常生活又は社会生活に相当な制限を受ける者」（第2条）と定義している。2004（平成16）年における法改正にあたっては、「てんかん及び自閉症その他の発達障害を有する者並びに難病に起因する身体又は精神上の障害を有する者であって、継続的に生活上の支障があるものは、この法律の障害者の範囲に含まれるものであり、これらの者に対する施策をきめ細かく推進するよう努めること」との附帯決議が盛り込まれた。医学的知見の向上等に留意しながら、新たな領域

に対しても適宜必要な対応をしていくことが求められている。

(2) **身体障害者福祉法**

　身体障害者福祉法は、1949（昭和24）年に制定され、現在ではその目的を「身体障害者の自立と社会経済活動への参加を促進するため、身体障害者を援助し、及び必要に応じて保護し、もつて身体障害者の福祉の増進を図ること」としている。この法律において、「身体障害者」とは、「別表に掲げる身体上の障害がある18歳以上の者であつて、都道府県知事から身体障害者手帳の交付を受けたもの」（第4条）と定義されている。つまり、身体障害者手帳の交付対象は、身体障害者障害程度等級表（身体障害者福祉法施行規則別表第5号）に基づく、①視覚障害、②聴覚又は平衡機能障害、③音声機能・言語機能又はそしゃく機能の障害、④肢体不自由（上肢・下肢・体幹・運動機能）、⑤内部機能障害（心臓、じん臓、呼吸器、ぼうこう若しくは直腸、小腸若しくはヒト免疫不全ウイルスによる免疫の機能障害）における永続的な障害と定められている。障害の程度には、1級（重度）から6級（軽度）までの区分が設定されている。なお、肢体不自由のみ7級があるが、7級に該当する障害が2以上重複する場合に6級となる（7級単独の手帳交付はない）。

(3) **知的障害者福祉法**

　知的障害者福祉法は、1960（昭和35）年に「精神薄弱者福祉法」として制定され、1998（平成10）年の「精神薄弱の用語の整理のための関係法律の一部を改正する法律」により名称変更された。同法には、「知的障害者の自立と社会経済活動への参加を促進するため、知的障害者を援助するとともに必要な保護を行い、もつて知的障害者の福祉を図ること」（第1条）という目的が示されている。ただし、「知的障害者」の定義づけはなされていない。同法に関連して、1973（昭和48）年の厚生事務次官通知「療育手帳制度について」は、「知的障害児（者）に対して一貫した指導・相談を行うとともに、これらの者に対する各種の援助措置を受け易くするため、知的障害児（者）に手帳を交付し、もって知的障害児（者）の福祉の増進に資する」（療育手帳制度要綱 第1）として、児童相談所（18歳未満）又は知的障害者更生相談所において知的障害と判定された者に対して「療育手帳」を支給している。同年の厚生省児童家庭局長通知「療育手帳制度の実施について」における判

定基準（第3 − 1(1)）に基づき、障害の程度から「A」（重度）、「B」（中軽度）に区分される（自治体によりさらに細かい区分もある）。

(4) **精神保健福祉法（精神保健及び精神障害者福祉に関する法律）**

　精神保健福祉法は、1950（昭和25）年の精神衛生法、1987（昭和62）年の精神保健法を経て、1995（平成7）年に現在の名称となった。その目的は「精神障害者等の医療及び保護を行い、その社会復帰の促進及びその自立と社会経済活動への参加の促進のために必要な援助を行い、並びにその発生の予防その他国民の精神的健康の保持及び増進に努めることによって、精神障害者等の福祉の増進及び国民の精神保健の向上を図ること」（第1条）である。同法は、「精神障害者」を「精神分裂病、精神作用物質による急性中毒又はその依存症、知的障害、精神病質その他の精神疾患を有する者」（第5条）と定義し、「精神障害者保健福祉手帳」（第45条）を規定している。そして、精神障害の状態に応じて、「1級」（日常生活の用を弁ずることを不能ならしめる程度）、「2級」（日常生活が著しい制限を受けるか、又は日常生活に著しい制限を加えることを必要とする程度）、「3級」（日常生活若しくは社会生活が制限を受けるか、又は日常生活若しくは社会生活に制限を加えることを必要とする程度）が設定されている（同法施行令 第6条3）。これにより、通院医療費の公費負担や税制の優遇措置などの福祉サービスを受けることができる。

(5) **その他の関連法**

　児童福祉法は、1947（昭和22）年に制定された。わが国には、障害のある子どものみを対象とした社会福祉法制は存在しないため、障害のある「児童」（満18歳に満たない者）の福祉的支援のための重要な位置を占めている。とりわけ、第7条には、知的障害児施設、知的障害児通園施設、盲ろうあ児施設、肢体不自由児施設、重症心身障害児施設、情緒障害児短期治療施設など、障害のある子どもを対象とした児童福祉施設が示されている（詳細は第3章2、3節を参照）。また、障害のある人の就労に関して、1960（昭和35）年に「障害者の雇用の促進等に関する法律」（障害者雇用促進法）が制定された。同法は、一定規模の事業所に対して「障害者雇用率」（民間企業1.8％、教育委員会2.0％、特殊法人及び官公庁2.1％）を定め、障害のある人の雇用

促進を図っている。2002（平成14）年の改正では、職場定着のために知的障害者、精神障害者等に対して就労支援を行う「職場適用援助者（ジョブコーチ）」事業が創設されるなど一層の充実が図られた。さらに、2004（平成16）年には、発達障害者支援法が制定されている。そこでは、「発達障害」を「自閉症、アスペルガー症候群その他の広汎性発達障害、学習障害、注意欠陥多動性障害その他これに類する脳機能の障害であってその症状が通常低年齢において発現するものとして政令で定めるもの」として、「発達障害者」を「発達障害を有するために日常生活又は社会生活に制限を受ける者」（18歳未満「発達障害児」）と定義した。これまで施策の谷間にあった発達障害のある人に対して、生涯にわたる総合的支援を国及び地方公共団体の責務として位置づけたのである。

3．「障害者」の数量的実態

前述した障害者基本法が規定する「障害者」（身体障害、知的障害、精神障害）の実態はどのようであろうか。その状況を把握しておく。

(1) 障害児・者の現状

障害者白書（平成17年版）によれば、「障害者」の数は、身体障害者351万6千人（人口千人当たり28人）、知的障害者45万9千人（同4人）、精神障害者258万4千人（同21人）となっており、国民の約5％が何らかの障害を有している実態がある（表2－2－1）。また、障害別に施設入所者の割合をみると、知的障害者（28.3％）が、身体障害者（5.4％）、精神障害者（13.4％）よりも高い割合を占めている特徴がある。

(2) 「障害者」の年齢と種別

身体障害者の60.2％（200.4万人）、精神障害者の27.2％（61万人）、知的障害者で2.8％（0.9万人）が65歳以上の者であり、わが国の総人口に占める65歳以上人口の割合（高齢化率；平成13年18.0％）に比べて、身体障害者の高齢化が進行している。また、身体障害者（在宅）の障害種類は、視覚障害9.2％（30.6万人）、聴覚・言語障害10.9％（36.1万人）、内部障害25.9％（86.3万人）、肢体不自由54.0％（179.7万人）となっており、肢体不自由と内部障害が増加している。外来の精神疾患患者に関しては、高い順に「気分（感情）

表 2 − 2 − 1 わが国における「障害者」数　　　　　　　　　　（単位：万人）

		総　数	在 宅 者	施設入所者
身体障害児・者〈資料 1〉		351.6	332.7	18.9
	身体障害児（18歳未満）	9.0	8.2	0.8
	身体障害者（18歳以上）	342.6	324.5	18.1
知的障害児・者〈資料 2〉		45.9	32.9	13.0
	知的障害児（18歳未満）	10.3	9.4	0.9
	知的障害児（18歳以上）	34.2	22.1	12.1
	年齢不詳	1.4	1.4	0
精神障害者〈資料 3〉		258.4	223.9	34.5
合　　　　計		655.9	589.5	66.4

(注)　1　身体障害児・者の施設入所者とは、盲児施設、ろうあ児施設、肢体不自由児施設、重症心身障害児施設、身体障害者更正援護施設、その他の施設に入所している身体障害児・者である。
　　　2　知的障害児・者の施設入所者とは、知的障害児施設、自閉症児施設、重症心身障害児施設、国立療養所（重症心身障害児病棟）、知的障害者更正施設、知的障害者授産施設の各施設に入所している知的障害児・者である。
　　　3　精神障害者数は精神疾患等の患者数である。精神障害者の施設入所者とは、病院入院患者である。
資料：1　在　宅　者：厚生労働省『身体障害児・者実態調査』（平成13年）
　　　　　施設入所者：厚生労働省『社会福祉施設等調査』（平成12年）等
　　　2　在　宅　者：厚生労働省『知的障害児（者）基礎調査』（平成12年）
　　　　　施設入所者：厚生労働省『社会福祉施設等調査』（平成12年）等
　　　3　厚生労働省『患者調査』（平成14年）

障害（躁うつ病を含む）」68.5万人（30.5％）、「精神分裂病、分裂病型障害及び妄想性障害」53.1万人（23.7％）、「神経症性障害、ストレス関連障害及び身体表現性障害」49.4万人（22.1％）、「てんかん」25.1万人（11.2％）、等となっている。

(3)　障害の程度と重複状況

　身体障害者（在宅）における障害の程度は、「1級」26.5％（88.1万人）、「2級」19.1％（63.5万人）、「3級」18.4％（61.4万人）、「4級」20.1％（66.8万人）、「5級」7.9％（26.2万人）、「6級」6.6％（22.1万人）となっており、

1級と2級といった重度の障害のある人が約半数（45.6％）を占めている。身体障害者（18歳以上の在宅者）に関して、2種類以上の身体障害を併せ持つ者は17万5千人（全体の5.4％）である。また、知的障害者（在宅）のうち、身体障害を併せ有する者が6.4万人（全体の19.3％）であり、そのうち視覚障害（13.6％）、聴覚または平衡機能の障害（11.0％）、内部機能障害（18.6％）、音声機能・言語機能又はそしゃく機能の障害（23.0％）に比べて、肢体不自由（65.9％）との重複が高い割合を占めている。

4．新たな障害者福祉制度

(1) 成年後見制度

現在の成年後見制度は、判断能力が不十分な成年者（認知症高齢者、知的障害者、精神障害者等）を保護するため、2000（平成12）年の民法改正によって施行された制度である。これまでの成年後見制度は、本人の判断能力の程度に応じて、「禁治産」と「準禁治産」の2類型が設けられていたが、表現が不適切であることや、比較的軽度な人が対象とされていないことなどから見直しが図られた。新しい制度には、従来の（準）禁治産制度を抜本的に改めた「法定後見」と、新設の「任意後見」とがある。「法定後見」は、本人の判断能力の程度に応じて、「補助」（財産行為に援助が必要な場合がある人）、「保佐」（判断能力が著しく不十分な人）、「後見」（判断能力が欠けている人）の3類型から成り立っている。また、「任意後見」では、本人の判断能力が不十分な状態になった場合を想定し、本人があらかじめ任意後見人に対して、生活や療養看護、財産管理等について公正証書によって契約（任意後見契約）を締結し、保護を受けるのである。

(2) 支援費制度

2000（平成12）年6月に社会福祉事業法（社会福祉法となる）等の一部が改正され、社会福祉に関する制度の見直しが実施された。その改革の一つとして、障害者福祉サービスに関する利用制度の検討が行われ、2003（平成15）年度以降、行政がサービスの受け手を特定し、サービスの内容を決定する制度（措置制度）から、障害のある人自身等がサービスを選択し、事業者との契約に基づいてサービスを利用する制度（支援費制度）へと基本的に移行す

ることになった（一部のサービス除く）。支援費制度によって、サービス提供の主体として、利用者の自己決定が尊重されるとともに、利用者と事業者が直接的で対等な関係となることでサービスの質の向上も期待されてきた。一方で、サービスの提供に関する質的・量的な地域格差や財源不足などの問題も指摘されており、介護保険制度との統合も議論されている。両制度の統合は当面先送りとされたものの、障害者福祉全体の改革に向けた動きがみられる。その改革案として2004（平成16）年に「今後の障害保健福祉施策（改革のグランドデザイン案）」が示され、「障害者自立支援法」（案）の審議が進められているのである。

5．今後の展望

　以上、障害のある人に関する福祉の分野と制度の概要について整理してきた。さらに、1994（平成6）年には「高齢者、身体障害者等が円滑に利用できる特定建築物の建築の促進に関する法律」（ハートビル法）、及び2000（平成12）年には「高齢者、身体障害者等の公共交通機関を利用した移動の円滑化の促進に関する法律」（交通バリアフリー法）が制定されるなど、建築や移動・交通分野における対応が進展するとともに、障害を理由に不利益な処遇を定めた「障害者に係る欠格条項」の見直しが図られている。また、2003（平成16）年の障害者基本法の改正においては、その基本的理念として、「障害者に対して、障害を理由として、差別することその他の権利利益を侵害する行為をしてはならない」（第3条3）ことが加えられると同時に、「国及び地方公共団体は、障害のある児童及び生徒と障害のない児童及び生徒との交流及び共同学習を積極的に進めることによつて、その相互理解を促進しなければならない」（第14条3）ことが盛り込まれた。こうした、障害のある人々に対する包括的支援体制の整備は、2002（平成14）年の「障害者基本計画」（2003年度〜2012年度）及びその前期5年間の重点的施策と達成目標を定めた「重点施策実施5か年計画（新障害者プラン）」（2003年度〜2007年度）によって推進されており、社会参加の拡大が模索されているのである。

（吉利　宗久）

第3節 高齢者福祉

1. 日本の高齢者福祉

　日本が高齢（化）社会になって久しいが、「高齢者」といっても心理的・身体的状況は個人差が大きいうえ、生活暦や人生観等も千差万別である。したがって、画一的な施策やサービスだけでなく、個別性を尊重し自立を支援するという視点が高齢者への福祉サービスにおいて重要である。

　本節では、まずは前半で、急速に高齢化の進む現代の日本の社会的状況や、加齢がもたらす心身の問題への理解をうながしたうえで、制度的展開、関連法についての基本的内容を紹介する。後半は、施設サービス、在宅福祉・地域におけるサービスの概略を説明しながら、個々の高齢者の「その人らしさ」を尊重した支援について述べる。学習者には、より広い視野で生活者としての高齢者のニーズを満たしていくという基本的視点を習得してもらいたい。

2. 高齢者を取り巻く現状と基本的視点
(1) 急速に進行する高齢化

　高齢化が進行する日本では、現在平均寿命が男78.32年、女85.23年となった（2002年時点）。高齢化率（65歳以上の人口が国の総人口に占める比率）は急速に上昇しており、2002年時点で18.5％にのぼる。その国の高齢化率が7％をこえると「高齢化社会」、14％をこえると「高齢社会」とされるが、日本が高齢化社会となったのは高度経済成長期の1970年で、わずか24年後の1994年には高齢社会に到達した。この高齢化のスピードは他の先進諸国と比べて著しく速い（例えば英国は7％→14％に達するのに46年間、米国は69年間（見込み）、スウェーデンは82年間要している）。つまり日本は極端に短期間のうちに老年人口が急増しているのであり、2050年には65歳以上が35％超（3人に1人以上が高齢者）になると推計されている（小國英夫・成清美治編　1998；厚生労働省　2003）。

　さて、一口に高齢者といっても、当然ながらひとくくりにはできない。定年退職して間もない60歳代の人と、100歳の人とでは40年近い開きがあり、

画一的な施策で対応しきれないことは容易に想像できるだろう（65歳以上75歳未満は「前期高齢者」、75歳以上は「後期高齢者」として区別される）。介護保険制度でいえば、高い要介護度に認定された人には、施設や居宅において相応のサービスが求められ、自立と認定される人には、趣味や特技を活かした生きがいづくりや介護予防等が課題となるだろう。

(2) 心身の機能低下

　高齢者は年齢とともに、身体機能や知的・精神的機能、生活機能が低下しがちである。身体的機能は直線的に低下し、さまざまな疾病が心配される。主な疾病として虚血性心疾患、高血圧症、低血圧症、不整脈、肺炎、肺結核、心不全、消化器系疾患、糖尿病、褥瘡等が挙げられる。また、骨折を伴う骨粗鬆症やパーキンソン病、慢性関節リウマチ等の特定疾病もある。これにより食事、排泄、入浴、起居、移動、寝起き等の日常生活動作（ADL: activities of daily living）の障害にもつながる。

　また、知的機能、人格、感情等の精神的機能の低下するものとして、意欲の低下、うつ病、せん妄、幻覚、妄想、認知症等がある。

　そのような身体的機能や認知症、精神状態等は、生活機能の低下をもたらす。具体的には、電話の使用、買い物、料理、家事、洗濯、旅行、薬の管理、金銭管理等の手段的ADL（IADL: instrumental activities of daily living）の低下に結びつく。

(3) 多様性を尊重した関わり方

　そうした機能低下の速さや時期には個人差がある。そのため介助等に関わる人は、たとえば「Aさんは上着を着る時、麻痺側である右腕は介助が必要だが、左腕の袖は自分で通せる」場合、左側を自力で通す等して「できること」や「意欲のあること」まで手を貸してしまわないよう気を付けなければならない。つまり自立支援の視点が必要なのである。

　加えて、個々の高齢者がもつ価値観や性格、宗教、仕事の経験、戦争体験、趣味・特技、集団や環境への適応性等は一人一人異なっている。援助に関わる人は、これらについて個別性の尊重を心がけることが重要である。

3. 高齢者福祉をめぐる制度の展開

今日の社会福祉は基礎構造改革を軸として大きな転換が図られ、現在も変革の渦中にあるといえる。ここでは制度的な傾向や流れについて、計画行政の動向を中心にふり返っておきたい。

(1) 1990年代を中心とする動向

少子高齢社会を迎え、誰もが健康で生きがいをもち、安心に過ごせる長寿福祉社会をめざして、高齢者の保健福祉に関する公共サービスの基盤整備を図るため、1989年「高齢者保健福祉推進十か年戦略」（ゴールドプラン）が策定された。このプランでは、在宅福祉、施設福祉等の事業の推進に関する十か年の目標があげられた。

1990年には老人福祉法等の一部を改正する法律（福祉関係八法の改正）において、①在宅福祉サービスの積極的推進、②特別養護老人ホーム等の入所決定事務の町村への移譲、③老人保健福祉計画の作成（市区町村・都道府県）、④老人健康保持事業（生きがいと健康づくり）の促進と対応する全国規模の法人の指定、⑤有料老人ホームに対する指導監督の強化等が位置づけられた。

1993年には、在宅と施設の介護サービスの総合的実施をめざして、2000年までに確保すべき保健福祉サービスの目標量や提供体制を市区町村、都道府県ごとに設定する老人保健福祉計画が作成された。その計画では、ゴールドプランを大幅に上回る整備需要量が全国で示されたため、1994年、「高齢者保健福祉推進十か年戦略の見直しについて」（新ゴールドプラン）が策定され、高齢者介護対策のさらなる充実が図られることとなった。同年にはまた、老人福祉法一部改正により①在宅介護支援センターの法定化、②市町村の情報提供義務、③処遇の質の評価等が盛り込まれた。

新ゴールドプランが1999年で計画期間を終えることを受け、政府として新たなプランが求められた。また介護保険制度創設に向けて全国の地方公共団体が要介護者等の実態を把握し、将来のサービス必要量を盛り込んだ介護保険事業計画が同年策定された。ここでの見込み量を加味し、介護保険制度導入を見据えて「今後5か年間の高齢者保健福祉施策の方向」（ゴールドプラン21）がまとめられた。ここでは①介護サービス基盤の整備、②痴呆性（現在の認知症）高齢者支援対策の推進、③元気高齢者づくり対策の推進、④地

域生活支援体制の整備、⑤利用者保護と信頼できる介護サービスの育成、⑥高齢者の保健福祉を支える社会的基礎の確立が具体的施策として示された。

(2) **基盤整備とQOL向上**

　一連の動きを総じていえば、サービスの量的底上げを図るだけでなく、高齢者の地域生活を支えながら自立を支援すること、またサービスの質の担保として権利保障や情報提供、事業者への監督・指導やサービス内容の評価等が強化されてきたといえるだろう。

　この背景には社会福祉基礎構造改革の理念がある。従来の措置制度の下で行政処分による受動的なサービスが行われた時代から、契約制度となり、個々の高齢者がより自分らしく生きるために福祉サービスを選択・利用し、生活の質（QOL: quality of life）を向上していくというのが今日の考え方である。このための制度的基盤が1990年代に大きく進展したのである。

4．関連する法律

　次に、高齢者福祉に関する法律を説明したい。ここでは施策や援助の根拠となる三法を取り上げる。

(1) **老人福祉法**

　1963年に制定・施行された老人福祉法は、高齢者福祉の基本法としての性格と、サービス提供を規定する性格の二面を有している。法の目的は、「老人の福祉に関する原理を明らかにするとともに、老人に対し、その心身の健康の保持及び生活の安定のために必要な措置を講じ、もって老人の福祉を図ること」（第1条）とされる。また基本理念として、老人を多年にわたり社会の進展に寄与し、かつ豊富な知識と経験を有する者として敬愛し、生きがいを持てる生活を保障されること（第2条）、また老人自身も心身の変化を自覚して健康保持に努め、社会的活動に参加すること（第3条）等が規定されている。

(2) **老人保健法**

　本格的な高齢社会到来を背景に、老人保健法は1982年に制定された。その目的は「国民の老後における健康の保持と適切な医療の確保を図るため、疾病の予防、治療、機能訓練等の保健事業を総合的に実施し、もって国民保健

の向上及び老人福祉の増進を図ること」(第1条)である。第2条では、「自助と連帯の精神」に基づく国民の公平な医療費負担等を定めている。

「保健事業」としては、①医療等（医療、入院時食事療養費の支給、特定療養費の支給、老人訪問看護療養費の支給、移送費の支給、高額医療費の支給）および、②医療等以外（健康手帳の交付、健康教育、健康相談、健康診査、機能訓練、訪問指導）がある。

(3) 介護保険法

高齢化、要介護高齢者の増加、介護家族の負担過多、社会福祉サービスの不足、社会的入院・老人医療費の膨張等を背景に、介護保険法は1997年に成立した。それに基づき、「介護の社会化」を目的とした社会保険方式による介護保険制度が2000年から施行されている。

保険者は市町村及び特別区（第3条）であり、被保険者は、市町村の区域内に住所を有する「六十五歳以上の者（第一号被保険者）」及び「四十歳以上六十五歳未満の医療保険加入者（第二号被保険者）」である（第9条）。財源は、公費負担が1/2（そのうち、国2：都道府県1：市町村1の負担割合となる）、被保険者からの保険料が1/2である。

給付手続きは次のとおりである。①被保険者が市町村に申請（指定居宅介護支援事業者等による代行可）し、②要介護認定を受ける。この結果「自立（非該当）」「要支援」「要介護（5段階）」が判定される。そして③自ら利用計画を作成してサービスを選択利用するか、或いは居宅介護支援事業者や介護保険施設に介護サービス計画作成を依頼し、④計画に応じたサービスを契約・利用する（自己負担は1割）。

5．施設における高齢者へのサービス

今日の高齢者福祉サービスは、大きく分けて施設をベースとするものと、居宅ベースのものがある。まずは施設援助の体系と基本視点を述べたい。

(1) 老人福祉施設の体系

老人福祉施設としては、①養護老人ホーム、②特別養護老人ホーム、③軽費老人ホーム（A型・B型・ケアハウス）、の3種の老人ホームがあり、これに加えて老人デイサービスセンター、老人短期入所施設、老人福祉センター、

生活支援ハウス、認知症対応型老人共同生活援助、在宅介護支援センター、有料老人ホーム等がある。

　主だった施設についての説明は第3章にゆずり、実習等で老人福祉施設に関わる上での基本的な視点について、次に述べておきたい。

(2)　**入所施設において注意すべきこと**

　入所施設での援助を行う上で、幾つかの点に注意する必要がある。第一に、利用者が生活の場を施設に移すことによって、長年つちかってきた「その人らしい」ライフスタイルや人間関係等を時間的・空間的に分断するようなことは避けたいものである。そのためには、生活習慣や趣味・嗜好の継続、使い慣れた家具類の使用等の配慮が望ましい。

　第二に、人としての尊厳が守られなければならない。施設職員が利用者を「ちゃん」付けで呼んだり幼児語で語りかけることがあると指摘されるが、(親しみをこめているとしても) それでは相手の自尊心を大切にした援助は困難である。人生の先輩として敬意を払うならば自ずと接し方は異なってくるはずである。また、着替えや排泄、入浴等の介助を受けることに対し、相手が屈辱感や無力感を覚えるかもしれないという配慮も重要である。自分が将来、介助される側になることを思えば、そのような心配りのできる援助者を求めないだろうか。

　第三に、プライバシーの保護に努めなければならない。施設では利用者のあらゆる個人情報が管理される。入所に至った背景はもちろん、仕事や家族の状況、経済状況等本人が知られたくないことも多い。しかし援助過程で知り得る情報はいかなる理由があってもろうえいしてはいけない。

　施設においては、日々決められたスケジュールに追われるなか、多数の利用者に援助するため、ともすればこれらへの注意を怠りがちである。しかし、対人援助においては取り返しのつかない重大なミスと常に隣り合わせであり、ここで述べた視点については特にじゅん守に努めなければならない。

6．高齢者への在宅福祉サービスと地域におけるサービス

　前項で列挙した諸施設は、老人ホームのように入所を前提とするものと、デイサービスセンターや短期入所施設のように在宅・通所での利用を前提の

ものに大別することができる。戦後、わが国の社会福祉は長きにわたり施設入所に重点を置いてきたが、近年は要介護高齢者等ができる限り住み慣れた家庭や地域で生活を継続できるように、本人や家族、近隣・地域住民、ボランティア等と専門的援助とが協働する援助（在宅ケア）が重視される。そこで本項では、一般に「在宅福祉の三本柱」といわれるホームヘルプサービス、デイサービス、ショートステイ、そして地域を基盤とした新しい援助に焦点を当て、概要を述べる。

(1) **ホームヘルプサービス**

　高齢者向けのホームヘルプサービスは、主に居宅でのサービスを提供するものである。その担い手である「ホームヘルパー」は、介護保険制度ができてから社会的に一躍注目される仕事となったため、イメージしやすい人も多いだろう。ヘルパーは利用者の自宅等に派遣され、1回あたり30分程度、身体介護（食事、入浴、排泄、着替え、清拭等）、家事援助（調理、洗濯、掃除、買物等）を中心に行う。また利用者や家族への各種相談・助言も行う。

　利用者の身体状況、家族の状況や価値観、生活歴等は個々に異なり、より広範で専門的な援助が求められるため、ホームヘルパーも近年は、ケアマネジャーを中心として、行政職員、医療・保健分野の専門職等と連携してチーム援助をすることが多い。

(2) **デイサービス**

　住宅街等でよく、4～5人くらいの高齢者を乗せ、「○○デイサービスセンター」等と書いたワンボックスカーをみかけないだろうか。老人デイサービスは、要介護者が在宅生活を続けながら、週に数日、通所施設（特別養護老人ホーム等に併設されていることが多い）で日中を過ごすものである。通常、送迎車が朝、利用者宅を巡回して施設へ行き、夕方頃に自宅まで送る。

　施設には介護職員や看護師、生活指導員、栄養士、調理員、施設長、事務職員、運転手、ボランティア等が配置され（非常勤含む）、健康チェック、入浴、食事、レクリエーション等を行う。

　利用者にとって、身体や感性を刺激して機能低下を予防する目的があるが、加えて家にこもることを防ぎ、仲間や職員、ボランティアらとのコミュニケーションを通じて社会性を維持するという意味もある。また家族の介護負担

を心身両面で軽減する目的もある。

(3) ショートステイ

ショートステイは、要介護者が特別養護老人ホーム等に短期間入所し、介護や日常生活上の世話、機能訓練を受けるものである。家族介護者等の病気、冠婚葬祭、休養、旅行等で一時的に在宅生活に支障がある場合に行われる。

また、施設入所を迷っている高齢者等が一定期間滞在することで適応性を判断する（生活やケアのサイクルに馴れたり、他の入所者や職員等との関係を築いたりする）ような場合にも効果的である。

(4) 地域生活を基盤とした新しい援助のあり方

上の三つの処遇は、いずれも在宅生活をベースとして個々の高齢者の尊厳を大切にし、社会生活においてその人の能力やニーズを尊重し、支えていくものであった。今後はさらに、ユニットケアのような施設内における小単位で家族的なグループでの処遇や、施設が地域社会に対し開放性をもつ施設社会化（地域行事等への参加、施設設備の地元住民への開放、ボランティアの受け入れ、施設職員の地域住民へのサービス提供等）といった取組がますます必要になるだろう。

さらに、一層利用者の生活圏に根ざして柔軟な施設ケアを展開するため、地域密着型の小規模多機能拠点（たとえば、特養等を拠点とし、民家を利用したグループホームやデイサービス等の機能の付加）等も新たな課題となる。

（加山　　弾）

第4節　地域福祉

1．今日求められる地域福祉

今日、コミュニティ崩壊が叫ばれるなか、家族や近隣で住民同士支え合う機能は弱体化する傾向にある。このような状況の下で、地域社会において誰もが暮らしやすい地域社会のありようを描き出すために、行政による施策と住民やサービス機関による援助がうまくミックスされ、公私協働でまちづくりを進めていく地域福祉の考え方が今日の社会福祉の主流となっている。本節では、地域福祉の概念を説明し、それらを実践するさまざまな主体を紹介する。

表2-4-1　岡本栄一による地域福祉論の理論枠組み

コミュニティ重視志向軸	福祉コミュニティの形成／環境改善／予防的福祉／ノーマライゼーション
政策制度志向軸	公的責任の明確化／地方分権化／地域福祉計画の実施／行政機能の統合化
在宅福祉志向軸	コミュニティケア／在宅福祉の推進／施設の社会化／福祉サービスの組織化
住民の主体形成と参加志向軸	住民の主体形成／住民参加・ボランティア活動／福祉教育／住民の組織化

出典：牧里毎治編，『地域福祉論』，放送大学教育振興会，2003年，をもとに筆者作成

2．地域福祉の概念

(1) 地域福祉の諸側面

　地域福祉の概念には、実践としての面、理論としての面、制度政策としての面といった複数の側面が含まれる（上野谷加代子　2004）ため、全体像をとらえにくいかもしれない。

　このような地域福祉の概念を把握するうえでは、岡本栄一が整理した地域福祉諸理論の枠組み（表2-4-1）が分かりやすい。すなわち、①コミュニティ重視志向軸、②政策制度志向軸、③在宅福祉志向軸、④住民の主体形成と参加志向軸の四つの軸にまとめたものである（牧里毎治編『地域福祉論』2003年）。これらの総体をこの概念の全体の姿として、まずは理解しておきたい。

(2) 地域福祉において重要な視点

　地域を構成するメンバーは子どもから高齢者までさまざまである。仕事、考え方、宗教、国籍等は人それぞれだし、障害者もいれば健常者もいる。そのように多様な人びとが地域を構成しているうえに、産業構造や年齢構成、自然環境等あらゆる要因が地域を特徴づけるため、地域の特性は千差万別である。例えば人口や産業が密集する都市部と過疎化が進む農村とでは地域課題は歴然と違ってくる。

　このような個々に異なる状況に対して、地域福祉を考えるためのいくつかの視点を挙げておきたい。第一に、地域特性を活かした施策やサービス体制づくりが大切である。つまり固有の地域課題に基づくまちづくりとも言える。無論この背景には、「地方分権の推進を図るための関係法律の整備等に関する法律」（いわゆる地方分権一括法）にみるような、中央から地方（自治体）への

権限委譲の動きや、住民自治によるコミュニティ形成という方向性がある。
　第二に、分野横断性ともいうべき総合化の課題がある。地域の構成員の年齢や属性がさまざまであるうえ、一人の人間が多様な側面をもち、かつそれらを分断できない（例えば、親の介護者であり子育て中でもある人や障害をもつ高齢者等）ことを考えても、そうした視点は重要である。従って、この視点から施策を考える際、従来の縦割りの仕組みでなく、できるだけ一つの窓口でさまざまな相談や情報提供に対応できる体制が望ましい。
　第三に、その視点から福祉施策やサービス供給を考えていくうえでは公私協働が核になる。現代の社会福祉ニーズの増大・多様化に反比例するように、近年の財政悪化は深刻化の一途をたどっている。かつて社会福祉は行政が担うものという考え方が主流であったが、今日私たちは、行政だけで対応しきれないような制度のすき間にある課題や新しい課題（ひきこもり、ニート、少年犯罪等）に直面している。総合的なサービス体系を展開していくためには、民間部門による柔軟でざん新な発想力・行動力が不可欠となっている。
　そして第四の視点として、上のそれぞれを充足するための住民参加である。住民、とりわけ福祉ニーズを抱える当事者が率直に意見を述べることができ、それを施策・サービスに反映するための担保として、制度的・物理的なアクセスの整備が不可欠である。また、参加を通して住民にはより積極的な市民としての成長が期待できる。地域単位でみれば住民の主体形成が進み、成熟した住民自治による地域社会へとつなげるという意味がある。

3．社会福祉法における地域福祉

　次に、地域福祉の法的な位置づけについて、社会福祉法（2000年制定）における規定を簡単に見てみる。
　同法では、「地域住民、社会福祉を目的とする事業を経営する者及び社会福祉に関する活動を行う者は、相互に協力し、福祉サービスを必要とする地域住民が地域社会を構成する一員として日常生活を営み、社会、経済、文化その他あらゆる分野の活動に参加する機会が与えられるように、地域福祉の推進に努めなければならない」（第4条）と規定している。ここに住民は、福祉サービスの受け手であるとともに担い手としての役割が明記されたので

あり、住民参加による地域福祉推進が定められている。

同法ではまた、自治体による地域福祉計画の策定や、地域福祉推進主体としての社会福祉協議会、共同募金会等の規定がある。

4．地域福祉の実践主体

(1) 社会福祉協議会

続いて、地域福祉を実践する主な組織・人とその活動内容を見ていく。

地域福祉の第一線機関である社会福祉協議会（社協）は、社会福祉施設、民生委員・児童委員、住民組織、福祉団体等から構成されるものであり、「地域社会において民間の自主的な福祉活動の中核となり、住民の参加する福祉活動を推進し、保健福祉上の諸問題を地域社会の計画的・協働的努力によって解決しようとする公共性・公益性の高い民間非営利団体で、住民が安心して暮らせる福祉コミュニティづくりと地域福祉の推進を使命とする組織」（和田敏明　2001）である。今日、社協としては全国社会福祉協議会（全社協）、都道府県社協、市区町村社協等がある。

全社協が1992年に策定した「新・社会福祉協議会基本要項」では、社協の「活動原則」や「機能」が挙げられている。前者としては、①住民ニーズ基本の原則、②住民活動主体の原則、③民間性の原則、④公私協働の原則、⑤専門性の原則の五点（表2－4－2）、後者では①住民ニーズ・福祉課題の

表2－4－2　社協の活動原則（「新・社会福祉協議会基本要項」より）

住民ニーズ基本の原則	広く住民の生活実態・福祉課題などの把握に努め、そのニーズに立脚した活動をすすめる。
住民活動主体の原則	住民の地域福祉への関心を高め、その自主的な取り組みを基礎とした活動をすすめる。
民間性の原則	民間組織としての特性をいかし、住民ニーズ、地域の福祉課題に対応して、開拓性・即応性・柔軟性をもって活動をすすめる。
公私協働の原則	公私の社会福祉及び保健・医療、教育、労働などの関係機関・団体、住民などの協働と役割分担により、計画的かつ総合的に活動をすすめる。
専門性の原則	地域福祉の専門的な推進組織として、調査、研究、開発、情報、計画策定などに関する活動をすすめる。

出典：新版・社会福祉学習双書編集委員会編、『社会福祉協議会活動論』、全国社会福祉協議会、2003年、pp.24-25。

明確化、住民活動の推進機能、②公私社会福祉事業等の組織化・連絡調整機能、③福祉活動・事業の企画及び実施機能、④調査研究・開発機能、⑤計画策定、提言・改善運動機能、⑥広報・啓発機能、⑦福祉活動・事業の支援機能がある。

　社協事業としては「公的在宅福祉サービスの受託(ホームヘルプサービス、デイサービス等)」「住民参加の各種在宅福祉サービスの開発(給食サービス等)」「組織化活動(地区社協、小地域ネットワーク活動、当事者組織の支援、ボランティアセンター運営、福祉教育活動等)」等がある(齋藤貞夫　1997)。

　近年の動向として、1991年に国庫補助事業として始まった「ふれあいのまちづくり事業」や「地域福祉権利擁護事業」を行う社協も多い。前者は、地域福祉活動コーディネーターの配置、ふれあい福祉センターの設置、地域生活支援事業、住民参加による地域福祉事業、福祉施設協働事業等を実施するもので、2001年からは「市区町村地域福祉支援事業」の一環とされた(今日、いわゆる「事業型社協」に発展している)。後者は、認知症高齢者、知的障害者、精神障害者等を対象に、福祉サービスについての情報提供、利用手続き・支払いの援助、日常的金銭管理サービス等を実施する事業である。また、社会福祉法で規定される都道府県や市町村の「地域福祉計画」を自治体と社協が協働してつくったり、社協の行動計画としての「地域福祉活動計画」等を策定する取り組みが進んでいる。

(2)　民生委員

　民生委員法に基づき、住民の身近にいて福祉の世話役を果たすのが民生委員である。基本理念は「社会福祉の精神をもって、常に住民の立場に立って相談に応じ、及び必要な援助を行い、もって社会福祉の増進に努めるものとする」(第1条)とされている。

　民生委員は、市町村に設置された民生委員推薦会の意見を元に、都道府県知事の推薦によって厚生労働大臣が委嘱する行政委嘱ボランティアである。任期は三年で、児童委員を兼ねている。かつては名誉職であったが、2000年の同法改正でその規定が削除された。都道府県知事が市町村長の意見をきいて定める区域ごとに「民生委員協議会」を組織することになっている。

　民生委員は、3つの基本的性格(自主性、奉仕性、地域性)と3つの原則

（住民性、継続性、包括総合性）に基づき、7つの働き（社会調査、相談、情報提供、連絡通報、意見具申、調整、支援態勢づくり）に取り組んでいる。

(3) **町内会・自治会**

　地方自治法によれば、町内会・自治会等のような地縁による団体は「町又は字の区域その他市町村の一定の区域に住所を有する者の地縁に基づいて形成された団体」（第260条の2）と定義される。町内会・自治会は、地域課題の解決や、住民相互の親睦を図る目的で組織される任意団体であり、町や集落レベルにおいて通常50〜200世帯単位で組織される基礎的な社会集団である。上部組織に連合町内会等（学区、市町村レベル）、下部組織に組や班（10〜30世帯）がある。

　主な活動には、①運動会や盆踊り大会等の親睦、②交通安全や防犯・防災対策等の共同防衛、③ゴミ処理、緑化活動等の環境整備、④児童の健全育成、健康づくり、共同募金への参加等の福祉活動、自治体広報の配布や納税貯蓄組合・市民憲章実践等の行政補完、⑤祭りや政治・選挙への参加等がある。地元の諸団体と交流することも多く、例えば社協の支部活動、共同募金会、赤十字奉仕団、民生委員協議会、保護司会、子供会、婦人会、老人会等のほか、消防団、衛生組合、商店会、経営者団体等とも協力する（松村直道 1997）。

　しかしこうした組織は、全戸加入を組織原則とすること等から前近代性・非民主性が批判され（松村　1997）、加入率低下に悩むものも少なくない。地域共同体的な機能を形成的に維持するにとどまり、住民ニーズと乖離している（新川達郎　2004）との指摘もある。これらの問題に対処するため、従来あまり協働の進まなかった、地域の枠をこえて活動するNPO等と協力体制を築くことが課題である。最近では地縁組織の一部分（福祉部等）がNPO法人化する例もみられるが、新たな可能性として注目できるだろう。

(4) **NPO**

　福祉ニーズの複雑化・増大を受け、公私役割分担やサービス供給多元化が必要とされるなか、わが国でもNPO（Nonprofit Organization　非営利民間組織）への関心が高まった。地域福祉の推進者としても不可欠な存在である。

　1995年の阪神・淡路大震災での活躍は、NPOに法人格を与える議論を活発化させ、1998年の「特定非営利活動促進法」制定によって、いわゆるNPO法

人として制度化された。2000年の介護保険制度導入は、草の根で在宅福祉活動を支えてきたボランティア団体等のNPO法人化を一気に加速させた。

NPOによる地域福祉活動は、訪問介護、家事援助、配食サービス、外出支援等の直接的な援助活動から、行政等への政策提言、オンブズマン等の間接的なタイプまで非常に幅広く、援助対象も子ども、障害者、高齢者、外国人、ひきこもり、難病患者、ホームレス等、枚挙に暇がない。ちなみに同法の場合、「保健、医療または福祉」「まちづくり」「国際協力」等17の活動分野が挙げられており、これらに該当するものが法人化の対象となる。

何をもってNPOと称するのか、現行の法人制度の中だけでも論者によって見解が分かれるが、地域福祉の推進役としてとらえると、NPO法人に加えて社団法人や社会福祉法人等の公益法人、そしてボランティアに基づく任意団体（法人格をもたない団体）等を含めるのが妥当であろう。

さて、NPOは自団体のミッション（使命）に基づいて活動する。つまりテーマ型コミュニティ（世古一穂　2001）を追求する組織であって、必要とあれば国境も越えてしまう機動性をもつ。この点で町内会・自治会のような地縁型組織とは対極をなしている。まだあまり認知されていないような潜在的な問題・ニーズや、行政や企業等には対応困難な個別的ニーズに対してもきめ細かに対応できる先駆性、柔軟性が強みである。

しかし反面、レスター・M・サラモン（Lester M. Salamon 1995）が指摘するように、①非充足性（ボランティア等に依存するために資源調達等に限界がある）、②特異性（自団体の関心に偏重し、他の問題に無関心になる）、③拘束性（利用者の依存性を強め、自立の機会を奪いかねない）、④アマチュア主義（専門性を十分備えられず、運営が素人的になる）といった限界性を内在しており、それゆえに組織基盤のもろさが問題となりやすい。これを克服し、NPOが独自性を発揮できるよう、行政、企業、地縁組織等との連携や、支援税制等の制度的バックアップの推進が重要である。

(5) その他の実践主体

本項では地域福祉を推進する団体や人を説明してきたが、最後にその他の主な担い手を紹介したい。

行政機関としての福祉事務所、公的サービスになじまない在宅福祉サービ

ス等を提供する第三セクター等の福祉公社、行政設置による社会福祉法人の社会福祉事業団、小地域レベルにおいて在宅要介護高齢者・家族介護者等を中心に総合相談や連絡・調整等を実施する在宅介護支援センター、地域福祉の財源としての共同募金（中央共同募金会、都道府県共同募金会等）はいずれも代表的な実践主体である。

　そして地域福祉の担い手として忘れてならないのは、マンパワーとしての住民である。先述したような住民自治によるまちづくりを進めていくためには、住民によるボランティア活動は欠かせない。その受け皿としての社協をめぐっては、国レベルでは1975年度に始まった「社会奉仕活動育成事業」（市区町村社協等にボランティアセンターを設置）、1985年度に始まった「福祉ボランティアのまちづくり事業（ボラントピア事業）」等の取り組みがあり、近年でも、全社協による「ボランティア推進7ヵ年プラン」（1993年）、「第2次ボランティア・市民活動推進5ヵ年プラン」「社協ボランティア・市民活動センター強化・発展の指針」（ともに2001年）等が示され、時代に合わせてボランティアの拡大の指針が示されてきた。

　かつてボランティアは、「無償」「慈善」等と認識されてきたが、今日では価値観や活動分野も多様化し、「自己実現」や「自らの学び・楽しみ」という考え方がひろがっており、「有償ボランティア」等のようなサービス供給の形態も登場している。

　さまざまな形で地域を支える人が増えれば、地域はより主体的になっていく。利用する側にとってサービスの選択肢や質が拡充するだけでなく、活動に参加した住民たちが地元への思いや気づきを共有し合うことで、地域がもつ問題解決力が一層養われるのではないだろうか。

（加山　　弾）

第5節　社会保障

1．社会保障とは何か（社会保障の目的及び機能）

　社会保障について真田は『人間の尊厳を守り生存権を社会的に保障すること』を目的としているといわれる。また、河野は『社会的な生活事故に対し

て、国の責任で、すべての国民を対象に、人間の尊厳に価する給付を、権利として保障しようとするもの』であるともいわれる。つまり社会保障とは、その時代状況にあった、人間らしく生きるということを侵してはならないものとして国や地方公共団体（都道府県や市区町村）が保障することを目的としている。仮に人間らしく生きることが出来ないような状況に陥った時に、様々な手段を講じ、人間らしい生活を営むことを権利として市民に与える、ということである。

　上記のような目的を達成する為に、社会保障は『ひとびとの生存と尊厳を実際に保障する』ことを機能として持つと真田は述べている。言い換えれば、生きることを他の何物にも代え難い、侵すべからざるものとして、それらを護ることが出来るように、法律や施策を講じることを国や地方公共団体などが行うのである。

　社会保障を法や施策として展開するためには、社会保障の具体的内容を規定していく必要がある。そこで国際労働機関や世界労働組合連盟などの考え方をもとに、国際的な社会保障の内容について考えることとする。国際労働機関（ILO）では『国のすべての政策は社会保障と何らかの関係を持っているが、病気の予防や治療のための給付や、収入が得られなくなったときに扶助し、収入の得られる活動に戻すための給付を、人々に支給するような機構だけを社会保障サービスとみなすことが便利である』としている。1944年に採択されたフィラデルフィア宣言を受ける形で『所得保障に関する勧告』と『医的保護に関する勧告』とが分けて採択をされており、1944年頃から所得保障と医療保障を社会保障の2つの柱として捉える考え方が始まったといわれている。ちなみに所得保障に関する勧告では、前文で『所得保障が社会保障の重要な要素であるのに鑑み、』とあり、所得保障の項目として疾病、母性、廃疾、老齢、所得者の死亡、失業、緊急費、業務障害が挙げられ、それらの給付には強制社会保険制度を基礎とするとされている。また医療保護に関する勧告では、前文において『適切な医療保護を利用しうることは社会保障における重要な要素であるのに鑑み』とし、治療的保護や予防的保護の必要性が提唱されている。1982年に出された『社会保障についての権利の維持のための国際制度の確立に関する条約』では、社会保障部門の一部として次

のものを列挙している。医療（リハビリテーション給付を含む）、傷病給付、母性給付、疾病給付、廃疾給付、老齢給付、遺族給付、業務災害給付（職業上の負傷及び疾病に関する給付）、失業給付、家族給付の10項目となる。これらがILOにおける社会保障サービス、さらには社会保障制度全般についての考え方ということができる。（図2－5－1参照）

　もう一つの世界労働組合連盟が1961年に採択した『社会保障憲章』では、『社会保障が適用されない分野の人々のために、公的扶助制度があるところでは、どこでもこのような制度を漸次社会保障制度に取り替えていかなければならない』とされている。つまり、社会保障制度の中の一部門として公的扶助制度を位置付けるという考え方である。また社会保障憲章では社会保障が対応すべき生活問題を、働く人々が今日の社会の仕組みから被る社会問題として捉えている。したがって社会保障を維持し社会保障費用を負担する責任は資本（企業等）と国家にあるとしている。この考え方に基づき、事業主と国が一定の割合で費用を負担し、その財源に被保険者である国民が保険料として出したお金を合わせ、それを財源に人々が生活困窮に陥った時（保険事故）に活用する（保険給付）考え方が定着・普及してきたのである。

　以上のような国際機関の提唱する社会保障の諸制度から考えると、『社会保障制度とは、少なくとも(1)社会保険、(2)社会手当、(3)公的扶助、(4)社会福祉サービスの各制度を包含する制度』と考えることが出来る。次項では日本の現在の社会保障制度について考える。

2．日本の社会保障制度（社会保障制度の全体像と財源）

　「社会保障入門（平成17年版）」では、『社会保障制度は、国民生活の安定や国民の健康の確保を目的としたものであり、老齢・障害等によるハンディキャップを負った人々が円滑に社会生活を営むための各種サービスを提供する社会福祉、病気や怪我に伴う特別の出費に対応するための医療保険、病気の予防や治療の確保、老齢・死亡・障害・失業等による収入の減少に対する所得保障などをその内容としている』としている。具体例として、社会福祉、児童福祉、医療保険、保健事業、母子保健、年金制度、生活保護制度、公衆衛生を挙げられていることから、日本の社会保障制度はこれらのもので構成

68 ── 福祉への道標

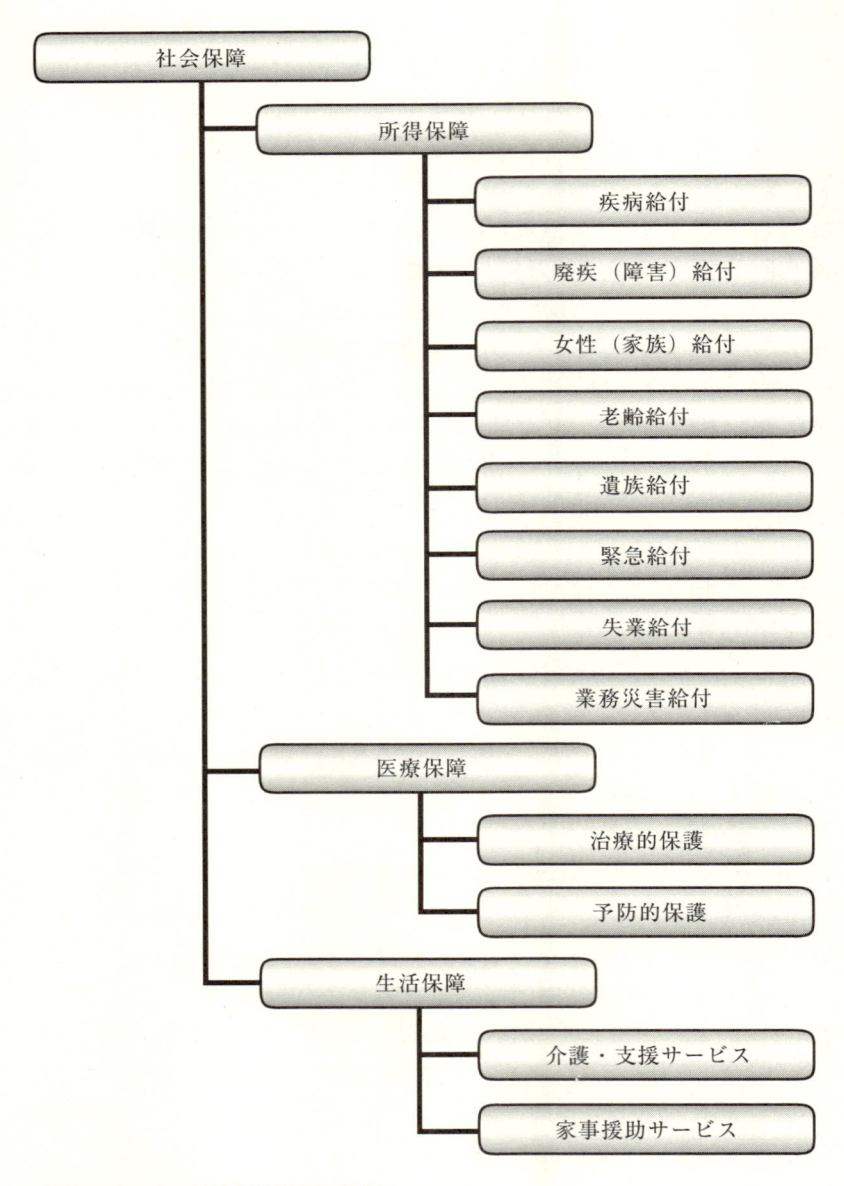

```
社会保障
├─ 所得保障
│   ├─ 疾病給付
│   ├─ 廃疾（障害）給付
│   ├─ 女性（家族）給付
│   ├─ 老齢給付
│   ├─ 遺族給付
│   ├─ 緊急給付
│   ├─ 失業給付
│   └─ 業務災害給付
├─ 医療保障
│   ├─ 治療的保護
│   └─ 予防的保護
└─ 生活保障
    ├─ 介護・支援サービス
    └─ 家事援助サービス
```

図2－5－1　社会保障制度の分類

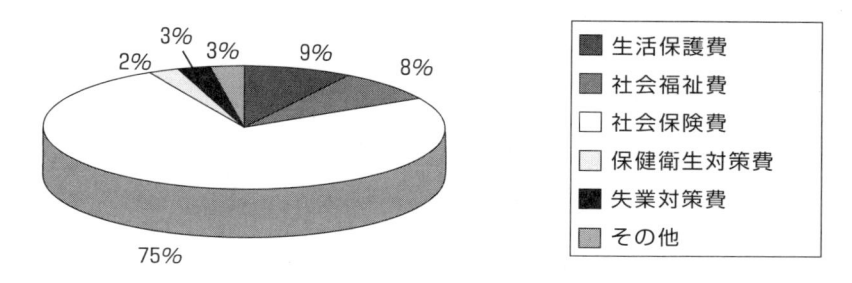

図2－5－2　平成16年度概算額（単位：百万円）
出典：『社会保障入門（平成17年版）』，中央法規，2005年

されている、と言うことになる。それ以外に、社会保障に関する国家予算から社会保障の中身を見ると、社会保障費の内訳は生活保護費・社会福祉費・社会保険費・保健衛生対策費・失業対策費・その他の構成となっている。また、部門別で見ると医療・年金・福祉その他、とされている。

つまり、日本では社会保障を考える時に、生活保護という『最低生活を保障する制度』と『社会的に弱い立場にある人々の生活を保障するための福祉サービスに関する制度』、高齢者や障害者・児童等の『対象を限定した福祉サービス、医療や公衆衛生等の年齢階層や所得を問わない保健医療サービスに関する制度』、国民基礎年金や厚生年金等に代表される報酬比例年金等の『所得保障制度』、『雇用保険制度』による失業や職業教育訓練給付などの制度をその主な柱として考えることができる。

本項以下では、社会保障制度の最も基本となる生活保護法、各種の社会手当、公衆衛生及び医療（医療保険制度を含む）について見ていくこととする。

3．公的扶助制度とはなにか（生活保護法について）

日本の公的扶助制度である生活保護法の成立は1946年、終戦の1年後となっている。しかしながらその前年に『生活困窮者緊急生活援護要綱』が実施されており、その中で生活困窮者の当面の救済策として、宿泊、給食、医療、医療寝具等の給与、衣料品の補給等がすでに実施されていた。

この臨時的対応と救護法の抜本的改正を行うための検討が行われた結果、

従来ではみられなかった、保護を必要とする国民に対し、無差別平等に国家責任において扶助を行うことを宣言した（旧）生活保護法が制定された。しかしながらこの旧法では、様々な制約があり、改善を行う必要が生じたため、1950年に全面的な改正を行ったのが現在の生活保護法となっている。
　生活保護法は憲法第25条の生存権理念に基づく法律となっており、国民は一定の要件を満たす場合に保護を受ける権利を有することや、保護の水準が健康で文化的な最低限度の生活維持に足るものであるべきなどが規定されるようになっている。
　生活保護法では一般に『4原理』『4原則』に基づいて法律内容が整備されていると言われている。『4原理』には①国家責任による最低生活保障の原理（第1条）、②保護請求権無差別平等の原理（第2条）、③健康で文化的な最低生活保障の原理（第3条）、④保護の補足性の原理（第4条）があり、『4原則』には⑤申請保護の原則、⑥基準及び程度の原則、⑦必要即応の原則、⑧世帯単位の原則がある。
　①は、生活に困窮する国民に対し、その困窮の程度に応じて国の直接の責任において、保護を行い、最低限度の生活を保障し、その自分自身の力で生活を営むことを助長することを目的として行われるものである。②では、国民はすべての生活保護法の定める要件を満たす限り保護請求権を無差別平等に保障されるとしている。③は健康で文化的な生活水準を維持することが出来る最低限度の生活保障をするとした原理である。④は、生活に困窮する者が能力（知識や技術及びそれらを生かす努力）や、あらゆる資力（預貯金、株、貴金属や土地・車等の処分可能な財産）等を活用し、かつ、扶養義務者（民法877条に定める直系血族及び兄弟姉妹）による扶養や、他の法律による扶助によってもなお最低限度の生活を維持できない時に限り行われるものとされている。
　生活保護実施上の原則である⑤は、生活に困窮する国民に保護請求権を認め、その権利を申請することではじめて保護開始するとされている。⑥では保護の実施について、厚生労働大臣が決めた基準で必要とする基準から見て不足分を補う程度とされている。⑦は要保護者の年齢別、健康状態といった保護を要する人の状態に応じて有効かつ適切に行われるべきだとされてい

る。⑧では保護の要否や程度については、世帯を単位として実施するとされている。

　生活保護の被保護者には、不利益変更の禁止や公課禁止、差押禁止などの権利が保障される一方で、譲渡禁止、生活上の義務、届出の義務、指示などに従う義務が課せられている。権利としては、生活保護法によって被保護者に対して与えられる保護について、不利益に取り扱われることがないように配慮をすることが規定されており、義務としては保護を受けるに際しては行政の指示に従い、少しでも早く自活できるように努力を継続しなければならない、ということが規定されている。

　実際に生活保護法における保護を実施するには、金銭を支給して保護を実施する『金銭給付』によるものと、物品の支給や医療の給付等を提供する『現物給付』による2つの方法がある。これらの財政負担（保護費）については、国が4分の3、都道府県・市等が4分の1を負担している。

　これらの保護による扶助は現在、8つの扶助が規定されており、生活扶助・教育扶助・住宅扶助・医療扶助・介護扶助・出産扶助・生業扶助・葬祭扶助となっている。

　生活保護では居宅保護を原則としているが、施設保護も認められている。これらの施設は保護施設と呼ばれ、①救護施設・②更生施設・③医療保護施設・④授産施設・⑤宿泊提供施設の5種類がある。保護施設とは要援護者の自宅において一定水準の生活を営むことが困難なものを入所させて保護を行うことを指す。①及び②は身体上又は精神上の障害がある要援護者を入所させて生活扶助を行う施設を指す。一方③、④、⑤は要援護者に対しそれぞれ医療給付、就労や技能習得の機会供与、住宅扶助を行う施設を指す。

　これらの生活保護を担当する行政機関として全国の市と一部の町村に福祉事務所が設置されている。福祉事務所には所長や査察指導員、現業員（ケース・ワーカーとも呼ばれる）及び事務職員が配置されている。

4．社会手当制度（各種手当制度）

　本項では、生活保障のための各種手当制度について簡単に説明をする。日本では、生活保障及び生活安定等の目的で児童手当、児童扶養手当、特別児

童扶養手当、障害児手当と特別障害者手当と呼ばれる社会手当制度がある。児童手当とは、児童を養育している家庭の生活の安定に寄与すると共に、児童の健全な育成と資質の向上のために支給される手当である。対象となる児童は、小学校第3学年修了前までとされており、第1・2子には月額5,000円、第3子以降は月額10,000円が支給される。この手当に必要な費用は事業主・国・都道府県・市町村が負担することとされている。ただし受給には所得制限があり、一定所得以上の場合には給付が制限される。

児童扶養手当は、母子家庭等の離婚をした家庭の生活の安定と自立の促進と共に、児童の福祉の増進を図ることが目的とされている。対象としては父母の離婚等により父親と生計を同じくしていない児童を監護・養育する母等とされている。児童一人の場合月額41,880円、二人の場合46,880円、三人以降は一人について3,000円の加算となっている。この手当は都道府県知事や市町村が申請に基づいて認定し、支給をするが、一定の所得制限が設けられている。

特別児童扶養手当は、20歳未満の中程度以上の知的又は身体障害児を監護・養育している親等に対して、その児童の福祉の増進を図ることを目的として支給されている。重度障害の児童については月額50,900円、中程度の障害の児童については月額33,900円となっている。

特別障害者手当は、日常生活において常時特別の介護を必要とする20歳以上の在宅で生活をしている重度障害者の福祉の向上を図ることを目的として

表2-5-1　各種福祉手当の概要

	摘　要	金額（月額）	備　考
児童手当	第1・2子	5,000円	小学校第3学年修了前まで
	第3子以降	10,000円	
児童扶養手当	一人	41,880円	18歳に達する日以降の最初の3月31日までの者
	二人	46,880円	
	三人	一人増える毎に3,000円加算	
特別児童扶養手当	重度	50,900円	20歳未満の中程度以上の障害児を監護・養育する親などを対象
	中程度	33,900円	
特別障害者手当		26,520円	20歳以上の在宅重度障害者
障害児福祉手当		14,430円	20歳未満の在宅重度障害児

出典：『社会保障入門（平成17年版）』、中央法規、2005年、著者一部加筆

いる。手当の趣旨が著しく重度の障害によって生じる特別な負担の軽減を図る手段（方法）として支給されるものであることから、障害基礎年金との併給も認められている。2004年4月時点で月額26,520円となっている。また20歳未満の場合には障害児福祉手当が支給されることとされている。

5．その他の社会保障（医療及び保健）

日本は世界の最長寿国であり、平均寿命は男性が78.36歳、女性が85.33歳（2003年）となっている。死亡の三大死因（2003年）としては、悪性新生物・心疾患・脳血管疾患の順でおよそ60％を占めるまでになっている。疾病の構造は急性期の感染症から慢性の生活習慣病へと移行している。

1961年以降、日本では国民は何等かの医療保険に加入することになっている。医療保険は大きく分けて職域保健と呼ばれるものと地域保健と呼ばれるものとに分けられる。職域保健には『健康保険』『共済組合』『船員保険』がある。『健康保険』には中小企業の従業員を対象とする『政府管掌健康保険』、大企業の従業員を対象とする『組合管掌健康保険』がある。また『共済組合』には『国家公務員共済組合』『地方公務員等共済組合』『私学教職員共済組合』がある。地域保健には『国民健康保険』があり、農業者や自営業者、被用者保険の退職者等が加入をしている。

医療保険制度は原則として、医療サービスを利用する場合、被保険者や被扶養者が医療機関で被保険者証（組合員証など）を提示し、一部負担金（原則として3割）を払えば医療サービスを利用することが出来る。老人保健については、月額上限を設定した上で1割負担としている。老人医療費については全体の62％を各保険者の拠出する拠出金から、残りの38％を国（2/3）：都道府県（1/6）：市町村（1/6）で負担することとされている。

保健には一般保健としての母子保健や精神保健、老人保健、感染症対策、結核対策などがある。これに「生活環境」つまり食品保健や化学物質等の対策や「労働衛」生（衛生管理や職業病など）、大気汚染や水質汚濁の防止などの「環境保全」、学校保健を加えたものを公衆衛生サービスと呼ぶ。ここでは一般保健といわれる『母子保健』『精神保健』『老人保健』について簡単に述べる。

母子保健とは、保健所等において実施される妊産婦・乳幼児に対する保健指導、未熟児に対する養育指導、3歳児健康診査などを指す。これらは母子保健法（1965年）に規定された事業であり、国及び地方公共団体が母性並びに乳児及び幼児の健康保持及び増進に努めなければならないとするものである。中でも市町村については具体的な保健指導や健康診査、訪問指導、母子健康手帳の交付などを行うこととされている。

　精神保健は1950年に制定された精神衛生法で精神障害者の医療、保護の確保とその発生予防措置がとられたことに始まる。精神衛生法では都道府県に精神病院の設置が義務付けられる等の規定が設けられた。その後、ライシャワー事件などで不十分な在宅医療体制が社会問題化し、保健所を精神保健行政の第一線機関として位置付け、通院医療公費負担制度などを規定するよう法改正がなされた。また宇都宮事件等の不祥事を契機とし任意入院制度、精神保健指定医制度、授産施設などが法に盛り込まれ、名称も精神保健法とされた。1993年の法改正では社会復帰の促進や精神障害者定義の見直しが盛り込まれた。その2年後の1995年には現在の精神保健及び精神障害者福祉に関する法律となり、精神障害者保健福祉手帳制度や社会復帰施設の法的位置付けが盛り込まれた。これらを推進する人材として1997年に精神保健福祉士法が制定されることとされた。

　精神障害者に対する医療には、『任意入院』『措置入院』『医療保護入院』がある。『任意入院』は精神障害者自身の同意に基づき精神科病院に入院をするもので、『措置入院』は2人以上の精神保健指定医が自傷他害の恐れがあると一致した診察をした場合に精神科病院等に入院をさせるものである。『医療保護入院』は精神障害者であると認められなおかつ入院の必要があると認められる者について、本人の同意がなくとも保護者の同意があれば緊急的に入院させることが出来るものである。

　地域における精神保健福祉対策については、地域保健法で保健所が担うこととされており、その他として、各都道府県及び指定都市に設置されている精神保健福祉センターが担うこととされている。

　老人保健は老人保健法（1982年）の制定により始まっており、保健事業として①健康手帳の交付、②健康教育、③健康相談、④健康診査、⑤機能訓練、

⑥訪問指導があり、壮年期からの健康づくりを着実に推進する為に、第1次から第4次までの計画に基づき事業が推進されている。現在の重点項目として、①生活習慣改善等を通じた疾病予防対策の推進、②介護を要する状態となることを予防する対策等の推進、③健康度評価の実施、④計画的な保健事業の展開と基盤整備、⑤がん検診、⑥適切な保健事業の評価等、が挙げられている。

(尾崎　剛志)

参考文献
① 福祉士養成講座編集委員会編,『社会福祉士養成講座4 児童福祉論』,中央法規,2002年
② 保育法令研究会監,『平成17年版　保育小六法』,中央法規,2005年
③ 西尾祐吾編,『児童福祉論』晃洋書房,2005年
④ 神戸賢次編,『新選　児童福祉』,みらい,2005年
⑤ 伊達悦子・辰巳　隆編,『保育士を目指す人の児童福祉』,みらい,2004年
⑥ 岸井勇雄・無藤　隆・柴崎正行監,『保育・教育ネオシリーズ6　児童福祉の新展開』,同文書院,2004年
⑦ 財団法人厚生統計協会編・発行,『国民の福祉の動向　2003年第50巻第12号』,2003年
⑧ 千葉茂明・宮田伸朗編,『新・社会福祉概論　変革期の福祉をみつめて』,みらい,2005年
⑨ http://papa.ikuji.cc/log/2005/01/post_1.html
⑩ http://papa.ikuji.cc/log/2005/01/
⑪ 厚生労働省老健局高齢者リハビリテーション研究会,「高齢者リハビリテーションのあるべき方向」,2004年
⑫ 世界保健機関（WHO）,『ICF 国際生活機能分類－国際障害分類改訂版（第二版）』,中央法規,2003年
⑬ 茂木俊彦,「障害と人間主体―ICFの障害概念との関連で考える」,『障害者問題研究』,30(3), 2 - 10, 2002年
⑭ 福祉士養成講座編集委員会編,『新版社会福祉養成講座2 老人福祉論』,中央法規,2001年
⑮ 池田書店編集部編,『福祉　仕事と資格オールガイド』,池田書店,1999年
⑯ 厚生労働省監修,『厚生労働白書（平成15年度）』― 活力ある高齢者像と世代間の新たな関係の構築 ―,ぎょうせい,2003年
⑰ 三浦文夫編著,『福祉サービスの基礎知識』,自由国民社,1997年
⑱ 小國英夫・成清美治編,『老人福祉概論』,学文社,1998年
⑲ 山縣文治・柏女霊峰編,『社会福祉用語辞典（第2版）』,ミネルヴァ書房,2001年
⑳ 新川達郎,「協働するNPO・市民活動組織」,西野勝,神野直彦編,『住民・コミュニティとの協働』,ぎょうせい,2004年

㉑　牧里毎治編,『地域福祉論』, 放送大学教育振興会, 2003年
㉒　松村直道,「町内会・自治会」, 日本地域福祉学会編,『地域福祉事典』, 中央法規, 1997年
㉓　齋藤貞夫,「社会福祉協議会」, 日本地域福祉学会編,『地域福祉事典』, 中央法規, 1997年
㉔　Salamon, Lester M., Partners in Public Service: Government-Nonprofit Relations in the Modern Welfare State, The John's Hopkins University Press, 1995.
㉕　世古一穂,『協働のデザイン　パートナーシップを拓く仕組みづくり、人づくり』, 学芸出版社, 2001年
㉖　上野谷加代子,「地域福祉という考え方」, 上野谷加代子・松端克文・山縣文治編,『よくわかる地域福祉』, ミネルヴァ書房, 2004年
㉗　和田敏明,「社会福祉協議会の基本理解とこれからの社会福祉協議会」, 新版・社会福祉学習双書, 編集委員会編,『社会福祉協議会活動論』, 全国社会福祉協議会, 2001年
㉘　真田是,『社会保障論—21世紀の先導者—』, かもがわ出版, 1998年
㉙　窪田・佐藤・河野編,『新現代社会保障法入門』, 法律文化社, 2000年
㉚　生活保護制度研究会,『保護の手引き—平成17年度版—』, 第一法規, 2005年
㉛　社会保障入門編集委員会,『社会保障入門（平成17年版）』, 中央法規, 2005年
㉜　財団法人厚生統計協会,『国民の福祉の動向2004年』, 財団法人厚生統計協会, 2004年

第3章　社会福祉施設等の解説と体験のポイント

社会福祉施設としては実際に各種社会福祉法に基づいて90種類以上の施設が設置されている。しかも、施設総数は82,270施設であり、施設入所および利用者総数は約285万人に上っている（2002年10月現在）。
　「介護等体験特例法」、「特例法施行規則」および「文部省告示187号」で定められた36種類の施設が指定されている。第1節から第7節までに11種類の施設を具体的に紹介する。そして、第7節の2で残りの25種類の施設に関して法的根拠と目的を概観する。介護等体験の施設選択の参考にしていただきたい。
　各節では、施設の概要と目的を明らかにし、利用者の特長、施設での業務内容等を解説している。さらに、事前学習の心構えと利用者への留意事項等を「介護等体験のポイント」として詳しく述べられているので、学生諸君はしっかりと目を通して介護等体験に臨んで欲しい。

第1節　児童養護施設・乳児院

1．児童養護施設とは
(1) 施設の目的
　児童養護施設は、1947年の児童福祉法制定時までは一般的には孤児院と呼ばれていた。そこでは、孤児、棄児及び親が貧困状態に陥っている・疾病に罹っていること等の理由で彼らの養育を受けることのできない子どもたちを保護・養育することを目的とする支援活動がなされていた。
　そして、1947年から1997年までの児童福祉法では、児童養護施設は養護施設として位置づけられた。法の中で、同施設は不適切な養育環境にある子どもたちを保護・養育することを目的とする場所であることが明記された。
　本施設は、第二次世界大戦後の数年間は主として戦災孤児・引揚孤児・浮浪児の保護・養育が主な活動であったが、時代を経るにつれて多様な養育環境にある子どもたちを養護するようになった。つまり、子育て機能の低下により虐待問題等が生じたため、自立支援を行うように求められだしたのである。
　このことから、1997年の児童福祉法改正時において、養護施設は目的の中に「養護」だけでなく「自立支援」も明記され、また、児童のための施設であることを明確にするために「児童養護施設」と名称が変更された。2004年の改正においては、場合によっては乳児も入所できることが明記されるようになった。

よって、現行の児童福祉法において児童養護施設は「**保護者のない児童（乳児を除く。ただし、安定した生活環境の確保その他の理由により特に必要のある場合には、乳児を含む。＜略＞）、虐待されている児童その他環境上養護を要する児童を入所させて、これを養護し、あわせて退所した者に対する相談その他の自立のための援助を行うことを目的とする施設とする。（第41条）**」と明記されている。

(2) 運営状況
① 設備：児童養護施設には、子どものための居室、調理室、浴室、トイレが設置されている。居室は、一部屋15名以下であり、また1人が確保する空間は3.3㎡以上である。生活する子どもたちの年齢に応じて男子と女子の部屋が別になっている。トイレも、男子用と女子用が別にされている。30人以上の子どもたちが入所する施設では、医務室と静養室が設置されている。自立支援を行うために、職業指導に必要な設備も設けている。これらのことは、入所する子どもが生活するために必要な設備であり、児童福祉施設最低基準第41条において規定されている。
② 職員：ここでは、児童指導員、嘱託医、保育士、栄養士、調理員が働いている。ただし、入所する子どもの定員が40人以下の場合は、栄養士が働いていないこともある。職業指導が行われている場合は、職業指導員が働いている。このうち、児童指導員と保育士の総数は、3歳未満の幼児の場合が概ね2人に1人以上、3歳以上小学校就学始期に達するまでの幼児の場合が概ね4人に1人以上である。そして、小学校就学の始期から満18歳に達するまでの少年の場合が概ね6人につき1人以上である（同基準第42条）。

(3) 一日の流れ
　児童養護施設における子どもたちは、児童指導員や保育士による養護・自立支援を受けながら学校へ通い、日常生活を送っている。ここでの1日の流れは、起床・洗顔から始まる。着替えをした子どもから朝食をとり、登園・登校の準備をし、幼稚園・学校へ行く。そして、日中は、幼稚園・学校で過

表3-1-1　児童養護施設の一日の流れについての例

時間	就学前児童	小学生	中高生
6：00	起床(着替え・排泄・手洗い)	起床(着替え・排泄・手洗い)	起床(着替え・排泄・手洗い)
7：00	朝食	朝食	朝食
7：30	登園準備(持ち物確認・排泄)	居室かたづけ・登校準備	居室かたづけ・登校準備
7：40		登校	
8：00			登校
8：30	登園		
10：00	おやつ(2歳児対象)		
11：30	降園(着替え)		
12：00	排泄・手洗い・昼食		
14：00	自由遊び		
14：30	排泄・手洗い・入室		
15：00	おやつ・自由遊び	下校・手洗い・おやつ・学習	
16：00	入浴	自由時間	下校・手洗い・おやつ
17：00	排泄・手洗い・夕食 歯磨き・自由遊び	夕食・掃除・入浴・歯磨き 自由時間	夕食
19：00			
19：30	就寝準備・排泄		入浴・歯磨き・自由時間
20：00	就寝		
22：00		就寝	
23：00			就寝

宇部短期大学保育学科実習運営委員会編　発行『平成13・14年度社会福祉施設実習報告書集』2003年にもとづいて作成

ごす。降園・下校の後は施設に戻り、おやつを食べ、自由な時間を過ごす。自由な時間においては、宿題を行ったり、友達の家に遊びに行ったり、施設に遊びに来る友達と遊んだりするなど、自分の行いたいことをする。夕方になると清掃、夕食、入浴などの日課をこなし、就寝時間まではテレビをみたり、学習をする等して過ごす。

　このような流れの一例をあらわすと（表3-1-1）のようになる。

(4) 支援の内容

　支援（養護、ケアともいう）の内容については児童福祉施設最低基準第44条（生活指導及び家庭環境の調整）と第45条（職業指導）に定められている。以下、（表3-1-1）の日々の生活の流れにもとづいて就学前児童、小学生・中高生に対する支援内容を述べていくこととする。

① 就学前児童に対する支援内容

　まず子ども達が起床する前に朝食の準備をし、起床後は布団をかたづける。

そして、着替えを介助し、排泄のためにトイレへ行くように声をかけ、子ども達が楽しく食事をすることができるようにするために一緒に食事をする。食後は、排泄・歯磨き・洗面介助をし、登園準備の声かけを行う。子どもの登園を見送った後は、各居室を掃除し、洗濯をして洗濯物を干し、玄関の掃除をする。降園後は、着替えの声かけをし、お便りを確認し、昼食の準備を行う。食後は、片付けをし、各居室に入るように声かけを行う。洗濯を取り入れてたたむ。自由遊びの時間には、子どもと一緒に過ごし、彼らが遊ぶ様子を見守る。入浴時には、子どもと共に入浴し、介助を行う。夕食の準備を行い、排泄・手洗いをするように促す。自由遊びの時間は子どもと一緒に過ごすようにするとともに就寝の準備を行う。そして、子どもに添い寝をし、寝かしつける。

② 小学生・中高生に対する支援内容

まず、子ども達が元気に登校するために、遅れないように意識づけ、体調を観察し、声を出して挨拶ができるようにし、朝食をしっかり摂るように働きかける。登校準備の段階では、時間を意識する行動を行うように声をかけ、玄関で見送る。忘れ物のないように、また、遅刻のないように声をかけて送りだす。子ども達が学校で過ごしている間は、職員同士で子どもの最善の利益にもとづく支援方法について検討する。下校後の自由時間は集団活動のルールを知るように働きかけ、外出する場合は、行き先と帰宅時間、服装と持ち物などを確認する。買い物などに行くときは、計画性を持つように働きかける。入浴時には、自分の身体を自分で清潔に保つことができるよう声かけをする。夕食時には、好き嫌いのないように何でも食べるように促し、また、学校での出来事を話し合うようにし、子どもたちの心の居場所をつくる。自由時間は、各自で学習を行うことができるように計画性を持つように働きかける。小学校低学年から、順次就寝への声かけ、歯磨き指導を行い、絵本などを読み聞かせ、子ども達が安心して眠ることができるように導く。小学生への支援は幼児に対する支援に比べて彼らの自立を促すための見守りを行うことが多い。

小学校高学年・中高生に対しては、学習をするようになどの声かけをし、自分の時間を有効に活用するように導くこともあるが自発的行動をするまで

見守る。また、23:00になると、子どもたちに就寝時間であることを伝える。

(5) **体験をする上での留意点**
　児童養護施設は、そこで生活している子どもにとって家庭である。実習生は、就学前及び小学校低学年の子どもからは親のように、思春期の子どもからは兄姉のように関わることを求められたりする。よって、子どもひとりひとりの思いを理解するように努め、それに応じた対応をする必要がある。
　そして、同施設では、子どもたちに直接に関わる職員として保育士と児童指導員が働いている。実習生は、子どもを支援するにあたり、各職員がどのように子どもと関わっているかを知ることができる。よって、子どもの最善の利益を重んじる、また、人権を守るためにひとりの人間としてどうあるべきかを学ぶ必要がある。子どもにとってのしあわせとはどういうことかを自分なりに考えるきっかけをつくりだしていくことが望まれる。
　そして、同施設に入所している子どもたちは、多様な家庭問題を抱えている。実習生は、子どもひとりひとりがもつ個人の秘密の情報を知ることもありうる。よって、プライバシーに関することは外部に漏洩することのないように十分注意する必要がある。
　以上のことから、体験にあたって必要なことは、子どもの名前をできるだけ早く覚え、子どもの思いに耳を傾けて彼らの自己決定を尊重するような対応をし、プライバシーを守ることといえよう。

2．乳児院
(1) **施設の目的**
　乳児院は、1947年児童福祉法制立時に同法の中に位置づけられた。そのときに12ヶ所の乳児院が認可されることとなったが、下痢、肺炎、結核等に多くの乳児が感染しており、その対応が主であったため、病院において養育がなされているところもあった。
　その後、孤児・棄児を対象とする乳児院が新設されたり、乳児が養育を受けていた養護施設（現・児童養護施設）の一部が乳児院として認可されるなどして1952年には128ヶ所となった。

高度成長期の折には乳幼児の命を脅かすような深刻な問題が多発したため、1981年に乳児院への短期入所が可能になった。近年においては、乳幼児が再び家庭で生活するために保護者や乳児院との連携を図る「家庭支援専門相談員」が配置されるようになっている。そして、2004年の改正児童福祉法では、退所後の相談援助も行うことが明記された。よって、現行の児童福祉法にもとづく乳児院は「乳児（保健上、安定した生活環境の確保その他の理由により特に必要のある場合には、幼児を含む。）を入院させて、これを養育し、あわせて退院した者について相談その他の援助を行うことを目的とする施設とする。（第37条）」と明記されている。

(2) 運営状況
　① 設備：10人以上の乳児が生活する乳児院には、乳児のための寝室、観察室、診察室、病室、ほふく室、調理室、浴室、トイレが設置されている。寝室と観察室の広さは、乳児ひとりにつき1.65㎡以上である。
　また、乳児10人未満の乳児院には、乳児の養育に専用の部屋が設けられている。その広さは一部屋につき9.91㎡以上であるとともに、乳児ひとりにつき1.65㎡である（児童福祉施設最低基準第19条・第20条）。
　② 職員：10人以上の乳幼児が生活する乳児院には、小児科の診療に相当の経験を有する医師又は嘱託医、看護師、栄養士及び調理員を置くことが義務づけられている。このうち、看護師の数は、概ね乳児の数を1.7で割って得た数以上、また、その数が7人未満であるときは7人以上である。そして、看護師に代わり、保育士または児童指導員がそこで働くこともできる。ただし、10人の乳児が生活する乳児院には看護師を2人以上、10人以上の乳児が生活する場合には概ね10人増すごとに1人以上置かなければならない。
　10人未満の乳児が生活する乳児院には、嘱託医、看護師及び調理員又はこれに代わるべき者を置くことが義務づけられている。看護師の数は7人以上とされているが、そのうち1人を除いて保育士または児童指導員が彼らに代わって働くができる（児童福祉施設最低基準第21条・第22条）。

表3-1-2　乳児院の一日の流れ

時間	乳児	幼児
6：00	起床・着替え・蒸しタオルで顔を拭いてもらう	
7：00	検温・視診・朝食(離乳食)	起床・検温・着替え・排泄・手洗い・歯磨き
8：00	授乳・日光浴	朝食
9：00	日光浴・自由遊び	排泄・自由遊び
10：00	食事・授乳・オムツ交換	おやつ・うがい・沐浴
11：00	昼食(離乳食)・授乳・着替え	昼食・歯磨き・排泄
12：00	午睡	午睡
13：00	授乳・おやつ	排泄
14：00	入浴・オムツ交換・授乳・検温・自由遊び	検温
15：00		おやつ・うがい・自由遊び
16：00	オムツ交換	
17：00	夕食(離乳食)・授乳・オムツ交換・自由遊び	手洗い・夕食・歯磨き
18：00	就寝	排泄・着替え・自由遊び
19：00	オムツ交換・授乳	就寝
21：00	オムツ交換・授乳	
23：00		排泄
0：00		
3：00	オムツ交換・授乳	
4：00		
5：00	オムツ交換・授乳	

宇部短期大学保育学科実習運営委員会編　発行『平成13・14年度社会福祉施設実習報告書集』2003年にもとづいて作成

(3) **一日の流れ**

　乳児院における乳幼児は看護師、保育士及び児童指導員による養育を受けながら日々生活している。一日における生活の流れの例は（表3-1-2）のとおりである。

(4) **支援の内容**

　支援の内容については、児童福祉施設最低基準第23条（養育の内容）、第24条（乳児の観察）に定められている。以下、（表3-1-2）の日々の流れにもとづいて乳幼児に対する支援内容を述べていくこととする。

　乳児院では、乳幼児に対して毎日決まった時間に授乳・オムツ交換を行うと共に、食事・入浴・外気浴・自由遊びに対する介助を行う。職員はこのような業務を行う中で、乳幼児の情緒の安定を図るために愛情をもって接し、信頼関係の構築を図る。そして、彼らの健全な発育をもたらすため、掃除・洗濯などの環境調整を行う。乳幼児は自らが手にしたものをなめてしまった

り口に入れてしまったりすることがあるので、職員は、掃除の折には乳幼児が口にすると危険であるものを彼らの手の届かない場所にかたづけると共に清潔を保つようにしている。

(5) **体験をする上での留意点**

　乳幼児期は、他者との信頼関係を構築するための基礎となる段階である。実習生は職員と共に子どもへの授乳やオムツ交換を主として行うこととなるが、そのときに子どもへの反応に応じた声かけをするように求められる。

　そして、この時期は、成長発達が著しい。実習生は、子どもたちの月齢に応じた対応をするように求められる。よって、事前に子どもの発達段階、つまり彼らの月齢毎の特徴を理解しておく必要がある。

　また、この時期の子どもは、大人の不注意により、事故に直面したり、体調を崩すことがある。実習生は、子どもの健康と安全に十分に配慮するように求められる。よって、子どもにとって最も快適な生活環境について考えながら場を構成することを学ぶ必要がある。

　以上のことから、体験をする上で必要なことは、まず、児童養護施設での体験と同様に子どもひとりひとりの個性を理解して彼らが安心することのできるような対応をすることといえよう。そして、実習前に、発育には個人差があるという事も含めて月齢の基準を理解することといえよう。そうすることで、子どもの自立を目的とした支援をすることができる。第3に、大人の不注意によって子どもがけがをしたり体調を崩したりすることのないように心がけることといえよう。

（中　　典子）

第2節　身体障害児・者関係施設

1．身体障害児・者のための福祉サービス

(1) **身体障害児・者とは**

　身体障害者福祉法では、以下のように「身体障害者」を規定している。「身体障害者」とは、別表に掲げる身体上に障害のある18歳以上の者であり、

表3−2−1 「身体障害者福祉法」別表の概略

1. 視覚障害	イ：両眼の視力がそれぞれ0.1以下のもの
	ロ：1眼の視力が0.02以下、他眼の視力が0.6以下のもの
	ハ：両眼の視野がそれぞれ10度以内のもの
	ニ：両眼による視野の2分の1以上が欠けているもの
2. 聴覚又は平衡機能の障害	イ：両耳の聴力レベルがそれぞれ70デシベル以上のもの
	ロ：1耳の聴力レベルが90デシベル以上、他耳の聴力レベルが50デシベル以上のもの
	ハ：両耳による普通話声の最良の語音明瞭度が50パーセント以下のもの
	ニ：平衡機能の著しい障害
3. 音声機能、言語機能又はそしゃく機能の障害	イ：音声機能又は言語機能の喪失
	ロ：音声機能又は言語機能の著しい障害で、永続するもの
4. 肢体不自由	イ：1上肢、1下肢又は体幹の機能の著しい障害で永続するもの
	ロ：1上肢のおや指を指骨間関節以上で欠くもの又はひとさし指を含めて1上肢の2指以上をそれぞれ第1指骨間関節以上で欠くもの
	ハ：1下肢をリスフラン関節以上で欠くもの
	ニ：1上肢のおや指の機能の著しい障害又はひとさし指を含めて1上肢の3指以上の機能の著しい障害で、永続するもの
	ホ：両下肢のすべての指を欠くもの
	ヘ：イからホまでに掲げるもののほか、その程度がイからホまでに掲げる障害の程度以上であると認められる障害
5. 心臓、じん臓又は呼吸器の機能の障害その他政令で定める障害で、永続し、かつ、日常生活が著しい制限を受ける程度であると認められるもの	

都道部県知事から身体障害者手帳の交付を受けたものである（表3－2－1参照）。その別表では、主に、「視覚障害」「聴覚障害」「言語障害」「肢体不自由」「その他」とされている。また、身体障害者の福祉サービスと手帳制度の関係について、蒲生（2000）は、以下のように説明している。「身体障害者」福祉施策を受けるためには、「身体障害者手帳」を有すことが必要となる。身体障害者手帳は、障害者（15歳未満の場合は保護者）の交付申請に基づき、都道府県知事の定める医師(指定にあたっては、地方社会福祉審議会の意見が必要)の診断によって都道府県知事が交付する。手帳に記載される「障害の級別」は、身体障害者福祉法施行規則別表第5号に「身体障害者程度等級表」として規定されている。

現在、障害者福祉サービス制度は大きな変革時期を迎えている。その中心が、障害種別による行政からの「措置制度」から、自ら福祉サービスを選択する「支援費制度」である。それは、知的障害、身体障害、精神障害という3つの障害分類に拘束されない、その人のニーズに基づく支援への転換といえる。

(2) 身体障害児・者関係施設

前述したように、視覚障害、聴覚障害、肢体不自由を中心とする障害に対応できうるように、福祉施設が設置されている。表3－2－2には、身体障害児・者のための福祉施設サービスについて示した。18歳までの障害のある児童を対象とする児童福祉法に定められた施設、および身体障害者福祉法に定められた施設等をそれぞれ「育成・更生」「生活」「作業」「地域利用」に分類し、整理されている。また、表3－2－3には、主な身体障害児・者の福祉施設サービスとして、「難聴幼児通園施設」「肢体不自由児通園施設」「重症心身障害児(者)通園事業」の概要についてまとめているので、参照していただきたい。

88 ── 福祉への道標

表3-2-2 身体障害児・者のための福祉施設によるサービス

分類		育児・更正	施設		地域利用
			生活	作業	
児童福祉施設	児童福祉施設	□難聴幼児通園施設 □盲児施設 □肢体不自由児通園施設 □ろうあ児施設 □重症心身障害児施設 □肢体不自由児施設 □肢体不自由児療護施設			
身体障害者更生援護施設	身体障害者更生施設	□肢体不自由者更生施設 □視覚障害者更生施設 □聴覚・言語障害者更生施設 □内部障害者更生施設 □重度身体障害者更生援護施設	□身体障害者療護施設 □身体障害者福祉ホーム	□身体障害者授産施設 □重度身体障害者授産施設 □身体障害者通所授産施設 □身体障害者福祉工場	□身体障害者福祉センター（A型・B型） □身体障害者デイサービスセンター □障害者更正センター □補装具制作施設 □点字図書館・点字出版施設 □聴覚障害者情報提供施設

出典：蒲生俊之 (2000),「障害者福祉の制度サービス」, 大友信勝・遠藤久江・北川清一監修, 中央法規, pp.72-88

第3章 社会福祉施設等の解説と体験のポイント —— 89

表3-2-3 主な身体障害児・者に関わる福祉施設機関の概要

施 設 名	著 者 名	概 要
難聴幼児通園施設	内山 勉 (東京都・富士見台聴こえとことばの教室)	難聴幼児通園施設は、就学前の難聴乳幼児を療育する通園施設であり、現在全国に25施設がある。難聴児は乳児期に難聴を発見し、適切な療育を行うことで小学校就学までに年齢相応の言語力を習得することが可能である。今後、乳児期からの療育に加え、重複障害例の療育が課題となっている。
肢体不自由児通園施設	山根希代子 (広島市児童療育指導センター)	肢体不自由児通園施設は、在宅の肢体不自由児に対して適切な療育を提供することを目的に作られた、診療所または病院を併設した児童福祉施設である。肢体不自由児拠点施設連絡協議会の実態調査では、重度知的障害の合併が51％、中度知的障害が32％と、大半の子どもが知的障害を合併している。現在、肢体不自由児を中心とする発達障害児の地域療育機関としての役割を担うところが大きい。
重症心身障害児(者)通園事業	産賀惠子 (岡山県・旭川荘療育センター児童院)	重症障害のある人の学齢善の早期療育と高等部卒業後に対応すべく、1996年から本事業が一般化された。重症心身障害児・者通園事業には、重症心身障害児施設に併設したA型(定員15名)と種別を問わない施設に併設したB型(定員5名)がある。ともに、医療とリハビリテーション機能の充実に力を注いでいる。

出典：日本知的障害者福祉連盟 (2003),『発達障害白書2004』, 日本文化科学社

2. 身体障害の基本的な特性理解とその生活
(1) 視覚障害
① 視覚障害とは

　視覚障害とは、「見えない状態」と「見づらい状態」という2つの状態を意味している。見えない状態の場合を「盲（blindness）」とし、見づらい状態の場合を「弱視（low vision）」としている。視覚障害の原因としては、主に「視神経萎縮」「網膜色素変性」「未熟児網膜症」「白内障」「小眼球症」「屈折異常」「先天性緑内症」などがある。

　厚生労働省が実施した身体障害児・者実態調査（2001）によれば、視覚障害児（18歳未満）は、全国で約4,800人と推定されている。これは、おおよそ10,000人当たり約2名の出現率（0.02％）ということになる。

　視力の障害は、池田（2004）は以下のようにまとめている。①指数弁：目の前にかかげられた手の指の数がわかる距離（例：目から離れた距離30cmで判別できた場合は30cm指数）。②眼前手動または手動弁：目の前にかかげられた手の動きがわかること。③光覚または明暗弁：目に当てた光がわかること。④失明または全盲：光覚がない状態、つまり視力0。

　また、香川（2000）は、弱視の場合の見え方を以下のようにまとめている。①ピンボケ状態：カメラのピントが合っていない状態。②混濁状態：すりガラスを通してみているような状態。③暗幕不良状態：暗幕が不良な（周囲が明るすぎる）室内で映画を上映しているような状態であり、一般的に昼盲もこの状態。④光源不足状態：③とは逆に暗幕状態であっても映写機の光源が弱い状態であり、一般的に夜盲もこの状態。⑤震盪状態：弱視児には、眼球が不随意的に揺れ動いているものがいる。本などを左右に小刻みに動かしながら読書する場合に近い。⑥視野の制限：視野のなかに見えない部分が存在する。

② 視覚障害児者のライフスパン

　3歳児健診等やそれ以前に視覚上の問題が発見されると、相談機関として、医療機関をはじめ、保健所・児童相談所・福祉事務所など、または盲学校における相談活動などが挙げられる。療育機関では、地域の通園施設、療育センター、障害児を受け入れている保育所・幼稚園などで行われることになる。

通園施設は、障害別になっているが、現在は地域の身近な施設が利用できるように「障害児通園施設の相互利用制度」が作られている。教育の場としては、盲学校、弱視学級、通常の学級、もしくは通級による指導を受ける場合がある。教育では、知的発達の状態にもよるが、通常、教科学習はもちろんのこと、その他に盲児の場合は点字の学習、歩行指導など、弱視児の場合は、拡大読書器や弱視レンズの活用のための指導をうける。卒業後の就職先としては、理療職（はり・きゅう・マッサージ）が圧倒的に多く、その他、コンピュータープログラマー、電話交換手、録音タイプ速記者、教師・施設職員などがある。

(2) **聴覚障害**
　① 聴覚障害とは
　聴器の構造は、外耳（外耳道→鼓膜）→中耳（鼓膜→耳小骨［つち骨・きぬた骨・あぶみ骨］）→内耳（蝸牛）→聴神経である。聴覚障害には、外耳・中耳の部位の損傷による伝音性障害、内耳以降の部位の損傷による感音性障害がある。鳥越（2002）によると、一般的に伝音性障害の場合、障害の程度は軽・中度であることが多く、また補聴器による効果も十分に期待できる。それに対して、感音性障害の場合、障害の程度が重度になることが少なくなく、また音がひずんで聴こえるため補聴器の効果も個人差が大きい、とされている。
　聴覚障害についての先天性と後天性の分類は、単純な分類が捉えにくいが、基本的に「遺伝性」「胎生期」「周生期」を先天性、その後についての原因であれば「後天性」と整理できる。また、言語獲得後に聴覚障害になった場合を「中途失聴」と言う。聴覚障害児の出現率は、10,000人当たり1名（0.01％）であるとされている。
　② 聴覚障害児・者のライフスパン
　乳児期における音への反応の乏しさやことばの発達の遅れから、聴こえの問題に気づき、医療機関につながることが多いとされている。耳鼻科医における聴力検査により聴覚障害の判定がなされる。その後、病院の聴覚・言語外来、地域のリハビリテーションセンター、難聴児通園施設、もしくは聾学

校での相談をうける。ここでは、残存する聴力を活用すること、補聴器の選定と調整、ことばの指導が中心となる。教育の場としては、聾学校、難聴学級、通常の学級もしくは「聴こえとことばの教室」などの通級の指導をうけることになる。学校教育では、知的発達の状態にもよるが、通常の教科学習はもちろんのこと、手話、口話法（読唇などの視覚的な手がかりによる音声言語の習得をめざす）、キュードスピーチ法（口型に加えて手指によるがかりを与える方法）、その他にも、読話、発語、文字などのコミュニケーション手段を学習することになる。可能なあらゆる方法でコミュニケーションの実現をめざすのをトータルコミュニケーションと呼ぶ。卒業後、農業・林業・漁業などに従事する方、製造業に従事する方が多い。また、他の障害種と比較すると、聴覚障害者は企業への就職率は高いとされている。

(3) **肢体不自由**
① 肢体不自由とは

上林（2004）によると、肢体不自由とは、神経、筋肉、骨および関節などの身体の運動に関与する疾病、外傷、欠損または変形などのさまざまな原因によって障害を受け、長期にわたって日常生活や社会生活に制限がある状態のことを示しており、障害を受ける時期は、さまざまな疾病などによる先天性の障害から、事故による脊髄損傷などの中途障害まで、いろいろな場合がある。肢体不自由を引き起こす原因となる主な疾患には以下のようなものである。①脳原性疾患（中枢神経系の病気や傷害を原因とするもの：脳性マヒ、脳外傷後遺症、脳水腫など）、②筋原性疾患（筋肉が萎縮する病気を原因とするもの：進行性筋ジストロフィー、重症筋無力症など）、③脊椎・脊髄疾患（脊椎の病気や傷害を原因とするもの：二分脊椎、脊椎側わん症、脊髄損傷など）、④骨関節疾患（関節の病気や傷害を原因とするもの：先天性股関節脱臼、関節リウマチ、ペルテス病など）、⑤骨系統疾患（先天性骨形成不全症、胎児性軟骨異栄養症など）。

その中でも肢体不自由を伴う障害には脳性マヒについて紹介しよう。木舩（2001）は、以下のようにまとめている。脳性マヒとは、①永続的かつ変化しうる姿勢運動の障害、②障害の特徴としては、非進行性で一過性ではない

こと、③症状の発生時期は、満2歳までであること、④原因は、受胎から新生児（4週間以内）までの間に生じた、脳の非進行性病変であること。脳の非進行性病変がどの部位に生じたかによって姿勢運動障害の様相が異なるために、脳の障害部位に対応した「痙直型」「アテトーゼ型」「失調型」に分類される。

また、肢体不自由の場合、知的障害を伴はないケースから、知的障害を伴うケースがあり、重度の肢体不自由に重度の知的障害を併せもつケースが多く見られ、その場合は、重症児の対象となる。

② 肢体不自由児・者のライフスパン

脳性マヒなどの肢体不自由児は、医学的な進歩により早期発見が可能となっており、かつ乳幼児期からの療育として、療育センターや母子通園センターなどの肢体不自由児施設や通園施設が地域に設けられている。また、保育所・幼稚園等でも運動面に配慮しながら統合保育を受ける人もいる。

教育の場としては、肢体不自由養護学校、肢体不自由特殊学級、通常の学級もしくは通級による指導になる。また、健康上の理由などにより通学が困難である場合には、教員が家庭や施設、病院等に出向いて指導を行う訪問教育を実施している。学校教育では、知的発達の状態にもよるが、通常の教科学習はもちろんのこと、運動の障害の状態に応じた教育・指導が展開される。

卒業後は、大学進学、企業就職する人もいる。一方で、重度・重複障害者の場合、肢体不自由児施設・重症心身障害児施設は医療法における病院、肢体不自由児通園施設は診療所であり、児童福祉法で例外が認められており、利用が継続されている。

3．身体障害児・者への基本的な関わり方

一概に障害があると言っても、それは多種多様であり、便宜上、整理する上で障害種別による括りはあるものの、ひとり一人をよく理解し、個に応じた援助的対応を探り出していかなければならない。実際、福祉施策も学校教育施策も障害種別（知的障害・身体障害・精神障害）に対応した福祉サービスから、個のニーズに対応した福祉サービスへと転換しているのである。

身体障害のある人と接する際に、事前に学んでおくべきこと、考えてお

べきことは、どのような障害特性があるかということに加えて、どのように関わることが援助的対応となるのか、ということである。その人の障害を含めた特性理解というものが大切なポイントとなる。ひとり一人の障害特性も異なるわけであるから、その人の人となりを十分に理解することが大切となる。実際には、自分が障害のある人へ関わろうとする時に、相手が理解できる刺激モード（視覚・聴覚・触覚・味覚・嗅覚）を見つけ出し、その手段により伝えていこうというコミュニケーション努力が求められる。一方で、障害のある人が自分に伝えてくる事柄を理解しようとするコミュニケーション努力も求められる。障害の状態とは、一方が理解できなければ、ディスコミュニケーションになること、すなわち、人と人との相互作用による結果であることを強く認識することが重要となる。

（井澤　信三）

第3節　知的障害児・者関係施設

1．知的障害児・者関係施設とは

　介護等体験施設として、介護等体験特例法規則で定められた知的障害児・者関係施設は、児童施設の「知的障害児施設」と「知的障害児通園施設」、成人施設の「知的障害者更生施設」と「知的障害者授産施設」である。この他に、文部省告示（第187号）で指定された施設として、「心身障害児通園事業を行う施設」と「在宅知的障害者デイサービス事業を行う在宅知的障害者デイサービスセンター」があるが、福祉施設の目的（機能）、サービス内容、職員等の概要は次のとおりである。

「知的障害児施設」（児童福祉法第42条）
　　　知的障害のある児童を入所させて、これを保護するとともに、独立自活に必要な知識技能を与えることを目的とする。精神科の診療に相当の経験を有する嘱託医、児童指導員、保育士等が置かれ、生活指導、社会適応訓練、学習指導や職業指導等が行われる。障害の程度が重度の場合には、20歳を過ぎても引き続き入所が可能である。

「知的障害児通園施設」（児童福祉法第43条）
　　知的障害のある児童を日々保護者の下から通わせて、これを保護するとともに、独立自活に必要な知識技能を与えることを目的とする。精神科の診療に相当の経験を有する嘱託師、児童指導員、保育士等が置かれ、乳幼児期からの早期訓練の場として大きな役割を担っている。

「知的障害者更生施設」（知的障害者福祉法第21条の6）
　　18歳以上の知的障害者を入所させて、これを保護するとともに、その更生に必要な指導及び訓練を行うことを目的とする施設で、入所と通所の二通りの形態がある。社会生活への適応を高めるための生活指導を中心に、必要に応じ作業指導が行われる。重度の知的障害者のために、重度知的障害者収容棟（重度棟）が設置されている。また、通所による更生の場として、更生施設に5～20人定員の分場を設置し、在宅知的障害者の施設利用を容易にし、地域社会での自立と社会参加を促進している。医師、生活支援員と作業支援員等が置かれる（入所型の場合は保健師または看護師を置く）。

「知的障害者授産施設」（知的障害者福祉法第21条の7）
　　18歳以上の知的障害者であって雇用されることが困難なものを入所させて、自活に必要な訓練を行うとともに、職業を与えて自活させることを目的とする施設で、入所と通所の二通りの形態がある。職業の種目は、地域や当該施設の実情、製品の需給状況等を考慮して選定され、当該施設で得られた作業収益は、工賃として職業（授産活動）に従事する者に支払われる。医師、生活支援員および作業支援員等が置かれる（入所型の場合は保健師または看護師を置く）。

「心身障害児通園事業を行う施設」
　　心身障害児通園事業とは、児童福祉法に基づく知的障害児通園施設や肢体不自由児通園施設の利用が困難な地域に住む心身障害児に対して、市町村が地域に通園の場を設けて、日常生活における基本的動作の指導、集団生活への適応の訓練を行う。対象児童は知的障害、肢体不自由、盲、ろうあなどの障害を有し、通園が可能な者で、利用定員は5名以上とされている（心身障害児通園事業実施要綱）。

「在宅知的障害者デイサービス事業を行う在宅知的障害者デイサービスセンター」

　在宅知的障害者が、主として「知的障害者デイサービスセンター」に通所し、スポーツ、手芸、陶芸、地域活動等の文化的活動や日常生活動作・家事訓練、会話、マナー等の社会適応訓練を行い、自立と生きがいの向上を図ることを目的とする事業で、介護者に対する介護方法についての指導を含む。実施主体は市町村で、事業内容を充足しうる民間事業者に委託され行われる。標準利用人員はおおむね15名以上で、小規模型は5名以上である。(在宅知的障害者デイサービス事業実施要綱)

2．障害児・者福祉施策と知的障害児・者関係施設の現況

　2003（平成15）年4月より、障害者の支援費制度〈障害者福祉サービスの利用制度化〉が始まった（児童施設は措置制度のままである）。それまでの行政がサービスの内容を決定していた措置制度に替わり、障害をもつ人が必要なサービスを自ら選び、それを提供する事業者や施設と契約して利用する仕組みとなった。この制度では、利用者の意思に基づく自己決定が尊重される一方で、サービス提供者には利用者本位で質の高いサービスの提供が求められることになった。

　また、施設においては、支給期間（契約期限）が設けられることにより、施設利用が有期限となった。なお、支援期間の終了に際しては、改めて支援費の市町村から支給決定を受けることにより継続してサービスを受けることは可能である。

　2004年（平成16）年10月21日、厚生労働省は「今後の障害保健福祉施策について―改革のグランドデザイン案」を公表した。サービスの給付体系、ケアマネジメント、障害程度区分、支援費基準、利用者負担、施設体系などのあり方などの事項が示され、必要に応じて制度改正等必要な見直しを行うとしている。

　以下に、主な介護等体験施設についての現況を「平成15・16年度全国知的障害児・者施設実態調査報告書」（日本知的障害者福祉協会）に基づいて述べる。

(1) 知的障害児施設

　入所児童の状況では、満18歳以上の過齢児が39.5%を占め、児童施設が成人施設の代替施設となっている現状がある。

　入所の理由や背景について、家族の状況では、保護者の養育能力面30.2%、親の死別・離婚15.2%が多く、虐待・養育放棄が7.9%であって、親の養育力、養育不安等の課題が増えてきている。本人の側の要因として、ADL（日常生活動作）・生活習慣の確立が44.3%、行動上の改善19.2%、学校就学のため12.9%であった。強度行動障害や行動上の改善等の課題は、家庭での養育環境や養育力と関連が深い。

　建物については、築30年を経過した施設が76施設（24%）あり、老朽化だけではなしに、旧基準での造りの不備な状態が続いている。施設の立地では、人口規模の多い区・市町村に多く設置されているものの、周辺の状況については半数近くが徒歩で気軽に買い物に行けない街場からは離れた場所に所在しており、余暇等での外出や買い物などの回数が少ないという実態も明らかになっている。

(2) 知的障害児通園施設

　2003（平成15）年10月1日現在の全国の知的障害児通園施設数は、厚生労働省の調査で247施設であるが、1902（平成4）年以降設置された施設は41施設あって、通園施設のニーズは高まっている。ただ、通園エリアは広域で、市町村の壁を越えて通園施設を利用しければならない様子がうかがえる。

　通園する子どもは、94.0%の施設は就学前の幼児のみである。てんかん、運動発達障害（脳性まひを含む）、自閉傾向（自閉症を含む）、行動障害、視覚や聴覚等の重複障害・合併障害をもつ児童の割合は47.9%と約半数に近い。特に自閉傾向児は年々増える傾向にある。通園施設のより一層の専門性が求められている。また、母子通園を実施している施設は187施設（87.0%）あって、保護者のための相談・支援の役割を担っている。

(3) 知的障害者入所更生施設

　利用者総数71,232人のうち、20歳未満の若年者は1.6%、20歳代の青年層が

15.8%であった。それに対して40歳以上の中・高年層は55.2%で、このうち65歳以上の高齢者は7.0%で、高齢化傾向が進んでいる。また、在籍期間10年未満は41.6%で、10年以上の在籍者は57.9%となり、この数値は年々増加の傾向にあり、長期滞留者の多いことを示している。20年以上の在籍者は28.2%で過去最高の数値である。長期滞留者が多いことは、高齢者が多いことの理由にもなっている。

高齢化、老化が問題になっている人に対する「特別なプログラム」（施設サービスメニュー）を行っている施設は全体の39.2%を占める。対応で苦慮している事項は、「日常生活行動における援助・介助」「保健・医療ケア」である。

また、利用者の障害程度（知能程度）は、IQ35以下が53.7%で半数を超える。また測定不能の人も加えると確実に入所者の重度化は進んでいるといえる。

(4) 知的障害者入所授産施設

いわゆる働き盛りの20歳・30歳代の年齢層の利用者は42.5%で、前年度より2.2ポイント減少した。一方、60歳以上の老年層は8.9%で前年度より1.3ポイント増加し、前年度に続き、この施設種別でも緩やかではあるが、高齢化の傾向がみられる。

在籍年数は10年未満の在籍者は45.4%で、10年以上の在籍者は53.5%である。20年以上の長期在籍者についてみると、比率では前年度から0.6ポイント増の23.9%となり、更生入所施設ほどではないが、この施設においても徐々に利用者の滞留化が進んできているといえよう。

就労率は2.13%（前年1.31%）で、これは施設種別では最も高く、成果を出してきている。また、就労者の生活の場は、グループホーム・生活寮等、家庭の順である。また、地域移行についてもグループホーム等への移行はそれなりの比率となっており、努力している跡がみられる。

(5) 知的障害者通所更生施設

障害の重い人達が利用者の多くを占める通所更生施設は、1979（昭和54

年の養護学校義務制の実施以来、そのほとんどが養護学校卒業後の地域での日中活動支援や円滑な地域生活に必要な支援機能を果たしてきた。施設数は1993（平成7）年239ヵ所であったのが、2003（平成15）年度においては426ヵ所になっている。

通所更生施設では、療育手帳重度の利用者が74.0％である。このうち、療育手帳重度・身障手帳1～2級の利用者が17.5％を占める。また、自閉症、自閉傾向のある利用者は全体の4分の1を占める。

日中活動の支援が幅広い内容で実施されている。例えば「作業活動」であれば技術的支援やそれを発展させた就労支援がある一方で、働く権利を保障することや、作業することによる生きがい感の達成といったことを目的とした内容が実施されている。

(6) **知的障害者通所授産施設**

利用者総数35,388人に20歳代の人が40.6％と多数を占める（対前年度比では3.6ポイントの減）。30歳代の人が0.8ポイント増加の31.7％を占めるようになり、若い施設であるものの、利用者の年齢層の中心が青年前期から青年後期ないし30歳代に移って来る傾向がはっきり見えてきている。

通所授産施設の就労率は1.08％であった。働く場である授産施設と地域移行への機能を併せ持つ通所授産施設に課せられた役割は大きく、2002（平成14）年12月の「障害者基本計画」に基づき、「重点施策実施5か年計画（新障害者プラン）」が策定されたが、通所授産施設は大幅に数値目標が設定された。在宅生活を支える地域の資源として活用が図られる。

3．知的障害児・者関係施設での介護等体験のポイント

介護等体験の内容は、福祉施設の設置目的（機能）、利用対象者、利用形態（入所、通所）の違い等で異なる。また、施設ごとでも設立の経過、運営方針、利用者の状況、地域の事情等で異なる。各施設はインターネットでホームページを開設している所が多いので、設置目的や事業内容を閲覧しておくとよいであろう。

表3-3-1　1週間の日課　　実施施設名　○○ワーク（知的障害者通所授産施設）

時間	（○時～○時）	主な体験内容
1日目	8:15～ 9:00 清掃、打合わせ、バス迎え 9:00～ 9:15 朝の会 9:30～10:45 ウォーキング（4 km） 10:45～11:30 作業（ボールをネットに入れる） 11:45～12:10 食事配膳手伝い	12:10～12:30 食事、歯磨き支援 12:30～13:30 利用者とのふれ合い 13:30～15:30 作業（ボールをネットに入れる） 15:30～16:00 清掃、帰りの会 16:00～17:00 送迎バスに同乗
2日目	8:15～ 9:00 清掃、打合わせ、バス迎え 9:00～ 9:15 朝の会 9:30～10:45 ウォーキング（4 km） 10:45～11:30 作業（テープカッターの歯入れ） 11:45～12:05 食事配膳手伝い	12:05～12:35 食事、歯磨き支援 12:40～13:15 マラソン（約3 km） 13:30～15:30 作業（テープカッターの歯入れ） 15:30～16:00 清掃、帰りの会 16:00～17:00 送迎バスに同乗
3日目	8:15～ 9:00 清掃、打合わせ、バス迎え 9:00～ 9:15 朝の会 9:15～10:00 作業（テープカッターの歯入れ） 10:00～12:00 併設他施設見学 12:00～12:30 食事配膳手伝い	12:30～12:50 食事、歯磨き支援 12:50～13:30 利用者とのふれ合い 13:30～15:30 作業（テープカッターの歯入れ） 15:30～16:00 清掃、帰りの会 16:00～17:00 送迎バスに同乗
4日目	8:15～ 9:00 清掃、打合わせ、バス迎え 9:00～ 9:30 朝の会 9:30～11:45 作業（マッキングテープの箱詰め） 11:45～12:05 食事配膳手伝い	12:05～12:40 食事、歯磨き支援 12:40～13:30 ソフトボール素振り 13:30～15:30 作業（マッキングテープの箱詰め） 15:30～16:00 清掃、帰りの会 16:00～17:00 作業（チューブの入れあげ）
5日目	8:15～ 9:00 清掃、打合わせ、バス迎え 9:00～ 9:30 朝の会 9:30～10:00 歯科衛生士の実習生によるミニ劇 10:00～11:45 作業（チューブの入れあげ） 11:45～12:00 食事配膳手伝い	12:00～12:30 食事、歯磨き支援 12:40～13:30 マラソン（約3 km） 13:30～15:30 作業（端子はめ） 15:30～16:00 清掃、帰りの会 16:00～17:00 送迎バスに同乗

S大学教育学部の「平成16年度介護等体験日程表」（報告書）から

(1) **体験の内容**

　ここでは、知的障害者通所授産施設での1週間の日課を挙げ、介護等体験の実際について見る（表3-3-1参照）。知的障害者授産施設は、一般の事業所への就職が困難な障害者に作業活動の場を提供し、自立のための訓練と将来の就職を目指した準備を支援する施設である。企業や自治体からの委託・受注作業（部品組み立て、箱の組み立て、印刷、封筒詰め、清掃等）や独自の自主生産の作業（陶芸、織物、皮細工、野菜の栽培、クッキー等のお菓子作り等）を行っている。また、利用者の実態に応じて、洗顔・歯磨き、食事、更衣などの日常生活の支援や余暇利用と体力増強のためのスポーツ、

レクリエーション、外出等が組み込まれている。

(2) **介護等体験のポイント**

　介護等体験を行う趣旨は、個人の尊厳と社会連帯の理念に関する認識を深めることにある。様々な人々の存在とその価値を知り、人間理解を深めること、個人の尊厳や人権について考え、理解を深めること、また、対人援助の実際から人間関係形成の姿勢や方法を学ぶこと等が目的である。知的障害児・者関係施設での介護等体験から何を学び、何を考えるきっかけとするか、また、体験に臨む際の心構えなどについて、以下に述べる。

　① 個人の尊厳や人権を具体的な支援の行動として考える。

　個人の尊厳を重んじ、人権に配慮した支援や援助を行うには、援助者は世話をしてあげるとか、導いてやるという考えや立場からではなく、利用者と同じ目線に立った、対等な関係であることを自覚しなければならない。

　例えば、大人の利用者に対して、理解がわるいからといって子ども扱いするような言葉かけをすることは、大人としての存在を認めていることにはならない。どうせ分からないだろうからと、本人の意思や意向を確かめずに、援助者の判断で決めることなどは個人の尊厳を重んじた支援とはいえない。また、着替えや排泄の介助を人前で行ったり、独特のしぐさや言葉づかいをからかったり、親しい間柄だからといって名前を呼び捨てにするのは、人権に配慮した支援とは言えない。

　機会があれば、職員の指示に従って、トイレについていくことや着替えを手伝うことも積極的に行ってほしい。支援が必要な利用者に、必要な支援は何か、どの程度の援助が必要かを考え、利用者の意向に沿った支援ができるようにしたい。

　② 違いではなく、共通な部分を見つめる。

　私たちは、利用者の障害（「活動制限」）の部分に関心を向けがちである。言葉が通じにくいこと、着替えや食事をするための必要なスキルが身についていないこと、などに対して援助や改善のための訓練を試みようとする。だが、生活を共にしてみると、障害のある人とない人には共通な面が多いことに気づく。自分の興味や関心のあることをもっと知りたい、楽しみたい、取

り組んでみたいとか、自分のできることをしてみたい、仕事をして誰か（何か）の役に立ちたい、自分を高めてみたい（自己実現を図りたい）、とか。あるいは、多くの人と交流をしたい、友達になりたい、自分が好意をもっている人にはよく思われたい、など同じようなニーズをもっている。障害はその人のごく一部であるということが実感できれば、ストレングス（長所）を見つめることにもつながる。だれもが人格と個性を尊重して支え合う共生社会が実感できるだろう。

　③コミュニケーションの重要性や方法を学ぶ。

　介護等体験では、施設の利用者に対して挨拶や声かけを積極的にしてみよう。明るく、気軽に、手振りや身振りを使って、自分から進んでしてみよう。言葉をもたない人にも、反応がないように見える人にも、挨拶や言葉がけを続けよう。自閉症の人に言葉をかけると、こちらの言ったことをそのまま言い返す、エコラリアがあるかもしれない。声かけはそれほど簡単なことではないが、こちらの存在を相手に意識づけるのには、まずは微笑みながら続けることが必要である。また、援助者と利用者のふれ合いの様子を観察すると、その二人にだけに固有な方法も発見できるだろう。意思を通じ合うことが援助活動には欠かせないことを理解したい。人間関係形成の姿勢や方法等を学ぶとともに、自ら多様な人との交流を通じて、コミュニケーションの重要性や方法を学んでほしい。

　④援助のための様々な環境づくりを見つめよう。

　援助は障害のある人が感じる生活面でのしづらさへの対応であるが、障害を環境（周囲による援助のあり方）との関係で考えてみることが重要である。このため、援助の方法やあり方が大切になり、福祉施設では各利用者の特性に応じて、活動の工夫を行い、様々な補助具などが用意されている。例えば、話し言葉を聞いて理解するということが苦手な利用者のためには、様々な絵や文字のカードを用いて、コミュニケーションをできるだけ視覚的に行う必要がある。自閉症の特性から、日課が分からないと不安になる人のためには、時間帯ごとの内容を写真やイラストで伝える。また、作業活動では特性や能力に応じて、作業内容の分担を行い、補助具を考案、工夫している。いろいろな刺激に敏感な人のためには、作業台の周囲に衝立を立てるなどして、余

分な刺激を遮って落ち着ける作業環境をつくることが有効な手立てとなる。いずれの援助も、その利用者が見通しをもって自発的に取り組んで行い、「できた」という実感が得られるように行うものである。

⑤　自己決定を促す支援のあり方を学ぶ。

利用者には自己選択、自己決定の権利があり、福祉施設内の生活や活動においてもそれを十分に尊重しなければならない。自発的な行動と自分なりに責任ある行動がとれるためには、ふだんの日常生活において、食事のメニュー、服装、作業活動や余暇時間の使い方などの選択にあたって自己選択、自己決定の機会が保障されていなければならない。知的障害のある人が自己決定できるには、援助者が情報を整理して提示する、判断のための時間を十分に確保し、利用者自らの意思や反応の発現を根気よく待つ、反応に対して、無条件で受容するなどの援助者の対応が必要になる。一人ひとりの好みやニーズ、知的障害の状況、あるいは生活や活動の場が集団であることが多いといった事情を踏まえ、援助者はさまざまな対応をしているので、支援のあり方を学んでほしい。

（渡辺　明広）

第4節　特別養護老人ホーム

1．特別養護老人ホームの概要　―その機能と役割―

(1)　特別養護老人ホームの概要

特別養護老人ホームは1963年に制定された老人福祉法に伴って創設された施設である。それまでの高齢者施設は生活保護法による養老施設のみであったが、高齢者人口の増加、扶養能力の低下、介護ニーズの多様化・複雑化に伴い、特別養護老人ホームが新たに位置づけられた。養老施設は引き続き、養護老人ホームとして機能している。養護老人ホームの利用条件は経済的な理由が重視されるが、特別養護老人ホームは「身体上又は精神上著しい障害があるために常時の介護を必要とし、かつ、居宅においてこれを受けることが困難なもの（老人福祉法第11条第1項第二項）」としている。

特別養護老人ホームは、2000年から施行された介護保険法のもとでは、介

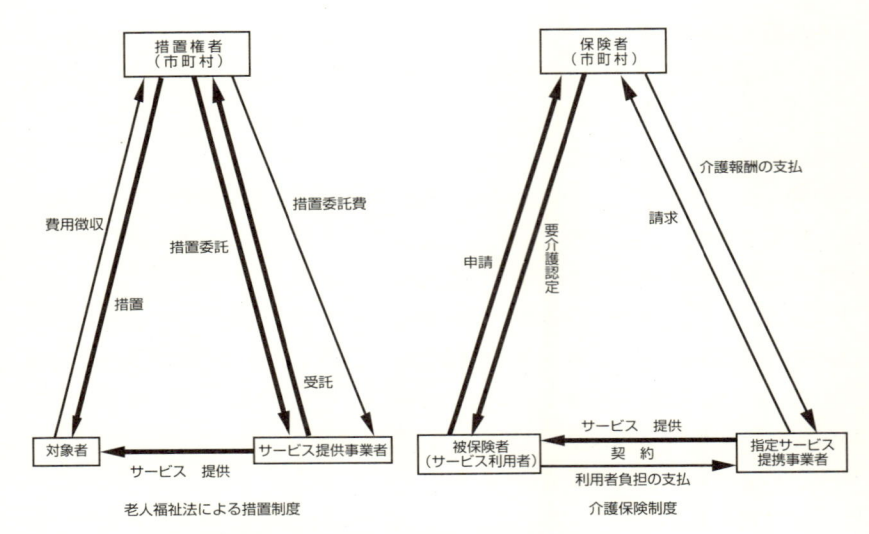

図3-4-1　介護保険法施行前後の利用者と施設の関係
出典：中嶋和夫編，『チャレンジ介護等体験』，ナカニシヤ出版，2004年，筆者一部加筆

護老人福祉施設として指定されたが、人員・設備及び運営に関する基準は老人福祉法と同様の規定となっている。また、サービス利用が「措置」から「契約」に基づくようになり、利用者自らが施設を選択できるようになった。（図3-4-1）

　特別養護老人ホームでは介護保険法に基づく介護老人福祉施設サービスが提供される。入浴、排泄、食事等の日常生活上の世話、機能訓練、健康管理及び療養上の世話について利用者一人ひとりに立案された施設サービス計画に基づいて行われる（介護保険法7条21項）。

　老人福祉法と介護保険法の関係は、介護保険法が優先される。しかし、利用者の状況によって契約を結ぶことが困難と判断された場合、従来通り措置によるサービス利用となる。具体的なケースとして、介護放棄や虐待を受けている場合、認知症・精神障害・知的障害・その他の心身状態等で意思能力が低下している場合、本人を代理する家族や代理人がいない場合などがあげられる。

(2) **特別養護老人ホーム機能と役割**

　特別養護老人ホームは「生活の場」としての機能をもち、利用者一人ひとりがそれまで営んできた生活を可能な限り継続できるような介護サービスが受けられる。さらに、行政手続き等の代行など社会生活上の便宜を提供すること、入院治療が必要な利用者に対応するための協力病院を定めることが運営基準に定められており、身体面、精神面、社会面全体から生活を支援する施設である。最近では特別養護老人ホームで人生の最後を迎えたいと希望する利用者や家族が増えており、「終の棲家」としてターミナルケアの機能も期待されている。また、地域に開かれた施設として運動会や夏祭り、敬老会など季節行事の共催、各種ボランティアの受け入れ、介護教室の開催などを通して地域との交流を深めている。このように特別養護老人ホームは、地域の人々との交流、介護を学ぶ拠点としての役割を担い、「社会化された施設」として機能している。

2．特別養護老人ホームの利用者の特徴

　特別養護老人ホームには介護保険法に基づき、施設サービスの利用者と、家族介護の負担軽減のために居宅介護サービスとして短期入所生活介護（ショートステイ）を受ける利用者が生活している。いずれも要介護認定を受け、施設サービス利用の場合は要介護1以上、居宅介護サービス利用の場合は要支援から利用できる。特別養護老人ホームの利用者の要介護度を介護保険施設（介護老人福祉施設＝特別養護老人ホーム・介護老人保健施設・介護療養型医療施設）でみると、要介護度が高くなるほど特別養護老人ホームの利用者が多くなり要介護度4から5の人のうち、4人に1人が利用している。要介護認定を受けていれば利用を継続できるが、本人・家族の希望により施設変更や家庭復帰も可能である。利用期間中に入院となった場合、3ヶ月以内に退院が可能な場合、再利用が保障されている。

　疾患や障害で多くみられるのは高血圧症、糖尿病、脳梗塞後遺症による麻痺、加齢や廃用症候群による機能低下等々である。（図3-4-1）それらに伴ってADL（日常生活行為：Activities of Daily Living）面でも低下がみられ、食事や排泄、入浴、着脱等も自力では難しく、介護の必要としている人

表3－4－1　特別養護老人ホームの施設数と定員の推移

	昭和45年 (1970)	55 ('80)	平成2 ('90)	12 (2000)	14 ('02)
施設数	152	1,031	2,260	4,463	4,870
定員（人）	11,280	80,385	161,612	298,912	330,916

出典：厚生労働省,「社会福祉施設等調査報告」
　　　厚生統計協会,『国民の福祉の動向』, 厚生統計協会, 2004年, p156

が多く利用している。また、自力摂取が困難で経管栄養となっている人、酸素吸入の必要な人など、医療的な視点と高度で密な介護を必要とするケースも増えている。一方、老人性うつ、認知症などの精神症状やそれに伴う不適応行動がみられる人、身体面、精神面双方に障害のある人も徐々に増える傾向にある。このような重介護の高齢者を在宅で介護することは難しく、特別養護老人ホームの待機者は平成16年の時点で33万人となっている。(表3－4－1)

3. 特別養護老人ホームに求められるケア
―ノーマライゼーションの視点―

　特別養護老人ホーム設立当初は、介護の視点が医療の延長線上にあり、食事、排泄等もベッド上でという安静介護が当たり前に行われていた。特別養護老人ホームにいったん入所すると退所する人はほとんどなく、現在においても、利用期間は平均4年から5年以上の利用者が約30％を占めている。このような実態に対し、運営側も含め、社会的にも「終の棲家」と捉えている人がたいへん多い。施設生活の長期化に伴い、介護は生活の質からも問われる時代へと移行し、介護のあり方そのものが見直され、生活の視点を重視した介護（生活ケア）へと変化していった。現在は、本人のもてる力を生かし、できないところだけ介護を受け、最後まで自分らしく生活することを介護の基本理念としている。人は、たとえ年老いても、体が不自由になっても、その人であることになんら変わることはない。「一人の人として尊重され、自分らしく普通に生きる」という視点はノーマライゼーションそのものである。

　利用者が具体的にどのような介護を必要としているかを、利用者の三側面（身体面・精神面・社会面）から捉えて説明する。

　身体面では加齢による諸機能の低下、活動量低下による廃用症候群、脳梗

塞後遺症などによる麻痺からくるADL低下がみられる。思いがけないことが高齢者にとっては大きな事故につながる。たとえば、床にこぼれている数滴の水や一枚のティッシュに足元がとられ、転倒すると容易に骨折してしまう。回復力も低下しているためにベッド上生活が長引くと、寝たきり状態につながることも多い。ベッド上生活はどうしても変化の乏しい生活になりがちで、そのことが認知症を発症させ、進行を早める一因ともなる。そういった状況を未然に防ぐためには、一人ひとりの身体状況をきめ細かく観察し、把握した上でのケア、十分な環境整備に配慮することが大切である。高齢期は体内の水分が減少することで、皮膚が乾燥し、痒みを訴えることも多い。皮膚も薄く、弱くなっているため、わずかな衝撃でも傷を作りやすい。また、排泄を気にして水分を控えたり、飲むという行為自体を忘れてしまうなど（失行）さまざまな要因で容易に脱水症を引き起こす。脱水は発熱、認知症の発症・進行、血圧上昇などの原因となるので、水分補給への配慮が必要となる。

　心理面では老化や孤独・死への不安、認知症によるさまざまな精神状態に対するメンタルケアが継続的に行われている。利用者の8割以上が何らかの認知症の症状を呈しているが、適切な介護が症状の進行を遅らせ、精神面の安定につながる。認知症への正しい理解と適切な介護の習得は非常に大切である。（表3－4－2）

　社会面としては、外出や外泊の機会も制限を受けやすく、地域との交流や交友関係も希薄となる。施設が遠隔地にあったり、利用が長期化すると家族・親族の面会も少なくなる。施設は家族関係の維持に向けての情報提供（利用者の生活の様子や行事）をしたり、ボランティアの受け入れや、近隣の園児・児童・生徒・学生との交流、地域共催で行事を開催するなど、社会とのつながりを継続する役割も求められる。

4．特別養護老人ホームでの利用者の生活 ―あるユニットの一日―

　画一的な集団ケアが見直され、現在、ユニットケアを取り入れている施設が増えている。利用者一人ひとりに職員の目が十分に届き、そしてなじみの関係ができやすい生活単位、介護単位として10人から15人程度が一ユニットとなっている。生活はユニットごとに運営され、利用者と職員の話し合いの

表3-4-2 認知症の主たる症状

	症状	内容
中核症状	記憶障害	新しい情報を覚えられない。一度覚えた情報を思い出せない。数分前にしたことを忘れる。数日、数年前のことを忘れる。
	思考力判断力低下	思考内容が単純化し、抽象思考ができなくなる。理解力・判断力が低下する。
	見当識障害	現在の日時・季節・場所・人などの認知ができない。
	失語	声は出るが言葉が見つからない。言葉の意味が理解できない。
	失行	着脱・排泄・食事などの日常の生活行為ができなくなる。料理・洗濯などの関連行為ができなくなる。
	失認	聴覚・視覚の感覚機能は正常だがそれがなんであるかが理解できない。嗅覚失認のため便を触ったり、食べてしまう。視覚失認のため、鏡に映っている自分に話しかける。空間失認によるトイレ以外の場所での排泄行為。
	人格変化	無表情・無関心・平板化・多幸・知的な行為ができず、同じパターンを繰り返す人格の形骸化。
周辺症状	妄想	ものとられ妄想・見捨てられ妄想・嫉妬妄想。
	幻覚	ありもしないものが見えたり（幻視）、聞こえたり（幻聴）、臭ったり（幻臭）する。
	自発性低下	自分から何かをしようとする意欲がなくなる。
	感情失禁	急に理由もなく泣き出したり、笑い出したり、怒り出したりする。
	せん妄	軽い意識障害によって起こる興奮状態や幻覚が出る混乱状態。夜間憎悪の傾向がある。
	徘徊	無目的に歩き回る行為。本人なりの目的はある。
不適応行動	失禁	便や尿をもらしてしまう。もらしたことが分からない便意・尿意もそのものが失われる。
	不潔行為	手で鼻をかむ。便を壁などにこすりつける。
	過食・拒食	満腹感が感じられず、食べ続ける。食事をしたがらない。
	異食	食べ物でないもの（紙・布・ボタン・タバコ・便など）を食べたり、生の肉を食べたりする。
	睡眠障害	不眠・昼夜逆転。
	攻撃的行為	暴言・暴力など。
	収集癖	つまらないものを集める。
身体症状の変化	姿勢異常	
	歩行異常	
	けいれん	
	無動	

出典：徳田克己編、『介護等体験の手引き』 痴呆の主たる症状，筆者一部改変，協同出版，2002年，p129

もとで、生活を組み立て、それぞれが個性豊かに主体的に機能している。日課は、利用者のそれまでの生活習慣や心身状況に合わせて柔軟に対応されている。M施設のユニットでの生活を紹介する。起床時間はまちまちで、朝の日差しや、お茶の香りなどで、それぞれが朝の気配を五感で感じて目覚めることに心を砕いている。食事はご飯や味噌汁など、献立の一部を作ったり、盛り付けや後片付けなども無理のない範囲で一緒にしていただく。おいしく、楽しい食事ができるようにランチョンマットや食器などにも工夫がほどこされている。安全や清潔にも十分配慮され、誤嚥防止、口腔ケアに努めている。排泄介助の時間や方法は一人ひとりの排泄間隔、排泄量で異なる。入浴は一人原則週二回、身体状況に合わせ一人風呂・一般浴・リフト浴・機械浴の方法を取り入れている。誘導、着脱、入浴介助すべて同じ職員が関わり、落ち着いた気持ちでお風呂が楽しめる。特別養護老人ホームの一日の流れを（表3-4-3）示す。

表3-4-3　特別養護老人ホームの一日
　　　　　―M施設（ユニットケア）の例―

時　間	内　　　容
5：00	排泄介助（終日随時）
7：00	起床（着替え・整容）
7：30	朝食準備（テーブル設定・手洗い等）・配茶
7：45	朝食・口腔ケア・服薬
8：45	申し送り（夜勤者から日勤者への引継ぎ）
9：30	朝の集い（体操等） バイタルチェック（血圧・脈拍・体温測定）・排泄チェック
10：00	午前入浴（週二日）・レクリエーション・リハビリテーション
11：30	昼食準備（テーブル設定・手洗い等）・配茶
12：00	昼食・口腔ケア・服薬
13：00	昼寝
14：00	午後入浴（週二日）・レクリエーション・リハビリテーション クラブ活動
15：00	おやつ・自由時間
16：00	バイタルチェック（要観察者のみ）・排泄チェック
16：30	申し送り（日勤者から夜勤者への引継ぎ）
17：15	夕食準備（テーブル設定・手洗い等）・配茶
17：45	夕食・口腔ケア・服薬
19：30	着替え
21：00	就寝・バイタルチェック（要観察者のみ）・消灯
23：00	夜間二時間毎に巡回、排泄介助（夜間随時）

余暇は一人ひとりの趣向にあった時間が過ごせるようカラオケ、書道、茶道、華道、昔の手遊び、手芸、園芸、囲碁などさまざまなアクティビティが用意されている。余暇活動のサポーターとしてボランティアの受け入れも積極的に行っている。季節の行事なども企画されるが、あくまでも参加は自由で静かに部屋で過ごす方もいる。（表3－4－4）
　機能回復訓練は利用者の身体状況と残存能力から評価し、必要に応じて行われる。日々のケアは生活リハビリテーションの視点から行われ、利用者のもてる力の引き出しに努めている。暮らしのしつらえも工夫され、家具や調度品などの配置にも配慮されている。就寝時間なども個々の生活リズムを崩さない程度に幅を設けている。

表3－4－4　年間行事

1月	初詣・新年会
2月	節分（豆まき）
3月	雛祭り
4月	お花見
5月	端午の節句
6月	紫陽花まつり
7月	七夕
8月	夏祭り
9月	敬老会
10月	運動会
11月	文化祭
12月	クリスマス・餅つき

5．よりよい体験とするための心得　―体験の内容と留意点―
　ここでは具体的な体験の内容と留意点を示す
(1) 利用者とのコミュニケーション
　コミュニケーションは共に理解しあうための行為である。コミュニケーションを図る際に最も心がけたいことは、利用者に関心を寄せているという姿勢をもつことである。職員が一人ひとりの利用者とどのように関わっているかを観察し、また職員から指導・助言を受け、積極的に話しかけてみよう。会話は利用者から話を聞くだけでなく、自分の学んでいることなど身近なことを話題にしてみるとよい。話すスピードや間を考え、表情や目線・身振りにも配慮する。コミュニケーションの方法には会話などの言語的コミュニケーション、アイコンタクトやスキンシップなどの非言語コミュニケーションがある。特別養護老人ホームには言語障害や認知症、さまざまな精神症状でコミュニケーションを図ることが難しい方も多い。しかし、学生のひたむきさは利用者の心に響き、心が通い合えることを実感できるはずである。利用

者から語られるそれまでの人生や時代は若い学生にとって得がたい体験となる。

(2) **余暇活動**

余暇活動では、経験のないこと、知らない歌などに戸惑うかもしれないが、利用者・職員から教えていただく、共に楽しむといった姿勢をもつことが大切である。また、余暇の時間は、コミュニケーションを図りながら利用者を安全に誘導したり、分かりやすく説明したり、サポートの場面も多く体験できる。学生が自らの特技を生かしてレクリエーションを計画し、実践してみるのもよい。プログラム内容、時間の割り振り、役割分担、準備する物品などについて学生同士で話し合い、ひとつのものを作り上げていくプロセスは学生を大きく成長させる。

(3) **環境整備**

ベッド周りの整理整頓、掃除をする場合は、利用者の持ち物を丁寧に扱い、物品の置き方や掃除の方法なども本人の意向に沿って行う。汚れた下着や他者のものを取り込んでいる場合もあるので、そういった身の回りの状況から、利用者の身体的・精神的変化に気付くことができる。

(4) **介護場面**

介護場面においては、補助もしくは観察の範囲である。さまざまな障害をもった方への身体介護は一人ひとり異なり、たいへん難しい。介護場面を体験する機会が与えられた時には、必ず職員の助言・指導のもと一緒に行う。障害に応じた安全で安楽な介護方法、本人の意欲・もてる力を引き出す関わり方、介護を拒否なさる利用者への言葉かけ、生活行為そのものを忘れている利用者への関わり方を観察を通して学ぶことができる。

(5) **その他の体験場面**

特別養護老人ホームの運営にあたっては事務、厨房、医務、機能回復訓練など、多くの職種がそれぞれに役割を担い、連携をとりながら機能していることを知ることができる。

6．望ましい体験学生としての態度

(1) **事前学習**

　施設のパンフレットを読み、どのような雰囲気かをイメージしておく。新聞を読む習慣をつけ、社会の状況や高齢者に関する記事などにも関心をもつように心がける。介護保険法についてもサービスの概要について勉強しておくとよい。また、季節の移り変わりなどにも目を向け、豊かな感性と生活感覚を養っておきたい。さらに昔の歌や遊びなどを覚えておくとコミュニケーションの糸口となる。

(2) **体験学生としての心得**

　① 目的意識をもつ。
　② 独断で行動せず、施設の方針・指導者の指示に従う。
　③ 欠席・遅刻・早退などの報告・連絡をきちんと行う。
　④ 礼儀正しい態度がとれ、場をわきまえた正しい言葉遣いができる。
　⑤ 清潔感のある身だしなみ（服装・髪型・化粧など）をする。
　⑥ プライバシーに配慮し、利用者の意向を尊重した態度がとれる。
　⑦ 体験中に知り得た利用者、施設、職員に関する情報を口外しない。
　⑧ 自らが感染源にならないように手洗い・うがいを励行する。
　⑨ 健康管理ができる。

(3) **学ぶ姿勢と視点**

　「教職と介護職」は人と関わるという点においては共通している。教師の対応いかんで児童や生徒はどのようにも変わっていく。介護を要する高齢者も同様で介護者の関わり方次第で表情も身体状況も大きく変わっていく。一人ひとりの児童や生徒に応じた適切な関わりができる教師を目指す学生には、幅広い人間観をもつことが求められる。

　短期間の体験だが、一人ひとり異なった人生を歩んでこられた多くの高齢者との出会いが、学生自身自分の内面と向き合う機会となり、さらに「人として生きる意味」「人間の存在の重さ」を考えることにつながる。

（岡村　ヒロ子）

第5節　介護老人保健施設

1．介護老人保健施設の概要　—その機能と役割—
(1) 介護老人保健施設の概要

　介護老人保健施設は、1986年、老人保健法を根拠法として創設された老人保健施設である。要介護高齢者の増加と、病気の後遺症で生活機能を失い、退院後の受け入れがないためにやむなく長期入院（社会的入院）となっている問題を解決するために、中間施設（病院と家庭、病院と福祉施設、家庭と福祉施設）の構想を練り、老人保健施設としてスタートさせた。2000年、介護保険制度発足に伴い「介護老人保健施設」と名称を改めた。

　介護老人保健施設は、病状が安定し、入院加療の必要のない寝たきり、もしくはそれに準ずる状態にある要介護者に対し、看護、医学的管理の下における介護、機能訓練、その他必要な医療を行うとともに、その日常生活上の世話を行うことを目的としている。

　運営の基本方針は「利用者の自立を支援し、その家庭への復帰を目指すものでなければならない」「明るく家庭的な雰囲気を有し、地域や家庭との結びつきを重視した運営を行なわなければならない」（基準省令第一条）とし、利用者が一人の人として尊ばれ、その人らしい生活を送るために手厚い療養・看護・介護を保障する施設として位置づけられている。

(2) 介護老人保健施設の機能と役割

　高齢者の多くは住み慣れた家で、地域のなじみの人々と共にその人らしく快適な生活が送れることを願っている。利用者の家庭復帰を目指すことは介護老人保健施設の大きな役割である。その実現にむけて介護老人保健施設では、利用者を生活の主体者として捉え、一人ひとりのもてる力の引き出しにつとめ、生活機能の回復に向けた支援がなされている。さらに地域や家庭との結びつきを大切にした住民に開かれた施設としての機能している。また、本人が可能な限り自立した在宅生活を継続させるためには地域の保険・医療・福祉サービスの整備が必要不可欠であり、その連携機関の拠点としての

役割を担っている。施設サービスとしての入所,居宅サービスとしての通所リハビリテーション、短期入所療養介護の機能をもち、いずれも施設サービス計画、居宅サービス計画に基づいたサービスが提供されている。前節の特別養護老人ホームと比較すると,より医療的なサービスを必要とする要介護者が対象となるため、職員配置も医師、看護師の割合が高くなっている。理学療法士、作業療法士の設置も義務づけられ、リハビリテーションの充実が図られている。職員配置数としては、利用者100名につき、医師1名（常勤）、看護師9名、介護職員25名、リハビリテーション職員1名、生活相談員1名、介護支援専門員1名、栄養士1名、その他事務員、調理師等となっている。

短期入所療養介護については家族の介護負担の軽減が目的で一定期間利用できる。何れも介護保険法に基づき要介護度に応じた限度額内で利用したサービスに対して自己負担金を支払う。

2．介護老人保健施設の利用者の特徴

介護保険法による施設サービスの利用者は要介護状態にある65歳以上の高齢者と一部、政令で定める特定疾病（表3－5－1）と認定を受けた40歳以

表3－5－1　政令で定める15種類の特定疾病

①	筋萎縮性側索硬化症
②	後縦靱帯骨化症
③	骨折を伴う骨粗鬆症
④	シャイ・ドレーガー症候群
⑤	初老期における痴呆
⑥	脊髄小脳変性症
⑦	脊柱管狭窄症
⑧	早老症
⑨	糖尿病性神経障害、糖尿病性腎症及び糖尿病性網膜症
⑩	脳血管疾患
⑪	パーキンソン病
⑫	閉塞性動脈硬化症
⑬	慢性関節リュマチ
⑭	慢性閉塞性肺疾患
⑮	両側の膝関節又は股関節に著しい変形を伴う変形性関節症

上65歳未満の者である。要介護度によって利用者の1ヶ月間の介護サービスの限度額や自己負担額も異なる。

　介護老人保健施設における利用者の要介護度は1から5までとなっているが要介護度の平均を特別養護老人ホームと比較すると相対的にやや低くなっている。(図3-5-1)

　利用者の疾病の種類としては、高血圧症、心疾患等の循環器系、パーキンソン氏病等の神経系、骨折・関節疾患等の筋骨格系が多い。(図3-5-2)

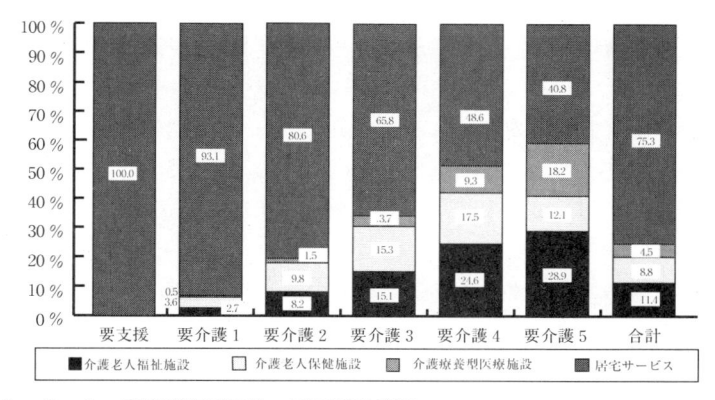

図3-5-1　要介護度別のサービス利用状況
　　　　　出典：第14回社会保障審議会介護保険部会資料
　　　　　　　　三浦文夫編，『図説高齢者白書』，全国社会福祉協議会，2004年，p142

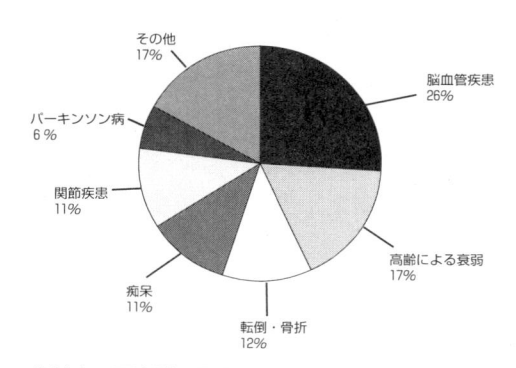

図3-5-2　65歳以上の要介護の原因
　　　　　出典：厚生労働省大臣官房統計情報部，『国民生活基礎調査』，2001年

いずれもその症状は慢性期で安定しており、利用者に対しては、積極的な治療というより、その症状と折り合いをつけながら生活を継続させていくための支援が必要といえる。また、約8割の利用者がなんらかの痴呆症状を呈していることも特徴である。利用者の年齢層も75歳以上の後期高齢者が多く、加齢による全身の機能低下に伴う複数の病気をもちあわせている。

3．介護老人保健施設に求められるケア　—もてる力の引き出し—

　利用者の生活の再構築に向けて医療職や介護職、リハビリテーション職、生活相談員等多職種が総合的に関わることでバランスのとれた援助が可能となっている。

　入所は約三ヶ月間を目安とし、可能な限り在宅で生活が送れるよう一人ひとりの心身の状態に応じてリハビリテーションが実施されている。さらに日々の生活介護においても生活リハビリテーションの視点からケアが提供されている。

　介護計画に沿って理にかなった効果的な介護を実践するためには、ケアワーカー自身にもリハビリテーションの視点が求められる。

　レクリェーションなどにもリハビリテーションの視点から評価され、身体状態から判断して、何ができて何ができないのかを正しく判断し、その利用者に応じた内容で実践されている。

　本人に能力があるにもかかわらず、意欲低下や環境不備・不適切な介護などが原因で、生活面での活動量が減り、それに伴ってさまざまな機能が低下し、廃用症候群に結びつくケースも多い。介護者は本人がなぜそのような状態にあるのかを多方面から評価し、生活の改善に向けて本人のもてる力・生活意欲の引き出しにつとめ、過介護にならないような配慮が大切である。

　さらに家庭復帰に向けて安全な住居環境の整備やADL（日常生活行為）の自立に向けての本人ならびに家族に対する指導・助言等も重要な役割である。通所リハビリテーションも同様であるが、現在は介護予防の視点からリハビリテーションがたいへん重視されている。

　高齢者は、足が十分に上がらず歩行が不安定なためにちょっとしたはずみで転倒したり、視力の低下や注意力が散漫となって物に衝突したり、怪我も

しやすい。生活全般でそういった介護事故を予防するためには十分な見守りと環境面の整備が不可欠である。また、高齢者は体調も急変することが多いので十分な観察力が必要となる。退院直後の利用者や医療的な配慮の必要な利用者が多いので、介護職にも十分な観察力と医学的視点が求められる。

4．介護老人保健施設での利用者の生活　—生活の再構築に向けて—

　利用者の一日は在宅生活を意識し、それまでの生活を尊重した状態で営まれる。生活の再構築に向け、本人らしい生活が回復できるように本人の生活への思い・生活習慣を計画に反映し、効果的な介護サービスが実践される。また、退院直後の利用者など医療面での支援を要する場合は、それぞれの心身状況に応じた介護が提供される。食事、排泄、入浴、着脱、移動等々の生活介護に関しては特別養護老人ホームと大きくは変わらない。

　起床時間は利用者によって多少異なり、排泄や着替え、洗面から始まる。食事内容については必要に応じて治療食も提供される。体調確認やバイタルチェックの後、個々の介護計画にそって一日の生活が始まる。入浴は一人の利用者が週に最低2回は入れるようになっている。入浴を楽しみにしている利用者はたいへん多く、これまでの大型浴槽や一斉入浴を見直し、夜間浴や個浴なども取り入れ、入浴サービスの充実に努めている。食事は季節感を盛り込んだ献立や行事食が用意されている。午後は三々五々、思い思いに余暇時間を過ごす。さまざまに工夫されたアクティビティは単調になりがちな施設生活に潤いと小さな変化をもたらし、生活の活性化が図られている。また、さまざまなボランティアの参加も一役を担い、職員との共働で活動が行われている。夕食後は、落ち着いて就眠できるようにお茶の時間や歓談の時間をもつなどの工夫がなされている。

5．よりよい体験とするための心得　—体験の内容と留意点—

　介護老人保健施設での体験は特別養護老人ホームと同様、利用者とのコミュニケーションを通して一人ひとりから語られる人生にふれ、生き方や時代背景の違い、さらに老いについて考える貴重な機会となる。また、在宅生活の実現に向けて、家族や地域の果たす役割と介護老人保健施設のもつ在宅支

援の機能と役割、さらに高齢社会の実態を学ぶことができる。
ここでは具体的な体験内容と留意点を示す。
(1) **環境整備**

　利用者の居室はその方の生活そのものであり、大切な空間であることを踏まえ、むやみにふれたり、置き場所を変えたりしてはいけない。

　足元に乱雑に物が置かれたり、床に水がこぼれていたり、ベッドや床頭台のストッパーがロックされていなかったりすると転倒や怪我などの介護事故につながるので十分に配慮しなければならない。

(2) **介護場面**

　介護場面の体験は必ず、職員の指導のもとに一緒に行う。ADL（日常生活行為）面の介護で、職員が本人の意欲をどのように引き出しているのか、もてる力をどのように介護に生かしているかを、職員と利用者とのやりとり、利用者の表情や言動の中から学ぶ。

(3) **レクリエーションへの参加**

　レクリエーションは利用者の方々とごく自然にコミュニケーションを図ることができる。学生達の特技を生かして、ぜひ自ら計画し、職員のサポートを受けながら挑戦してみよう。学生の取り組む姿は利用者の心を動かし、楽しい時間を共有できた充実感を双方ともに得ることができる。利用者の残存能力を引き出せるような働きかけを意識することでレクリエーションの意義を理解することにつながる。

(4) **リハビリテーションの観察**

　生活の再構築に向けて一人ひとりに応じたリハビリメニューが用意されている。理学療法では歩行・関節可動域訓練など各種機能回復、作業療法では着脱や排泄、移乗などの生活行為の訓練、また手芸や工芸などの手作業も実施されている。

(5) **コミュニケーション**

　人生の先輩である高齢者から語られる歴史や文化・時代は人間の一生そのものである。高齢者と交流することの少ない学生にとって新鮮な感動が得られ、今まで知らなかった多くのことを知る貴重な機会となり、教養を深めることができる。コミュニケーションを図る際は、興味・関心をもって耳を傾

けてほしい（傾聴）。また、コミュニケーションは、語調だけではなく、お互いの存在、雰囲気、空間そのものにも大きく影響されることを感じ取っていただきたい。

(6) その他（カンファレンス・家族会等）

　カンファレンスを通してそれぞれの職種がどのような役割を担い、どのように関わっているのかを学ぶことができる。家族会が組織されている施設では、「介護を学ぶ拠点」として、本人・家族・施設の一体化が図られていることを確認できる。

6．事前学習と心構え　　―受け入れ施設からの助言―

　事前学習・心構えに関しては特別養護老人ホームでの体験時と同様である。
　受け入れ施設に、学生に求める姿勢・態度、事前学習の内容、さらに学生に学んで欲しいこと、望むことについてうかがってみた。その内容を記載するので、ぜひ介護等体験に生かしていただきたい。

(1) **望ましい姿勢・態度**
　① 挨拶がきちんとできる。
　② 敬語が正しく遣え、目上の方に対する言葉遣いができる。
　③ 落ち着いた口調で会話ができる。
　④ 体験中に学友とふざけない。
　⑤ TPOにあった化粧・髪型・身だしなみができる。
　⑥ 社会性を身につけ、常識ある態度がとれる。
　⑦ 電話をきちんとかけることができる。
　⑧ 好感を与える振舞いができる。

(2) **事前学習の内容**
　① なぜ、介護等体験をするのか、動機づけを明確にする。
　② 施設の概要やどのような方々が利用しているのかについて調べる。
　③ 高齢者の心身の変化（寂しさ・皮膚状態など）、特徴を学ぶ。
　④ 最小限度の認知症について学習する。
　⑤ 車椅子の操作程度は身につける。

　施設の役割と機能、利用者の生活、認知症のケアについてわかりやすく編

集したビデオや高齢者疑似体験などを事前学習に取り入れるとよい。
(3) **学生に学んで欲しいこと**
  ① 「人を理解する」ということはどういうことかを学んで欲しい。
  ② 障害があろうと高齢者であろうと人としてはなんら変わらないこと、そして私達も同じ道を辿るということを考える機会として欲しい。
  ③ 高齢者になるとなぜさまざまに変化するのか、障害が生じることで何が変化するのかを学んで欲しい。
  ④ 人間愛とは何かを考える機会として欲しい。
  ⑤ 利用者の方の時代背景を考える機会として欲しい。
  ⑥ 言語障害をもつ利用者の話はなかなか聞き取れないと思うが、一生懸命、耳を傾ける姿勢が大切だということを学んで欲しい。
  ⑦ いろいろな人との関わり方を学んで欲しい。
  ⑧ 入浴場面などを通してセクシャリズムについて学んで欲しい（男性女性の違い、同性介護・異性介護について）。
  ⑨ 私たちが50年後の人々に何が残せるのかを考える機会とし、命は受け継がれているということを学んで欲しい。
  ⑩ 食事などの日常生活行為が高齢者や障害者にとって負担が大きいことを知って欲しい。そこから優しさ、思いやり、工夫が生まれると思う。
(4) **学生に望むこと**
  ① 生の体験から学べることに意欲をもち、多くの気付き、刺激を受けて欲しい。
  ② 社会人として、悪いイメージを与えては損だということに気付いて欲しい。
  ③ 普通の人間関係が築ける人になって欲しい。
  ④ TPOに合った行動の取れる人になって欲しい。
  ⑤ 自分を律することが、自分のみならず他者をも守ることにつながることを気付いて欲しい。
  ⑥ 当たり前のことが当たり前でないことを知る機会として欲しい。
  ⑦ 自分の生活を見つめなおし、自己変容の機会として欲しい。

（岡村　ヒロ子）

第6節　特殊教育諸学校（「特別支援学校（仮称）」）

1．特殊教育諸学校の特徴と特別支援教育体制への移行について

　特殊教育諸学校には、障害種に対応した、盲学校・ろう学校・知的障害養護学校・肢体不自由養護学校・病弱養護学校の5つがある。また、各学校において、幼稚園・小学校・中学校・高等学校に対応する幼稚部（特に盲・ろう学校に併設）・小学部・中学部・高等部が設置されている。

　表3-6-1は、知的障害養護学校の小学部時間割表の例である。朝や下校時の「日常生活の指導」（着替え・歯磨き等日常の生活に必要な技能を習得）や「遊びの学習」（遊びを通して心身の発達を促進）、「生活単元学習」（季節行事や学校・地域行事などを題材に主体性や協調性を育てる）、「自立活動」（障害に基づく困難な状態の主体的改善）などは一般の小・中学校などではみられないものである。

表3-6-1　知的障害養護学校（小学部）の時間割例

	月	火	水	木	金
1	日常生活の指導（朝の会）					
2	自立活動	国語	自立活動	算数	図工	体育	音楽
3	生活単元学習			遊びの学習	
4					
	給　　食				
5	日常生活の指導（帰りの会）		体育	音楽	日常生活の指導
6		日常生活の指導			

　一般の小・中学校などでは、「教科」と「領域（道徳・特別活動）」と「総合的な学習の時間」によって教育課程が編成されている。特殊教育（障害児教育）では、教科や領域での学習のみならず、日常生活や学校・地域での活動自体を題材とした将来の社会的自立を目標とする科目の構成が認められている。これらは、「教科と領域を合わせた指導（形態）」と呼ばれる。上級学年・部では「作業学習」（木工・陶芸等の制作活動を通して各種作業能力、職業意識、社会性などを養う）も行われている。なお、自立活動は「領域」に位置づけられる。

　表3-6-1の時間割の中で月・火曜日の2時限目が二つの授業からなっ

ている。これは、クラスの特定の子のみを対象として、たとえば言語指導教室で「自立活動」を行うことを示している。このように特殊教育においては、個々の子どもに応じ個別化された教育課程を組むことが可能である。従って、一般校とは異なり、全ての子が、同時間同内容の指導をうけるわけではない。年間の教科学習の時間、領域・教科を合わせた指導、自立活動の時間は子どもによって異なる。なお、自立活動には、特定の時間を設けず、教科等他の時間や休み時間も含め学校生活全体において配慮する指導の形態もある。

　一人一人の実態に応じて教育内容・方法を明記した「個別の指導計画」の作成が、全ての子の自立活動について、また、いくつかの障害を併せ持つ重複障害児の場合には全ての授業に関して、平成12年度の学習指導要領の改訂により義務づけられた。ただし、現在ではほとんどの特殊教育諸学校において、在籍する全ての子の全ての授業に関する個別の指導計画がたてられている。特殊教育諸学校においては、個別の指導目標に基づき綿密に計画された教育実践が日々行われている。

　現在、障害児を対象とした教育は、主として、一般の小・中学校の特殊学級、通常学級在籍児の通級指導教室、および、盲・ろう・知的障害養護学校等の特殊教育諸学校において行われている。文部科学省（2003）は、このような障害種・程度に対応した「特殊教育（Special Education）」から、今後、個々の児童生徒のニーズに応じ教育支援を行う「特別支援教育（Special Support Education）」へ転換を図ることを報告している。

　今後、教育的なニーズに応じて各小・中学校の特別支援教室（仮称）に年齢相当の在籍学級から通級して、または、特殊教育諸学校が一本化された特別支援学校（仮称）で、障害をもった子ども達は教育をうけるようになる。このような制度変更の背景には、ノーマライゼーション（normalization）の理念の普及や、重複障害児在籍率の増加などがある。

　特別支援教育では、上述した「個別の指導計画」に加え、「個別の教育支援計画」の作成が義務づけられようになる。個別の指導計画が授業計画に関わる学校教育における支援策であるのに対し、個別の教育支援計画は、医療・保健・福祉・労働等、教育以外の専門機関との連携、学校間・学校から社会への移行など、学年進行に伴った連携、これらが適切になされることを

目的とする支援計画である。なお、これら連携の中心となる教師は、「特別支援教育コーディネーター」と呼ばれる。

2. 特殊教育諸学校（特別支援学校（仮称））の概要と体験のポイント
(1) 盲学校の概要と体験のポイント

　盲学校には、盲児と弱視児が在学している。多くの学校に幼稚部が併設されている。また、高等部には、本科（普通科など）に加え、保健理療科（あんま・指圧・鍼灸など）や理学療法科など職業的専門教育を行う専攻科が設置されている。専攻科には中途失明によって入学した年長者も在学している。ほとんどの学校に寄宿舎が併設されている。

　① 在籍児の実態

　在籍児には、眼鏡等で矯正した両眼での視力が0.02未満の盲児と、矯正視力0.02から0.3未満の弱視児がいる。一般に、矯正視力が0.02に満たない場合は文字の使用が著しく困難であると言われ、点字の使用が検討される。0.04が重度弱視と軽度弱視の境界にあたる視力である。なお、0.04の視力は、歩行が不自由ではなく、また、太字マジックでの読み書きなら可能な状態と言われている。その他、視力以外に、視野の右半分が欠けているなど視野狭窄をもった者もいる。視覚障害の原因は、先天性白内障など生来のもの、保育器の空気濃度に起因する未熟児網膜症、事故による網膜剥離など多岐にわたる。

　② 教育内容・方法の特徴

　一般の小・中学校等と教科書の内容は同じであるが、盲児では点字に翻訳したもの、弱視児では拡大文字化したものが用いられる。残存した視覚機能を有効に活用させるために弱視レンズ（拡大鏡）も使用される。また、音声の出るパソコンやレーズライター（図形や絵などの線が浮き出ている印刷物）などの教育機器・教材もある。

　盲児にとって重要な歩行訓練は、幼稚部あるいは小学部入学時から、学校内、学校周辺から町中へと、系統的に行われる。これは、歩行訓練目的のみならず、視覚障害によって制限された経験の拡大をめざしたものでもある。また、視覚情報以外の情報を活用して生活するため、触覚を用いた触察訓練

もある。このような触覚等の活用法や一人歩きの訓練は、主に自立活動の時間に行われる。また、知的障害など他の障害を併せ持つ重複障害児においては、教科・領域を合わせた指導が行われている。
　③　配慮点と体験のポイント
　　a．近づく際には必ず声をかけること。また、会話中、うなずいたり微笑んでも相手には伝わらない場合がある。必ず言葉を伴った適切な応答を心がけること。
　　b．誘導する場合、白状や腕を掴みひっぱってはいけない。必ずこちらの腕や肘を持ってもらい誘導すること。段差等がある場合は声をかけ、状況を説明する必要がある。また、物の配置をかえた場合なども本人に説明しておく必要がある。
　　c．この視力ならこれくらいなら見えている、あるいは見えていないだろうという一方的な判断は避ける。受け入れ先校のオリエンテーション等での把握に加え、必要な場合は必ず本人に確認する。
　　d．どういう教育目標によって構成された場・活動か、また、担当教師の個別的な対応の様子など、これら問題意識をもって体験すること。
(2)　**ろう学校の概要と体験のポイント**
　ろう児や難聴児が在学している。早期からの言語指導の重要性からも幼稚部が設置されている。高等部には、普通科の他に、被服科、理容科など職業に関する専門学科が設置されている。また多くのろう学校において寄宿舎が併設されている。
　①　児童・生徒の実態
　聴覚障害の程度は、聴力損失値（db：デシベル）によって表される。一般に、ろうとはこの損失値が100db以上の場合を言う。100dbは爆音にも相当する。損失値100〜60db、60〜30db、30db未満をもって、それぞれ高度・中度・軽度難聴と分類する場合がある。たとえば60dbの場合、1m離れた場所からの声は聞き取れるが、聞き間違いが多いと言われている。補聴器の使用によって聞こえのレベルを補償可能だが、その効果には個人差がある。聴覚障害は、遺伝性のものや母体の風疹等ウイルス感染を原因とする先天性のもの、乳幼児期における髄膜炎によるものなど多岐にわたる。

② 教育内容・方法の特徴
　聴覚に障害がない者の場合、コミュニケーション手段の中心は音声（口話）である。声の聞き取りの困難性から言語発達（口話の）が遅れる傾向がある。そのため、幼稚部から早期に口話（法）の指導が行われる。また、難聴児を対象とした、残存した聴力（機能）を有効に活用するための聴能訓練がある。
　文部省（1993）は、聴覚障害児のコミュニケーション手段に関する調査結果から、状況によっては手話や指文字、筆談等を柔軟に用いるトータル・コミュニケーション（Total Communication）の考え方について言及した。しかし、今日に至ってもそのとらえ方は必ずしも学校間で一致していない。ろう者固有の言語である手話（日本手話）を積極的に用いないことによる授業理解への弊害を指摘した訴訟例もある（Mainichi Interactive, 2003年5月27日）。
　通常の小・中学校等の教科書が教科学習に用いられる。ただし、抽象的概念発達の程度や、助詞・助動詞（手話に助詞・助動詞はない）使用の正確さなど、これら個々の子どもの状態を配慮した教育が行われる。重複障害児の教育では、領域と教科を合わせた指導が多く取り入れられている。また、口話の獲得が困難な重複障害児の中には、手話や身振りによるコミュニケーションが中心となるケースも多い。
③ 配慮点と体験のポイント
　a．全ての子が口話・読話（読唇）ができないのと同様、全ての子が手話ができるわけではない。また、補聴器をつけていてもその聞こえの程度には個人差がある。限られた体験時間ではあるが、実際のコミュニケーションの中で、情報保障が可能な、たとえば、身振りと筆談の使用など有効な手段をみつける必要がある。
　b．背後から呼んでも聞こえない場合も多々ある。肩をたたく等によって相手の注意をこちらに向ける。正面を向き、唇が見えるようにはっきり話す。
　c．発音やイントネーションが不自然な子もいる。真摯に聞き取る態度が大切である。また、わかったふりをするのはトラブルの原因にもなりかねないので注意する。

d．どういう個別的目標によって構成された活動か、また、手話通訳など福祉サービスの使用状況、それら機関との連携状況に関する問題意識をもって体験する。

(3) **知的障害養護学校の概要と体験のポイント**

　知的障害養護学校には、知的障害児や知的障害を伴う自閉症児などが在学している。多くの知的障害養護学校において高等部の生徒数が最も多い。これは、中学校までは特殊学級に在籍していた障害の程度が比較的軽度な者が、高校の段階になり高等部に入学したことによる。高等部のみの高等養護学校もある。高等部には、知的障害の程度が重い重度の知的障害児、重複障害児、比較的障害の程度が軽度な生徒、これら多様な生徒が在学している。高等部卒業後、軽度の者では一般企業等への一般就労もみられるが、より重度になるほど、福祉労働の場である作業所やその他福祉施設の利用者となる場合が多い。

　① 在籍児の実態

　知的障害という用語から、なかには教科学習等に関連する知的能力のみの障害を想像する人もいるかもしれない。知的障害は、精神遅滞（Mental Retaradation）とも呼ばれ、知能指数（IQ）を指標とする知的水準が平均より顕著に低いこと（IQ70～75以下）と、社会適応行動の遅れ、これら二つが診断基準とされている。知的障害児は、教科面のみならず、運動や言語の領域、日常生活技能など多面的な発達の遅れをもっている。

　また、およそ7～8割の自閉症児が知的障害を併せ持つと言われている。「発達障害者支援法」により自閉症への多方面からの支援が法令化されたが、知的障害を伴う自閉症児は、特殊教育諸学校の中では知的障害養護学校で教育をうけて来ている。

　自閉症は先天的な脳の機能障害を原因とするものであり、コミュニケーションがうまくとれない、言葉の理解や話すことが困難、特定の対象に興味が偏る、一定パタンの行為に固執するなどの諸特徴がみられる障害である。また、近年、何を感じているか他者の心の状態を推測することが困難なことが自閉症の本質ではないかという仮説も提唱されている。概して言葉などの聴覚的情報よりは、絵や写真など視覚的情報の処理に優れている。絵カードや

写真をコミュニケーションの手段としたり、また、1日の見通しをもたせるため日課表に絵を用いるなど、これら手立ての有効性が示されている。

② 教育内容・方法の特徴

教科学習に関しては、子どもの発達の実態に応じ、生活（暦）年齢よりは低い学年での内容が扱われたりする。また、学習への動機づけを高めたり内容理解を促進するため、単なる机上学習ではなく、ゲームや遊びなど具体的な活動を通した教育方法が工夫されている。

登校後の着替えや体育の前の排泄など、日常生活における基本的技能自体が教育の対象となっている。また、子どもの興味や関心、地域や学校の実態に応じた生活単元学習がある。そこでは、見通しをもった活動への参加や、集団での協力など、将来の生活を想定した社会的自立のための指導が行われる。

自立活動では、肢体不自由など知的障害以外の重複した障害や、極端に苦手なところや発達が遅れている面、これらが指導の対象となる。なお、平成12年の学習指導要領から、その子の得意な面に着目しさらにそれを伸ばすことも指導目標として加えられた。得意な面を伸ばすことが苦手な部分を発達的に底上げするという発達観のみならず、個人の自信や自己効力感を育てるエンパワーメント（Empowerment）的視点の重要性を指摘したものだとみなされる。

③ 配慮点と体験のポイント

a．言葉でのコミュニケーションが困難な児童生徒であっても、発声や表情、身振り等で自分の意志を表現する。これに対して、はっきりした言葉かけ、豊かな表情や身振りなどでコミュニケーションを試みること。自閉症児の場合、たとえば手で○印をつくって伝えるなど、言葉以外のコミュニケーション手段の工夫も必要である。

b．個々の子どもの綿密な個別指導計画に基づいて学校生活が構成されている。休み時間に子どもが棚の絵本を指さして取ってほしいと要求した場合、即座に取って渡すことが必ずしも個別対応として適切とは限らない。これが、その子の手指機能や言葉の学習機会になる場合もある。望ましい対応の仕方がわからない場合や自分が判断した対応に自信がない

場合など、担当の教師に尋ねるとよい。
c．在籍児の中には、自分の髪をひっぱる、頭をたたくなどの自傷行為や、便いじりなど不潔な行為を行う者もいる。危険な行為の場合は即座に止めさせ安全な状態にする必要があるが、その行為がコミュニケーションの意図をもった場合もある。たとえば、拒否の表現手段である場合などである。適切な対応の仕方について教師に尋ねること。
d．その子の知的な発達に準じたわかりやすい言葉かけをする必要がある一方で、その子の生活（暦）年齢にあった対応も必要である。むやみに幼児言葉を使ったり、たとえば中学部生が抱きついてきても何ら注意しないことは、生活年齢からみて不適切な対応と言える。
e．知的障害の原因によっては、高い割合で心臓疾患や骨格の異常がみられる場合がある。事前のオリエンテーションなどで情報を把握し安全な対応に留意する。
d．自閉症児の中には、決まった順序で必ず並べるなど特定の行為パターンに固執する子もいる。教育的意図をもって介入する場合もあるが、一般的にはむやみにそのパターンを崩したりしないよう留意する。そのことによってパニックをおこし、その日一日の学校生活に悪影響を及ぼす場合もある。
f．特に高等部での体験を行う場合、地域の障害者職業センター等労働関係機関との連携に関する問題意識をもって体験すること。

(4) **肢体不自由養護学校の概要と体験のポイント**

肢体不自由養護学校には、身体の運動や動作が不自由な子どもたちが在学している。子どもたちの運動機能を配慮した、スロープ、エレベーター、障害者用トイレなど、施設・設備はバリアフリー化されている。病院や医療施設の隣にある学校も多くある。肢体不自由養護学校在籍児の約7割が知的障害など重複した障害をもつ。

① 子どもたちの実態

肢体不自由〈運動障害〉は、胴体（体幹）が支えられない、手・指や腕（上肢）、足（下肢）が随意に動かせない、あるいは予期せず不随意な運動が起こるなどの状態を示す。右片側や上半身のまひなど障害の部位には個人差

がある。骨の異常（骨形成不全症など）、筋肉の異常（筋ジストロフィーなど）、脊髄の異常（二分脊椎、ポリオなど）、脳障害（脳性まひ）など原因は多岐にわたる。脳性まひに代表される脳障害に基づく場合は、運動障害のみならず、言語の障害や知的障害を併せもつ場合も少なくない。

② 教育内容・方法の特徴

教科等学習の内容は一般の小・中・高等学校に準じる。障害を補うための補助具や教具の工夫、パソコン等情報機器の活用がみられる。知的障害を併せもつ子どもには生活単元学習など教科・領域を合わせた指導が行われている。自立活動の領域では運動や動作の機能向上のための様々な指導が行われる。運動障害の程度が重度の場合、寝返りや這い這いなどの訓練も行われる。また食事を飲み込む（摂取機能）訓練をうけている子もいる。これら訓練活動は、多くの場合、PT（理学療法士）、OT（作業療法士）、ST（言語療法士）等と連携して行われている。

③ 配慮点と体験のポイント

a．移動、衣服の着脱、排泄など、様々な場面で介助する機会がある。抱きかかえて車椅子に乗せたり、車椅子を押すなどの介助方法については、体験先校のオリエンテーションで説明される場合が多い。留意点を把握し細心の注意をはらい介助すること。また、自分が接する子どものまひや筋緊張の度合い、骨折のしやすさ、言葉の理解・発語の状態などについて、オリエンテーションによって事前に把握しておくことが重要である。

b．片まひのため杖をついている子どもの体を支えてあげようと手をだした場合、子どもが保っていたバランスがくずれ転倒することもある。本人に介助を申し出、相手のペースに合わせ行うこと。車椅子の介助に関しても同様である。本人の意思を尊重した介助を心がける。

c．脳性まひ児の中には発音が聞き取り難い子もいる。相手の表情やその場の状況から真摯に理解しようとする態度が必要である。

d．相手を傷つける可能性のあるネックレスやピアスなどはつけないこと。介助される側にとって安全な服装で体験にのぞむ。

e．自立活動において、OTやPT等との連携が活かされている場面もある。

医療との連携についての問題意識をもって体験する。
(5) 病弱養護学校の概要と体験のポイント
　病弱養護学校には、長期の医療や生活規制を必要とする児童生徒が在学している。多くの学校が医療機関に隣接したり併設されている。併設・隣接した病院に入院している在籍児もいる。指導を受ける場も、学校、病室と多様である。一般の小・中学校等から途中編入してきた子もいる。特に高等部では、病状の回復によって一般の高校への転入が柔軟に行われるよう配慮されている。進路は病状によって異なるが、大学や専門学校に進学する者も少なくない。医療との連携体制が築かれている。医療的ケアのために看護師を配置している学校もある。またその協力や指示のもと教師が可能な医療的ケアが日常的に行われている場合もある。
　① 　在籍児の実態
　病弱養護学校には、心臓病・ぜんそく・腎臓病・筋ジストロフィーなど慢性の疾患をもつ病弱児と、嘔吐・息切れなどが生じ一般の学校生活を送ることが困難と判断された虚弱児が在学している。また、心身症やなんらかの精神疾患をもつ在籍児の割合がここ十年間で急増している（文部科学省,2002）。
　感染症にかかりやすいため消毒した衣類によってかかわる必要のある子、痰の吸引や流動食の管による導入など医療的ケアが必要な子がいる。なお、慢性疾患であっても必ずしも病状が安定しているわけではない。
　② 　教育内容・方法の特徴
　病弱教育には、一般の小・中学校等に準じた教育目標、疾患の回復や健康管理に必要な知識・技能等を養う自立活動領域の目標、これら大きな二つの教育目標がある。個々の子どもの病状を配慮した時間割が組まれ、病状の変化にも柔軟に対応する。治療や生活規制のため指導時間が制約されるため、基本的事項など教科内容が精選された指導が行われている。
　③ 　配慮点と体験のポイント
　a ．自分の病気のことを話し、中には意見を求める者もいる。不確かな知識で曖昧な応答は決してしない。心理的不安・動揺など他人には計り知れないものがある。
　b ．細菌等への抵抗力が非常に弱い子もいる。風邪などうつさないよう体

調の管理に努める。子どもに接する前・後に、手洗いやうがいが必要な場合もある。自分が風邪をひいた場合など担当教師に必ずそのことを伝える。
c．進行性の疾患、慢性であっても急激に病状が悪化した場合など、不安定な精神状態にある子もいる。また、心身症等の症状を持つ子いる。これらの子と個々にかかわる際、臨床心理学等専門的知識・技能が必要な場合もある。受入先のオリエンテーション等によって、このような子との関わりの可否や、かかわる場合の留意点について十分に把握しておくことが必要である。
d．医療との連携に関する問題意識をもって体験する。

3．有意義な体験のために―基本的留意事項―

受け入れ先によって介護等体験の内容はまちまちである。運動会など学校行事やサマー・キャンプへの参加から、日常の教育活動への参加など多岐にわたる。活動の内容にあった適切な服装や必要なもの（体操着、水着、エプロンなど）を事前に確認し準備すること。また、受入先に関する資料（学校便覧・学校HP等）に目を通しておくことも大事である。

受入先は、学生一人一人を、将来教職に就く目的をもった責任感ある「一社会人」とみなし対応する。学校によっては、大学から来たボランティアではなく、「一先生」として児童生徒に紹介する場合もある。教師になるための体験活動という意識をもって行動すること。なんらかの事情で遅刻もしくは欠席する場合、受入先の担当者および大学の担当者への連絡を怠らないようにする。

学校生活全体が教育活動の時間である。休み時間やそうじ等の時間であっても、控え室で休息ばかりせず積極的に子ども達とかかわるなど体験時間を有効に活用する。放課後の課外活動への参加も体験メニューとして組まれている場合もある。

子どもの状態等の事情で公開されない教室もある。許可されていない場所に入ったりしないよう留意する。また、部外者が来ることにより興奮し普段とは違う行動をとる子もいる。体験中、子どもに事故がないよう安全面に心

がける。

　その他、一般社会や他の学校と同様に特殊教育諸学校においても、「挨拶」を人間関係を結ぶ上で最も基本的なものだとみなされている。自分から積極的にに挨拶すること。また、学校で見たり聞いたりした個人情報を外部に漏らさないよう細心の注意を払う必要がある。体験参加者にも守秘義務が課される。

　今後、冒頭で述べたように、クラスの子の個別性や教育的ニーズについて担任も少なからず把握し、特別支援教育担当者・コーディネーターと連携して教育する体制になる。また、福祉・医療等外部機関の専門家との連携を行うケースもあるだろう。「学習や生活に困難がある子は特殊教育専門の教師が担当する」という見解は過去のものとなる。全ての教師において特別支援教育に関する理解と基本的知識が必要な時代が来ると言っても過言ではない。特別支援教育に関する入門的・基礎的体験だという積極的意義づけをもって体験にのぞむことが重要である。

（小川　　巌）

第7節　その他の介護等体験を行う施設や機関

　介護等体験を行うことができる指定施設は36種類の施設であるが、すでに、第3章の第1節から第6節までに10施設及び特殊諸学校について解説された。ここでは利用者の多い生活保護法に基づく救護施設について紙幅の許される範囲で紹介する。

1．救護施設とは
(1)　救護施設の目的と概要

　生活保護法第38条2項によれば、救護施設は「身体上または精神上著しい障害があるために日常生活を営むことが困難な要保護者を入所させて、生活扶助を行うことを目的とする」とされている。救護施設への入居対象者は、基本的に生活保護受給を受けている措置入所者であることが前提となる。そして、その多くは身体障害・知的障害をもつ人たち、つまり障害が重複した

表3－7－1　救護施設数と在所者数や施設従事者数の推移

	1990年	'95	'99	2000	'01	'02	'03
施設数	173	174	177	178	177	180	180
定員数（人）	15,761	16,066	16,478	16,337	16,338	16,652	16,662
在所者数（人）	16,293	16,564	17,047	16,851	16,789	16,911	16,957
従事者数（人）	5,423	5,705	5,954	5,861	5,894	5,594	5,649

出典：厚生労働省，『社会福祉施設等調査報告』，財団法人厚生統計協会 編集，『国民の福祉の動向・厚生の指標』第51巻第12号，財団法人厚生統計協会，2004年

り、精神障害回復途上者やアルコール依存症の人など、一般的な福祉施設の枠内では対応が難しい人が数多く入所している。後述するようにこの救護施設は生活保護法に規定される保護施設の一種でその中でも利用者が圧倒的に多い施設である。

　1989年度から通所部門が設けられ、社会適応能力に欠ける居宅の要保護者の通所、あるいは入所者で退所可能な状態の場合は通所に切り替えて社会復帰・自立のための生活指導と訓練などを行う。1994年度からは、救護施設を退所した利用者などが地域社会で安定した自立生活を送るための相談援助事業が実施されている。

　2003年10月現在、全国に180の救護施設が設置されている。入所定員1万6662人、入所者数1万6957人、施設従事者数5649人となっている。救護施設は、5つある保護施設のうちで唯一増加傾向にあったが、最近は落ち着いてきており、定員が超過ぎみで利用者の入所待ち期間が比較的長くなっている。救護施設数および在所者数や施設従事者数の推移は（表3－7－1）を参照されたい。

　救護施設に関連し、生活保護法に規定されている保護施設について少しふれておきたい。保護施設は、居宅において生活を営むことが困難な人を入所させ、またはこれらを利用させるものであり、その目的により、救護施設、更生施設、医療保護施設、授産施設及び宿泊提供施設の5種類に分けられている（生活保護法第38条1項）。

　保護施設は第一種社会事業のなかでも重要なものであり、その設置主体については都道府県、市町村、社会福祉法人及び日本赤十字社に限られており、その設備、運営等については、厚生労働大臣の定める最低基準以上のもので

なければならないこととされている。さらに、保護施設は、被保護者に対する適正な保護を確保することを目的とした重要な施設であることから、都道府県知事が指揮監督機関となっている。

救護施設（保護施設）の義務としては、実施機関から保護の委託を受けたとき、正当な理由なくしてこれを拒んではならないこと、要保護者の入所または処遇に当たり、人種、信条、社会的身分等により、差別的または優先的な取り扱いをしてはならないこと等が定められている。

救護施設は、障害に応じた分類処遇的な対応水準は依然として低く、課題として施設の改善が最も強くのぞまれている施設である。救護施設の入所定員は50人以上となっており、250人以上を収容する大規模な施設もある。

(2) **救護施設利用者の特徴と支援職員**

多くの社会福祉施設が、年齢層別または障害分類別の施設へと専門化、細分化されてきているなかで、この施設の利用者は年齢40～50歳代の中高年層が50％以上を占め、そのほかの利用者は20歳代の青年層から80歳代の老年層まで幅広い。さらに、種類も程度も異なるさまざまな障害を持った男女を入所させるという、他にはあまりみられない施設であり、障害別の分類収容ではなく混合収容である。入所者の多くは家庭が解体しているか、または家族から見離され、孤立している人たちであり、個人では生活不能になっているのである。もっとも、他の社会福祉施設と違い、どのような種類の障害を持つ人でも入所できるのが特徴である。このため、食事や入浴、排泄、衣類の着脱など、一般的な介助のほか、リハビリテーションや職業訓練など総合的な治療、介護なども必要になる。

しかも、近年、入所者の高齢化や障害の重度化も目立っている。職員の勤務形態も変則的で、生活指導員や介護職員の場合、宿直や早番、遅番などがある。特に生活指導員は、施設管理・運営からケアマネジメント、ケースワーク、行政などの関係機関との連絡・調整などの業務が重視されるため、かなりの経験と人格的素養、体力が求められる。

また、作業訓練や機能回復訓練などの身体機能回復を専門的に行う理学療法士、作業療法士などのセラピストの配置は義務でないため、実際にほとん

どの施設には配置されていないのが現状である。生活指導員や介護職員（寮母）がこれら専門知識・技術を要求される場合がある。職員構成は施設長、生活指導員、介護職員、理学療法士（PT）、作業療法士（OT）、看護師、栄養士、調理師、嘱託医、事務職員等である。

(3) 利用者への支援（ケア）と施設での日課

利用者への支援（ケア）は、さまざまな障害や持病を持っている人々の介護と療育を主とした生活援助・サービスを中心とした生活援助機能と、社会復帰・自立のため準備・訓練をするという自立援助機能の2つの側面を持っている。救護施設の一日の代表的な日課表を表3－7－2で示した。この日課表は入所者の年齢層、障害状況、病状、男女の性差等の個別性を配慮して、また一人ひとり違った生活歴を持つ利用者の生活ニーズにこたえる必要がある。さらに、この日課表は生活の幅を広げるための支援を行う予定表のモデルでもある。こうしたサービスを具体的に行う方法として、次のような支援が施設で行われる。

（表3－7－2） 救護施設の一日の流れ（日課

時　間	日　課
7：00	起床・検温・洗面・身支度・清掃 介護朝食
8：00	朝食・食事の片付け、私物整理 ラジオ体操・朝礼・散歩
10：00	作業及び作業指導、生活指導、通院・リハビリテーション、クラブ活動
12：00	介護昼食・昼食・食堂の片付け 昼休み
14：00	ラジオ体操・作業指導・クラブ活動 作業・生活指導・休憩・間食
16：00	入浴・自由時間・清掃
18：00	介護夕食・夕食・夕食片付け
20：00	一般入浴・自由時間
22：00	消灯・就寝

K大学「平成14年社会福祉現場実習」（学生報告書）から

介助援助には、洗面、起床、就寝、食事、入浴、移動、衣服の着脱、おむつ交換をはじめ、洗濯、金品管理などが行われている。また医療面では、定期健診・診断、投薬など施設内治療のほか、施設外の通院治療もある。

体力づくりとしては、体操、散歩、機能回復訓練があり、文化教養活動としては、音楽、茶・華道、俳句、絵画、手芸、園芸などの自主的なクラブ活動をはじめ、社会見学、旅行、映画・演劇鑑賞などのレクリエーション活動

がある。さらに、施設の年中行事として、お花見やハイキング、旅行、地域の人々との交流を深める為に運動会、奉仕活動、盆踊り、クリスマス会などが企画される。ただし、利用者に対し宗教上の行為、祝典、儀式または行事に参加することを強制してはならないことが定められている。

　作業・機能回復訓練としては、リハビリの一環として、農耕作業、受託加工作業、環境整備などの作業が主なものである。それぞれの機能に応じた専門職員が配置され、これらの職員により、入所者の快適生活、施設処遇の充実・改善を図るように、常ひごろからたゆみない努力が続けられている。最近では入所者の状況にあわせ、全国的にも3分の1の施設で、社会経験を広げ、社会復帰、自立を目的とした地域職場実習（外勤）の試みが始まっている。

(4) 介護等体験のポイントと留意点

　介護等体験のポイントは、第3、5、6節での「事前学習の心構え」に詳しく書かれているので、しっかり目を通しておいて欲しい。特に障害者に接する場合の留意点は次の通りである（障害児・者施設N園提供）。

① 障害の程度で接するのではなく、利用者の人間性、個性、特徴、理解力をしっかりとつかむこと。
② わからない人たちという概念は捨てて接すること。今までに教えてもらったり、経験をしていないだけの場合もある。
③ 利用者の生活経験から得た社会性や年齢に応じたプライドは、私たちと同じである。
④ 人からの善意や好意や愛情は言葉で表わせなくても十分に感じ取っている。分からないと思って、その利用者のことをそばで話したりしないこと。
⑤ 利用者の感性は優れていて、接し方が与える影響が大きいことを心に留めておくこと。
⑥ 話す時はゆっくりしたテンポで、相手の理解できる言葉を選んで話すこと。
⑦ 言葉の理解が苦手な方には、手本を示し、手を添えてあげることも大切である。
⑧ 表現が苦手な方には、根気強さが必要で、ゆとりを持って話を聞き、

言葉のない方には、表情や態度を注意深く見れば伝えたいことも理解できる。
⑨　何事も本人が努力しているときは、せかさず、焦らず、そばで見守る。どうしてもできないで困っているときは、手助けも必要である。
⑩　集団に入ることが苦手な方もあり無理強いせずにその人の個性を尊重する。

以上をまとめると「常に利用者の方々の視点に立つ」つまり、学生自身が陥りやすい自己中心的な考え方でなく当事者意識を持つということである。

2．介護等体験を行う指定施設

文部科学大臣が定める介護等の体験を行う施設は「特例法施行規則」（平成9年11月26日文部省令第40号）の第2条に次のように指定されている。
①　児童福祉法に規定する；乳児院、母子生活支援施設、児童養護施設、知的障害児施設、知的障害児通園施設、盲ろうあ児施設、肢体不自由児施設、重症心身障害児施設、情緒障害児短期治療施設及び児童自立支援施設の10施設
②　身体障害者福祉法に規定する；身体障害者更生施設、身体障害者療護施設及び身体障害者授産施設の3施設
③　精神保健及び精神障害者福祉に関する法律に規定する；精神障害者生活訓練施設、精神障害者授産施設及び精神障害者福祉工場の3施設
④　生活保護法に規定する；救護施設、更生施設及び授産施設の3施設
⑤　社会福祉法に規定する；授産施設の1施設
⑥　知的障害者福祉法に規定する；知的障害者デイサービスセンター、知的障害者更生施設及び知的障害者授産施設の3施設
⑦　老人福祉法に規定する；老人デイサービスセンター、老人短期入所施設、養護老人ホーム及び特別養護老人ホームの4施設
⑧　介護保険法に規定する；介護老人保健施設の1施設
⑨　独立行政法人国立重度知的障害者総合施設のぞみ園法の規定による；独立行政法人国立重度知的障害者総合施設のぞみ園が設置する施設
⑩　前⑨号に掲げる施設に準ずる施設として文部科学大臣が認める施設

(これに関しては文部省告示187号で指定された7施設が別にある)
　介護等体験特例法施行規則で定められた36種類の施設の内、既に第1節から第7節で詳しく紹介された11施設を除いて、残された施設に関して目的概要と法的根拠を一覧（表3－7－3）で示す。

(福本　幹雄)

表3－7－3　介護等体験を行う施設の目的と法的根拠の一覧

施　設　名	施設の目的概要と法的根拠
母子生活支援施設	配偶者のない女子またはこれに準ずる事情のある女子及びその者が監護すべき児童を入所させて、保護するとともに自立の促進のために生活を支援する。(児童福祉法 第38条)
盲ろうあ児施設	盲児（強度の弱視児を含む）又はろうあ児（強度の難聴児を含む）を入所させ独立自活に必要な指導または援助をする。(児童福祉法 第43条の2)
肢体不自由児施設	肢体不自由のある児童を入所させ治療するとともに、独立自活に必要な知識技能を与える。(児童福祉法 第43条の3)
重症心身障害児施設	重度の知的障害と重度の肢体不自由が重複する児童を入所させ、治療するとともに、治療及び日常生活の指導をする。(児童福祉法 第43条の4)
情緒障害児短期治療施設	軽度の情緒障害を有する児童を短期間入所させ、又は保護者の下から通わせて、その情緒障害を治す。(児童福祉法 第43条の5)
児童自立支援施設	不良行為をなし、又はなすおそれのある児童及び家庭環境やその他の環境上の理由により生活指導等を必要とする児童を入所させ、又は通わせて、個々の児童に応じて必要な指導を行いその自立を支援する。(児童福祉法 第44条)
身体障害者更生援護施設	身体障害者を入所させて、その更生に必要な治療又は指導、訓練を行う。(身体障害者福祉法 第29条)
身体障害者療護施設	常時介護を必要とする身体障害者を入所させて、治療及び養護を行う。(身体障害者福祉法 第30条)
身体障害者授産施設	身体障害者で雇用されることの困難なもの又は生活に困窮する者を入所させて、必要な訓練を行い職業を与えて自活させる。(身体障害者福祉法 第31条)
精神障害者生活訓練施設	家庭において日常生活を営むのに支障がある精神障害者が日常生活に適応できるよう、低額な料金で居室その他の施設を提供し、必要な訓練及び指導を行うことにより、社会復帰の促進をはかる。(精神保健及び精神障害者福祉に関する法律 第50条)
精神障害者授産施設	雇用されることの困難な精神障害者が自活することができるように低額な料金で必要な訓練を行い、および職業を与

	えて、社会復帰の促進を図る。(精神保健及び精神障害者福祉に関する法律 第50条)
精神障害者福祉工場	職業を得ることが困難な精神障害者を雇用し、社会生活への適応に必要な指導を行う事により、社会復帰の促進および社会経済活動への参加の促進をはかる。(精神保健及び精神障害者福祉に関する法律 第50条)
更生施設	身体上または精神上の理由により、養護および補導を必要とする要保護者を入所させ、生活扶助を行う。(生活保護法第38条)
授産施設(生活保護法)	身体もしくは精神上の理由により又は家庭の事情で、就業能力の限られている要保護者に、就労または技能の修得に必要な機会及び便宜を与え、その自立を助長する。(生活保護法 第38条)
授産施設(社会福祉法)	労働力の比較的低い生活困窮者に対し、施設を利用させることによって、就労の機会を与え、又は技能を修得させ、その保護と自立更生をはかる。(社会福祉法 第2条)
老人デイサービスセンター	65歳以上の者で身体上又は精神上の障害がある為、日常生活を営むのに支障がある者を通わせ入浴、食事、機能訓練、介護方法の指揮その他の便宜を提供する。(老人福祉法第20条の2)
老人短期入所(ショートステイ)施設	65歳以上の者で、養護者の疾病その他の理由で、居宅で介護を受ける事が一時的に困難となった者を短期入所させ養護する。(老人福祉法第20条の3)
老人保健施設の準ずる施設	介護保険法に規定する老人保健施設に準ずる施設で文部科学大臣が認める施設。(介護保険法)
有料老人ホーム(＊)	常時10人以上の老人を入所させ食事やその他日常生活上必要な便宜を供与する事を目的とし介護サービスを提供する施設。(老人福祉法第29条)
文部省告示第187号で指定された施設(平成9年11月26日)	①児童デイサービス事業を行う施設(児童福祉法第6条の2) ②身体障害者デイサービス事業を行う施設(身体障害者福祉法第4条の2、身体障害者デイサービス事業運営要綱)＊＊ ③在宅知的障害者デイサービスセンター(在宅知的障害者デイサービス事業実施要綱)＊＊ ④地域福祉センター(老人福祉法第10条の4、地域福祉センター措置運営要綱) ⑤原爆被弾者養護ホーム(原爆被爆者に対する援護に関する法律第39条) ⑥指定国立療養所等(児童福祉法第27条の2)

注) 表中の(＊)印の施設は文部省告示第187号で指定された施設である
　＊＊印は第3節で詳しく解説されている

参考文献

① 飯田　進他編,『養護内容総論』, ミネルヴァ書房, 2002年
② 宇部短期大学保育学科実習運営委員会編・発行,『平成13・14年度社会福祉施設実習報告書集』, 2003年
③ 社会福祉法人　東京都社会福祉協議会編・発行,『介護等体験マニュアルノート―社会福祉施設―』, 2005年
④ 伊達悦子・辰巳　隆,『保育士をめざす人の養護原理』, みらい, 2004年
⑤ 徳田克巳・名川　勝編,『介護等体験の手引き―介護・介助の基本技術と体験のポイントを完全網羅』, 協同出版, 2002年
⑥ 船津守久・河内昌彦・李木明徳,『介護等体験における人間理解―教師を志すあなたへ―』, 中央法規, 2001年
⑦ 保育法令研究会監,『平成17年度　保育小六法』, 中央法規, 2005年
⑧ 山縣文治・林　浩康編,『よくわかる養護原理』, ミネルヴァ書房, 2005年
⑨ 吉澤英子・小舘静枝編,『保育・監護・福祉プリマーズ③　養護原理』, ミネルヴァ書房, 2003年
⑩ 蒲生俊之,「障害者福祉の制度サービス」, 大友信勝・遠藤久江・北川清一編著,『障害児のある人々の生活と福祉−障害者福祉入門−』, 中央法規, 2000年
⑪ 池田一成,「視覚障害児の発達と教育」, 菅野敦ら編著,『新版　障害者の発達と教育・支援−特別支援教育／生涯発達支援への対応とシステム構築−』, 山海堂, 2004年
⑫ 香川邦生,『改訂版　視覚障害教育に携わる方のために』, 慶応義塾大学出版会, 2000年
⑬ 木舩憲幸,「運動の障害−肢体不自由と重度・重複障害児の教育−」, 井谷善則・今塩屋隼男編著,『障害児教育』, ミネルヴァ書房, 2001年
⑭ 小林重雄監修・園山繁樹・内田一成編著,『福祉臨床心理学』, コレール社, 2002年
⑮ 日本知的障害福祉連盟,『発達障害白書2004.』, 日本文化科学社, 2003年
⑯ 民秋言,『平成15年度版ハンドブック　教育・保育・福祉　関係法令集』, 北大路書房, 2003年
⑰ 上林宏文,「運動障害、重度・重複障害児の発達と教育」, 菅野敦ら編著,『新版　障害者の発達と教育・支援−特別支援教育／生涯発達支援への対応とシステム構築−』, 山海堂, 2004年
⑱ 山口洋史,『障害者福祉論』, コレール社, 2003年
⑲ 日本知的障害福祉連盟編,『発達障害白書−2005年版−』, 日本文化科学社, 2004年
⑳ 日本知的障害者福祉協会,『平成15・16年度全国知的障害児・者施設実態調査報告書』, 2005年
㉑ 中嶋和夫編,『チャレンジ介護等体験』, ナカニシヤ出版, 2004年
㉒ 山本和儀編,『福祉領域のリハビリテーション』, 医歯薬出版, 2004年
㉓ 三浦文夫編,『図説高齢者白書』, 全国社会福祉協議会, 2004年
㉔ 高齢者痴呆介護研究・研修東京センター,『新しい介護を創るユニットケア』, 高齢者痴呆介護研究・研修東京センター, 2004年
㉕ 大沼直樹・吉利宗久,『特別支援教育の理論と方法』, 培風館, 2005年
㉖ 井谷善則・今塩屋隼男,『MINERVA教職講座13　障害児教育』, ミネルヴァ書房, 2001年

㉗ Mainichi Interactive（http://www.mainichi-msn.co.jp/），「手話による授業を求め，人権救済申し立て」，毎日新聞社，2003年
㉘ 文部科学省，『今後の特別支援教育の在り方について（最終報告）』，特別支援教育の在り方に関する調査協力者会議，2003年
㉙ 文部科学省，『就学指導資料』，文部省初等中等教育局特別支援教育課，2002年
㉚ 文部省，『聴覚障害児のコミュニケーション手段について（報告）』，聴覚障害児のコミュニケーション手段に関する調査研究協力者会議，1993年
㉛ 山口洋史，『これからの障害児教育』，ミネルヴァ書房，2004年
㉜ 『新版 社会福祉士養成講座6 公的扶助論』，中央法規，2003年
㉝ 財団法人厚生統計協会 編集，『国民の福祉の動向・厚生の指標』第51巻第12号，通巻803号，財団法人厚生統計協会，2004年
㉞ 現代教師養成研究会編，『介護体験ハンドブック改訂版』，大修館，2003年
㉟ 厚生労働省監修，『厚生労働白書』平成16年版，ぎょうせい，2004年

第4章　社会福祉の仕事

すでに社会福祉分野における各種の法制度とそれに基づく各種の社会福祉施設について解説がなされた。本章では社会福祉の仕事とその内容についてふれる。一口に社会福祉の仕事と言っても、その職種は高齢者から障害者（身体障害者、知的障害者、精神障害者）、児童、低所得者など福祉サービスの利用者によってさまざまである。
　本格的な少子高齢者社会が到来すると予測される中で、社会福祉ニーズの多様化に対応できる人材育成が国民的課題となっている。第1節では、社会福祉従事者の現状と、その人材養成について、さらに、その仕事に求められる社会福祉の資格や種類に関して第2節で解説する。福祉の仕事の内容と活躍する職場・施設について第3節で述べる。

第1節　社会福祉事業の量的拡大

1．人気上昇の社会福祉の仕事

　毎年夏休み前後に各都道府県で〝福祉の職場就職フェア〟が開催される。これは、福祉人材センター主催で社会福祉協議会共催の就職フェアである（前頁の写真はその風景：大阪人材センター提供）。このフェアに各福祉施設の人事担当者がブース（就職相談コーナー）を出すもので、この参加施設数や求人数は年々増加の一途をたどっている。しかし、大阪人材センターによれば、求職の来場者数はここ数年は4000人から5000人の間で横ばい状態にあるとの話である。しかし、社会福祉の仕事に対する人気は高い水準にあり、社会福祉施設の職員募集に応募者が10倍以上になることもまれではない。これは、社会福祉の仕事には公共性があり、不況の影響を受けにくい安定した職場として認められている証拠ともいえる。
　さらには、もう一つの大きな理由として、21世紀の日本社会の特徴として高齢者の急増と少子化がある。その対策として、3プランといわれる「ゴールドプラン21」、「新エンゼルプラン」、「新障害者プラン」などの福祉サービスの達成すべき数値目標がある。ノーマライゼーション（通常化・普通の生活）による高齢者および障害者の地域での自立や社会参加、子ども保育など、人々が健康で充実した生活を送るために求められる福祉サービスのニーズは、ますます多様化、高度化する一方である。

これに対応して社会福祉事業を適切に実施する観点から社会福祉従事者の確保のために、基本指針が策定され、福祉人材センターの設置がなされたのである。この福祉人材センターや人材確保の施策については、詳しく後述する。次に社会福祉事業及びそれに従事する職員数の推移についてふれておきたい。

２．社会福祉事業の従事職員数の推移

上述した社会福祉の仕事の拡大する背景から、ここ数年、社会福祉事業に従事する職員は着実に増加し、2003年10月で154万人に及んでいる。

これら職員は、社会福祉施設、社会福祉行政機関（福祉事務所、児童相談所ほか）や社会福祉協議会の職員と各種の相談員、ホームヘルパー（訪問介護員）であり、それぞれの職員数は表４－１の通りである。特に、社会福祉施設の職員は全体の70％を占めており、これは「新ゴールドプラン」から

表４－１　社会福祉従事職員数の推移　　　　　　　　　　　　　（単位：人）

	1998年	1999年	2000年	2001年	2002年	2003年
総　　　　数	1,162,347	1,243,531	1,377,655	1,422,749	1,412,269	1,544,298
社会福祉施設職員	881,861	936,058	1,061,366	1,068,281	1,015,980	1,088,041
ホームヘルパー	157,711	176,450	177,909	233,840	272,411	328,659
そ　の　他	122,775	131,023	138,380	120,628	123,878	127,598

出典：財団法人厚生統計協会　編集、『国民の福祉の動向』第51巻第12号，2004年p210及び第52巻12号，2005年p204から筆者作成

「ゴールドプラン21」への進展に伴う老人福祉施設などの増加や施設運営費の改善などが主な要因となっている。

また一方、社会福祉への国民的関心の高まりとともに福祉ニーズの多様化と拡大が進み、対象者の処遇には高度の専門的技術が要望され、これに対応した職員の配置が必要とされてきている。社会福祉の各分野に従事する職員の職種（名称）は下記するように多種多様なものとなっている。

(1) 社会福祉施設の職員
　施設長、生活指導員、児童指導員、児童自立支援専門員、寮母、保育士、児童生活支援員、職業指導員、心理判定員、職能判定員、医師、保健師、助産師、看護師、理学療法士、作業療法士、栄養士、調理員、事務職員等
(2) ホームヘルパー（訪問介護員）
(3) 福祉事務所の職員
　所長、査察指導員、身体障害者福祉司、知的障害者福祉司、老人福祉指導主事、家庭児童福祉主事、現業員、面接相談員、家庭相談員、嘱託医、事務職員など
(4) **児童相談所、身体障害者更生相談所、婦人相談所、知的障害者更生相談所の職員**
　所長、児童福祉司、相談員、心理判定員、職能判定員、児童指導員、保育士、ケースワーカー、医師、保健師、看護師、事務職員など
(5) 各種相談員
　身体障害者相談員、婦人相談員、知的障害者相談員、母子相談員
(6) 社会福祉協議会の職員
　企画指導員（全国）、福祉活動指導員（都道府県・指定都市）、福祉活動専門員（市町村）

　　　（出典：財団法人厚生統計協会　編集、『国民の福祉の動向』第51巻第12号，2004年）

　わが国の社会福祉事業の担い手である職員の名称は以上の通りであるが、国民が要望する社会福祉の増進や向上を図るためには、これらの職員の資質の向上、あるいは人材の確保は、欠かすことのできない最も重要な課題である。

3．社会福祉分野への人材確保の施策

　21世紀における超高齢社会の到来と少子化を迎え、社会福祉を取り巻く環境は急速に変化してきている。1989年に当時の厚生省、大蔵省、自治省の三省協議により「高齢者保健福祉推進10ヵ年戦略」（ゴールドプラン）が策定された。これは、2000年に至るまでの10ヵ年に行う在宅福祉対策の緊急整備を施設の緊急整備と合わせて具体的な数字によって目標を提示したものであった。1990年には福祉関係8法（社会事業法、老人福祉法、身体障害者福祉

法、知的障害者福祉法、児童福祉法、母子及び寡婦福祉法、老人保健法、社会福祉・医療事業団法）が改正された。

　これを担う社会福祉事業従事者の確保など進めていくために、1993年度には保健医療・福祉マンパワー対策本部を設置し、21世紀の高齢化に対応したマンパワーの確保策について検討を行い、処遇改善、資質の向上、社会福祉、介護福祉などの専門資格の取得者の活用、就業の促進を含め総合的な人材確保のあり方の提言を行った。

　これを受けて厚生大臣が社会福祉事業従事者の確保と国民の社会福祉に関する活動への参加の促進を図るための措置に関する基本方針を定め、都道府県福祉人材センター、中央福祉人材センターに関する規定が盛り込まれた。社会福祉事業に従事する者の福利厚生の向上を図ることを目的とした福利厚生センターが創設され、福祉人材確保法1992年や福祉人材確保指針1993年に基づき総合的な社会福祉事業従事者の確保対策を推進してきている。

　1994年には中央人材センターと福祉人材センターの全都道府県設置が行われた。前述した3プラン「ゴールドプラン21」、「新エンゼルプラン」、「新障害者プラン」の数値目標の着実な推進、介護保険制度や支援費制度の円滑な施行と社会福祉基礎構造改革の推進のためにその基盤となる人材の養成確保が必要であるとされている。

（福本　幹雄）

第2節　社会福祉の各種資格制度

1．基本的資格制度の背景

　高齢化社会の進展とともに、戦後40年を経て豊かな経済社会を実現し、国民の福祉に対するニーズも多様化、高度化したことから、1987年3月、「福祉関係者の資格制度について」の意見具申が行われた。わが国において福祉関係専門職の国家資格の制定が準備されることとなった。資格制度の法制化が必要とされる理由は3点あげられる。

　第1に、わが国が高齢者と福祉ニーズへの専門的な対応が必要となったこと、第2に、国際的な観点からみて、わが国が他の先進諸国と比べ福祉専門

職の養成に立ち遅れていることから資格制度の確立が望まれること、第3に、シルバーサービスの動向からも資格制度が必要とされる、ということである。このような背景から「社会福祉士及び介護福祉士法」が公布され、1988年4月に全面施行された。これにより、日本で初めての、かつ、世界でも例を見ない国家資格制度が誕生した。

2000年6月の中央社会福祉審議会社会福祉構造改革分科会による「社会福祉構造改革について(中間まとめ)」を踏まえ、福祉専門職の教育課程等に関する検討会を設けて検討し、2001年3月の同検討会報告書に沿って、社会福祉士養成施設と介護福祉士養成施設の教育課程の見直しを行った。主な改正内容は、介護保険制度、ケアマネジメント、人権尊重などに関する内容の強化であり、福祉ニーズの多様化に対応するための見直しとなっている。

「精神保健福祉士法」は新しく1998年に施行された。これは精神障害者の保健と福祉に関する専門的知識と技術をもって、精神障害者の社会復帰に関する相談援助を行う者として、国家資格制度を創設することになったものである。

次に、社会福祉の基本的な資格、これらは、ほとんどが国家資格となっている。さらに、社会福祉分野に関連する資格及び職種について具体的に解説する。

2. 社会福祉の基本的資格

(1) 社会福祉士

1987年「社会福祉士及び介護福祉士法」の制定によって生まれた国家資格である。社会福祉士は、福祉サービスを求める人々の個々の状況を的確に把握し、高齢者や障害者、あるいはその介護をしている家族に対して適切な相談援助、時には利用者を代弁し、他の専門職と連携しながら、すべての利用者がその人らしい生活を実現できるよう個別的に支援する社会福祉の専門家である。

資格取得の方法は、年1回の国家試験に合格する必要がある。受験資格は福祉系の大学で指定科目を履修する、あるいは厚生労働大臣の指定する養成施設を卒業する等、ルートは11あるといわれている。試験科目は①社会福祉

原論、②社会保障論、③公的扶助論、④地域福祉論、⑤心理学、⑥社会学、⑦法学、⑧医学一般、⑨老人福祉論、⑩障害者福祉論、⑪児童福祉論、⑫社会福祉援助技術、⑬介護概論の13科目である。

(2) 介護福祉士

　介護福祉士は介護業務に従事する人の資格向上をめざして、1987年「社会福祉士及び介護福祉士法」によって生まれた国家資格である。専門的な知識や技術により、身体が不自由な高齢者や障害者に、入浴・排泄・食事・衣服の着脱や移動など、さまざまな身の回りの介護を行う。また、介護者である家族への助言、指導も行う介護の専門家である。

　資格取得の方法は、実務経験3年の後に国家試験に合格する方法と専門の養成施設（大学、専門学校等）を卒業する方法等がある。

　国家試験を受験する場合の試験科目は①社会福祉概論、②老人福祉論、③障害者福祉論、④リハビリテーション論、⑤社会福祉援助技術、⑥レクリエーション活動援助法、⑦老人・障害者の心理、⑧家政学概論、⑨医学一般、⑩精神保健、⑪介護概論、⑫介護技術、⑬形態別介護技術の13科目であるが、これ以外に介護に関する実技試験がある。

(3) 精神保健福祉士

　精神障害者を対象に、その疾患の治療上の問題を解決したり、社会復帰を図るための援助や相談、また、病院を退院後の住居や再就労の場の選択などについての助言・指導、日常生活への適応のための訓練などを行う専門職で、1997年に「精神保健福祉士法」が制定され、従来のPSWに代わり、国家資格として創設された。

　資格取得の方法は、年1回の国家試験に合格する必要がある。受験資格は保健福祉系の大学で指定科目を履修する、あるいは厚生労働大臣の指定する短期養成施設で修学する等多数のルートがある。試験科目は①精神医学、②精神保健学、③精神科リハビリテーション学、④精神保健福祉論、⑤精神保健福祉援助技術、⑥社会福祉原論、⑦社会保障論、⑧公的扶助論、⑨地域福祉論、⑩心理学、⑪社会学、⑫法学、⑬医学一般の13科目。尚、社会福祉士

であれば⑥〜⑬の科目が免除される。

(4) 介護支援専門員（ケアマネジャー）

　2000年に施行された介護保険制度に合わせて作られた国家資格である。介護保険の利用者の相談に応じ、その心身の状況により、適切な居宅（在宅）サービスや施設サービスを利用することができるよう、市町村や居宅サービス事業者、介護保険施設などとの連絡・調整あるいは介護サービス計画（ケアプラン）の作成などを行う専門職である。

　資格取得の方法は複雑なのでよく調べる必要がある。一般的には看護師、保健師、理学療法士、作業療法士、社会福祉士、介護福祉士、言語聴覚士、栄養士、薬剤師、助産師、医師などの資格をまず取得する。そのうえで福祉現場などで実務を5年以上経験し、都道府県の指定法人が実施する実務研修試験に合格後、32時間以上の実務研修を修了し、資格を取得することになる。

(5) ホームヘルパー（訪問介護員）

　ホームヘルパーは、日常生活を送るのに何らかの支障のある在宅の高齢者、障害者などの家庭を訪問し、その生活基盤を整え、必要な事柄について具体的な援助を行う人である。具体的な仕事内容としては、調理、掃除、買い物、食事の世話、洗濯、排泄、入浴の世話など在宅福祉のキーパーソンとして大いに期待される。正確には資格ではなく、ホームヘルパー養成研修の修了という取扱いである。研修は1級（230時間）、2級（130時間）、3級（50時間）となっている。

(6) 保育士

　1947年に制定された「児童福祉法」に規定された国家資格である。これまで「保母」と呼ばれていたが、1999年より保育士と名称変更された。児童の発育に合わせて各段階で、社会性を身につけ、自立を促すよう指導していくことが仕事である。育児に不安を持つ親（保護者）への適切なアドバイスを行うことも重要な仕事の一つである。

　保育士は児童福祉施設職員の中で最も多数を占め、あらゆる児童福祉施設

に配置されている。1996年現在、約24万9000人の者が保育士として従事している。中でも保育所に勤務している者が圧倒的に多く、約23万人。これは全保育士数約90％に相当する。資格取得の方法は、実習等がカリキュラムに含まれている養成校を卒業し同時に資格を得るルートが一般的（約8割以上）だが、別に都道府県単位で実施される保育士試験に合格して取得する方法もある。

3．社会福祉分野に関連する資格及び職種

(1) **理学療法士**（PT：physical therapist）

　医師の指示のもとに、身体に傷害があるためにおこる運動障害や痛みの軽減をはかること、失われた身体機能を最大限に回復させることを目的としてマッサージ、治療体操、温熱・光線・電気療法、スポーツなどの物理的な治療を行う。リハビリテーションの専門技術者である。理学療法士は国家資格で「理学療法士及び作業療法士法」1966年施行に基づく国家試験に合格する必要がある。

(2) **作業療法士**（OT：occupational therapist）

　作業療法士は医師の指示のもとに身体または精神に障害のあるものが、手芸工作その他の作業を行い、その応用動作能力や社会適応能力の回復を図ることを目標に援助を行う専門職である。作業療法士の資格取得は、「理学療法士及び作業療法士法」1966年施行に基づく作業療法士国家試験に合格し、厚生労働大臣から免許を得なければならない。

(3) **看護師**

　看護師の仕事は「診療の補助と療養上の世話」であると「保健婦助産婦看護婦法」（1948年制定）に記されている。現在では、単に医療の場で、病気やけがの人あるいは妊産婦にかかわるだけでなく、あらゆる健康状態の人に対して健康の保持増進に努めるという幅の広い仕事をするための資格である。2002年の法改正で「看護師」と名称が統一された。

　資格取得には、国家試験に合格する必要がある。看護師、準看護師の就業

者は2000年末で約100万人である。医療分野での勤務が圧倒的に多いが、福祉分野も訪問看護サービスステーション等の数も増え、看護師に対するニーズはますます高まっている。

(4) **保健師**
　保健師は地域の住民の健全な生活に不可欠な保健指導や健康相談を行うことをおもな仕事としている。活動の目的は、疾病の予防、健康増進、環境衛生など、公衆衛生活動にある。保健所や保健センターで仕事をするだけでなく、各家庭を訪問して、公衆衛生活動を行っている。

(5) **言語聴覚士（ST：speech-language-hearing therapist)**
　言葉機能や聴覚に障害をもつ人に対し、機能の維持向上のために、医師の指示により訓練や必要な検査を行い、本人や家族に対し指導、助言を行う。一般的にST（スピーチ・セラピスト）と呼ばれる。言語障害からくるコミュニケーション障害を軽減するための専門職種である。資格取得には、国家試験に合格する必要がある。受験資格は、大学で指定科目を履修、あるいは指定養成所等を卒業、など8通りの方法がある。現在、指定養成所20校以上ある。

(6) **視能訓練士（ORT：orthoptist)**
　斜視や弱視などの両眼視機能障害がある人に対して、機能回復のための矯正訓練を行ったり、必要な検査（視力・屈折・調整・視野・色覚・光覚・眼圧などの諸検査）を行い、医師の診断の基礎となる検査結果を提供することを業務とする専門職で国家資格である。
資格取得には、国家試験に合格する必要がある。

(7) **栄養士**
　栄養士は「栄養士法」（1947年制定）に基づき、食生活の提案、指導、助言を行ったりするのが仕事。食事そのものの作成にかかわる食事管理を行う資格である。社会福祉施設のほか、学校、病院、行政機関保健所，給食センター、食品会社などで活躍している。資格を得るには、厚生労働大臣が指定

した養成施設を卒業後、都道府県に申請して免許が受けられる。

(8) **医療ソーシャルワーカー（MSW）**

病気や障害で患者や家族が心理的、社会的、経済的な問題を抱えた場合、あるいは退院後の地域での自立生活問題などを解決できるように、保健医療機関の中で相談、援助にあたる。長年にわたりMSWの国家資格化を求める運動が進められているが、未だに実現していない。

(9) **調理師**

調理師は「調理師法」（1958年制定）に基づき、都道府県知事の免許を受けて調理師として資格を得る。今日では、第三者に食事を提供するには調理師の資格をもつのが当然とされるようになった。各福祉施設では給食施設での調理担当、栄養士が作成した献立に基づいて、毎日の食事を作るのだが、材料の仕込みや味付け、大型調理器具の使用など、給食調理としての知識と技術が要求される。食中毒をださないように、毎日の衛生管理も重要な仕事である。

(10) **手話通訳士**

聴覚障害者のコミュニケーション手段には、相手の口元を見て言葉を読み取る方法（読話・口話法）もあるが、手話が有効な手段としてよく使われる。手話通訳士は手話を使って聴覚障害者のコミュニケーションの手助けをする専門職種である。専門的知識と技能を社会的に保証する目的で、厚生労働省によって手話通訳技能認定試験（手話通訳士試験）が実施されている。1次試験で学科試験があり、2次試験で実技試験がある。

(11) **義肢装具士（PO：prosthetist and orthotist）**

1987年に「義肢装具士法」が制定され、国家資格となった。事故や病気などで手足を失った、あるいは機能が低下して手足が不自由な人たちに、義肢や装具といった機能の代替になるものや、治療のための器具・機械を製作する仕事を行う。アフターケアも重要で、医師の指示のもとに失われた機能を回復する手助けをする。

資格を得るには、国家試験に合格する必要がある。受験資格は厚生労働大

臣が指定した養成施設（5校しかない）を卒業した者しか与えられない。

(12) **臨床心理士**

臨床心理士は、心の問題や悩みを心理学に基づいて解決に導くために、臨床的な心理学の技法を用いる専門職である。カウンセラー、サイコセラピスト、心理指導員などと称され病院、児童相談所、教育研究所などで主に活躍している。資格を得るには、1988年に認可された㈶日本臨床心理士資格認定協会が行う認定試験に合格すること。1次の筆記試験と2次の口述面接試験が課せられる。

(13) **社会福祉主事などの任用資格**

社会福祉主事は、「福祉六法」（生活保護法、児童福祉法、母子・寡婦福祉法、知的障害者福祉法、老人福祉法、身体障害者福祉法）に基づいて、各種行政機関や福祉施設で、保護・援助を必要とする人のために相談・指導・援助の業務を行う。

任用資格は、ほかの国家試験や認定資格と違い、試験等を受け、その合否によって得るものではなく、大学、短期大学、専門学校などで指定された科目を履修することで決まる。公務員として公的機関や関連部署に勤めて、はじめて、任用されるものである。現在、福祉関連の任用資格には児童福祉司、児童指導員、児童厚生員、母子指導員などがある。

(14) **生活指導員・生活相談員**

生活指導員（生活相談員）は社会福祉施設利用者への相談援助を中心に、施設での生活全般にかかわる指導の計画や立案を行い、一人ひとりに直接かかわりあいながら自立生活を援助する仕事である。老人福祉施設の指導員と心身障害者福祉施設の指導員の2種類に分けられる。老人福祉施設の生活指導員は施設利用者の生活全般にわたるよきパートナーとして、介護職員（寮母・寮夫）と並んで中心的役割を担っている。心身障害者施設の生活指導員は入所者の基本的な生活援助が中心となる。利用者の健康管理、安全な環境の維持という仕事がある。

⑮ 介護職員（寮母・寮夫）

　介護職員（寮母・寮夫）は老人福祉施設や心身障害者福祉施設などで生活する高齢者や心身に障害のある方々が安心して生活をしてもらえるように、生活全般についてお世話をする仕事である。特に身の回りのさまざまな介護に関する援助が中心になる。寮母・寮夫の呼び名は、厚生労働省の決めた施設職員の設置基準に基づく職名である。最近では、専門性を表わす呼称として「ケアワーカー」「介護職員」などの名称を使う。特別な資格制度はなく、健康で熱意のある人なら誰でもこの仕事につくことができる。

⑯ 盲導犬訓練士（盲導犬歩行指導員）

　盲導犬（目の見えない人の歩行を助けるために特別に訓練された犬）の育成と訓練をするものを一般に盲導犬訓練士（盲導犬歩行指導員）というが、盲導犬の管理と視覚障害者の歩行指導もする。盲導犬訓練にたいする資格は、国が指定した盲導犬の訓練を目的とした法人に対して与えられるもので、個人には与えられない。

⑰ 福祉住環境コーディネーター

　バリアーフリー建築への助成拡充や、介護保険制度の開始で住宅改修需要は増大し、生活の質（QOL）の向上を第一に考え適切な改修提案を行い得る人材として、この資格に寄せられる期待は大きいものがある。東京商工会議所が認定する資格で、3級、2級、1級がある。試験はマークシートによる選択方式である。

（福本　幹雄）

第3節　社会福祉の仕事の内容

1．社会福祉施設の種類

　前節で述べた社会福祉の各種資格制度の解説で、社会福祉分野の仕事の内容について、ある程度、推測ができたのではないだろうか。一方、『厚生労働白書（平成16年版）』にあるように社会福祉施設の種類は96種あることに

なっている。施設総数は82,270施設であり、施設入所および利用者総数は約285万人（2002年10月現在）に上っている。

　この96種類もの社会福祉施設の目的や仕事の内容について全て解説することは紙幅の関係で無理がある。この内で介護等体験を行う指定福祉施設は第3章、第7節で述べたように、36種の施設である。ここでは、利用者あるいは在所者数が多い代表的な社会福祉施設・機関等に焦点を当てて、各法律に基づく施設の目的と仕事の内容及び職員構成について簡単に解説したい。社会福祉施設には第1種社会福祉事業と第2種社会福祉事業とがあり、第1種は公共性の高い入所型の生活施設等の社会福祉事業とされ、第2種は在宅福祉サービス等の社会福祉事業とされている。

　仕事の内容は同じでも施設・機関によって職種（職員）の名称が異なるので注意が必要である。例えば、「介護福祉士」という『資格』を持つ人は「特別養護老人ホーム」や「身体障害者療護施設」などの職場では「介護職員」や「寮母・寮夫」という職種にもつくが、「在宅福祉サービス」の分野では「ホームヘルパー」という職種につく等である。尚、ここでは、介護等体験の指定施設以外の社会福祉施設の仕事内容も紹介する。

2．高齢者（施設・機関など）にかかわる仕事の内容
(1)　特別養護老人ホーム（老人福祉法第20条の5）

　65歳以上の者であって、身体上又は精神上著しい障害があるために常時の介護を必要とし、かつ、居宅においてこれを受けることが困難な者を入所させ、養護する。職員構成は、寮母（介護職員）、生活指導員、看護師、医師、介助員（作業療法士、理学療法士等）といった直接入所者の介護にかかわる福祉職と直接介護に関わらない施設長、事務員、調理師、栄養士など二通りがある。

　介護保険制度で、要介護者と認定された高齢者を対象に、介護サービス計画（ケアプラン）に基づいて、必要な介護サービスを提供する。日常の生活問題を抱えて、入所している高齢者（原則として65歳以上）に対し生活全般にわたって援助する仕事である。

　実際に職員のなかで最も多くを占めているのは寮母であり、入所者の食事

介助、入浴の介助、排泄介助などの身の回りの介護などの仕事をこなしている。

(2) 養護老人ホーム（老人福祉法第20条の4）
　65歳以上の者であって、身体上又は精神上あるいは環境上の理由及び経済的理由により居宅において養護を受けることが困難なものを入所させ、養護する。
　職員構成は上述した特別養護老人ホームとほぼ同様である。仕事の内容も食事の提供、入浴など日常生活に必要なサービスが中心となる。生活を続けていくうちに高齢化し、認知症や寝たきりなる場合も増加している。特別養護老人ホームと同じような仕事の内容になる傾向にある。

(3) 軽費老人ホーム（老人福祉法第20条の6）
　無料又は低額な料金で、老人を入所させ、食事の提供その他日常生活上必要な便宜を提供する。A型、B型、ケアハウスがある。
　職員構成は上述した特別養護老人ホームとほぼ同じである。A型は給食型、B型は自炊型、ケアハウスは全室個室で居宅サービス（特定施設入所者生活介護）を受けることができ、ケアハウスの数が圧倒的に多い。原則として60歳以上、または一方が60歳以上の夫婦が入所条件。仕事の内容は給食や入浴、リハビリテーション、健康管理、余暇活動への相談・助言などが中心である。

(4) 老人福祉センター（老人福祉法第20条の7）
　無料又は低額な料金で、地域における高齢者の各種の相談に応じ、健康の増進や文化・教養、レクリエーションなどのサービスを総合的に提供する。
　職員構成は施設長、相談・指導業務の職員、機能回復訓練のためにリハビリ専門家（理学療法士、作業療法士）がおかれる。人口の高齢化に伴う在宅福祉と介護予防の重視から、ますます必要な施設となろう。特A型は市町村が運営、保健関係部門の機能強化。健康づくりの場として活用。A型とB型は市町村や社会福祉法人が運営。A型、特A型には浴場設備が設けられている。

(5) 老人デイサービスセンター（老人福祉法第20条の2の2）
　65歳以上の者で、身体上又は精神上の障害があるために、日常生活を営むのに支障がある者を通わせ、入浴、食事、機能訓練、介護方法の指導、その他の便宜を提供する。
　職員構成は特別養護老人ホームとほぼ同じである。一般には特別養護老人ホームや老人福祉センターに併設されている。

(6) 老人短期入所（ショートステイ）施設（老人福祉法第20条の3）
　65歳以上の者で、養護者の疾病その他の理由により、居宅で介護を受ける事が一時的に困難となった者を短期間入所させ、養護する。一般には特別養護老人ホーム、養護老人ホーム等に併設されている。

(7) 老人介護支援センター（老人福祉法第20条の7の2）
　老人福祉に関する情報の提供並びに相談及び指導、主に居宅において介護を受ける老人等と関係機関との連絡調整等を総合的に行う。地域の要介護老人及び家族の福祉の向上を図ることを目的としている。職員は相談・サービスの適用調整を行うソーシャルワーカーと、具体的な介護の方法についての指導を行う看護師、あるいは保健師、介護福祉士のいずれかの組み合わせ、2人がペアを組む配置（ソーシャルワーカーは社会福祉士が望ましいとされている）。

3．子ども・母子・婦人（施設・機関など）にかかわる仕事の内容
(1) 乳児院（児童福祉法第37条）
　児童福祉法に基づく児童福祉施設の一つ。乳児を入院させて、これを養育する。直接養育援助業務にあたるのは保育士、医師、看護師などで、その他に施設長、栄養士、調理員、事務員であるが、定員が50人以上の施設では薬剤師、放射線技師（いずれも嘱託）が配置される。乳児は、これら職員の保育なしでは生活することができない。従って、施設内は常に24時間体制で子どもの生活を支えることになる。具体的な仕事の内容は精神発達の観察・指導、食事、入浴、おむつ交換、日光浴、健康診断などである。

(2) 児童養護施設（児童福祉法第41条）

乳児を除いて、保護者のない児童、虐待されている児童、その他環境上養護を要する児童を入所させて、これを養護し、あわせてその自立を支援する。

職員構成は施設長、児童養護の専門職員である児童指導員、保育士、事務員、調理員、栄養士、嘱託医、この他、施設によっては心理指導員等を置いている。

児童指導員、保育士は、児童と起居をともにし、食事、入浴、掃除など年齢に応じた日常の基本的な生活のしつけ、学習および学校生活や友達づきあいの相談や職業指導を行い、児童が健全な社会人として地域で自立できるように養育する。

(3) 保育所（児童福祉法第39条）

日日保護者の委託を受けて、保育に欠けるその乳児または幼児を保育する。とされており、職員構成は施設長、保育士、調理員、事務員、嘱託医などである。尚、子どもの年齢と人数によって、配置される保育士の人数に基準がある。

親など保護者の仕事や病気などのため、家庭で保育が困難な0歳から就学前までの子どもを預かり、親に代わって食べる、遊ぶ、眠る、排泄、衣服の着脱などの基本的な生活習慣を身につけ健全な育成と豊な人格形成を手助けする施設である。最近では保護者の勤務形態の多様化に応じて夜間におよぶ保育制度もある。

(4) 母子生活支援施設（児童福祉法第38条）

配偶者のない女子又はこれに準ずる事情にある女子及びその者の監護すべき児童を入所させて、これらを保護すると共に、これらの者の自立の促進のためにその生活を支援する。職員構成は寮長、母子指導員、少年指導員、保育士、調理員、嘱託医など。経済的な困窮に加えて、離別世帯の場合は夫の暴力、ギャンブル、サラ金などによる精神的不安定や、母性の未熟などに伴う健康状態の悪化など、母親も子どもも複数の問題を抱えている。さらに、情緒的、精神的障害をもつ人、アルコールや薬物依存など社会的生活不適応

の入所もふえている。多様化したニーズに職員たちの対応と専門性が求められている。

(5) **知的障害児施設**（児童福祉法第42条）
　知的障害の児童を入所させて、保護するとともに、独立自活に必要な知識技能を与えることを目的とする施設。保護者がいない知的障害を持った児童、保護者がいても適切な養育が得られない児童を対象とする。
　職員構成は、保育士、児童指導員、職業指導員、嘱託医など。児童の介護・介助、生活指導、作業訓練、児童の精神面のケアに留意する。

(6) **肢体不自由児施設**（児童福祉法第43条の3）
　上肢、下肢または体幹の機能障害のある児童を入所させて保護するとともに、独立自活に必要な知識技能を与えることを目的とする施設。施設のなかに重度の肢体不自由児を処遇する重度病棟、通園部門、母子入園部門を併設するところもある。職員構成は、医師、看護師、理学療法士、作業療法士、保育士、児童指導員、調理員、栄養士、事務員などである。

(7) **重症心身障害児施設**（児童福祉法第43条の4）
　重度の知的障害及び重度の肢体不自由が重複している児童を入所させて、これを保護するとともに、治療及び日常生活の指導をする。職員構成は医師、看護師、この他専門的な医療スタッフ、保育士、児童指導員、調理員、栄養士、事務員などである。IQ35以下の重度知的障害と通常自力では歩けない重度肢体不自由をあわせもつ児童を対象にとし、これを保護するとともに医療ケアと日常生活の指導を行う。

(8) **児童館**（児童福祉法第40条）
　屋内に集会室、遊戯室、図書館室、工作室、育成室など必要な設備を設け、児童に健全な遊びを与えて、その健康を増進し、または情操ゆたかにする。児童福祉法に基づく児童厚生施設の一つ。他に小型児童館、児童センター、大型児童館A、B、C、等がある。

職員構成は施設長、保育士、主に児童厚生員で、ほとんど公務員。児童厚生員の仕事は、さまざまな道具を使っての遊び、音楽会や図工、劇など共同制作、地域の施設訪問といった交流活動やボランティア活動、キャンプや遠足も計画と引率などと多岐にわたる。

(9) 母子福祉施設（母子及び寡婦福祉法21条）

母子福祉に関する施設は、(4)で述べた母子生活支援施設と母子及び寡婦福祉法による母子福祉センターと母子休養ホームの2つがある。ここでは母子福祉センターについて紹介しておく。職員構成は施設長、生活指導員、職業指導員、保育士などがおかれる。母子福祉センターは、無料または低額な料金で、母子家庭の生活全般にわたる各種の相談に応じる。生活の指導や生業の指導、短期の職業指導、内職の斡旋を行うなどの業務がある。

(10) 婦人保護施設（売春防止法36条）

性行又は環境に照らして売春を行うおそれのある女子（要保護女子）を収容保護する。各都道府県の婦人相談所長が入所させることが必要だと判断した要保護女子に対し自立更生の援助をし、再び売春などを行わないように教育指導をすることを目的としている。

職員構成は施設長、生活指導員、職業指導員、事務員、栄養士、調理員、看護師、嘱託医など。生活・職業指導、就労指導、金銭管理の指導、入所者の自立更生、社会復帰のための援助健康管理も留意されている。近年は暴力団による管理売春など悪質な犯罪と結びついたりしているが、他関係機関と連携し、その予防、早期発見、啓発活動に努める。

4．身体障害者（施設・機関など）にかかわる仕事の内容

(1) 身体障害者療護施設（身体障害者福祉法第30条）

身体障害者であって常時の介護を必要とする者を入所させて、治療及び養護を行う。職員構成は生活指導員、介護職員、医師、看護師、保健師、栄養士、介助員、調理員、運転手、事務員など。養護および治療を中心に、健康管理や介護、衛生管理、生活指導、医療などを行う生活施設である。入所者

の高齢化にともない仕事の内容が介護老人福祉施設（特別養護老人ホーム）の身体障害者版ということができる。

(2) **重度身体障害者授産施設（身体障害者福祉法第31条）**
　重度の身体障害者で雇用されることの困難なもの又は生活に困窮するもの等を入所又は通所させて、必要な訓練を行い、かつ、職業を与え自活させる。この施設は、基本的には自宅などから通所でも利用できるが、障害が重い人を対象としているので、入所して施設で生活しながら働くことの方が多い。職員構成は施設長、生活指導員、職業・作業指導員、看護師、介護職員、調理員、事務員などである。

(3) **重度身体障害者更生援護施設（身体障害者福祉法第29条）**
　重度の肢体不自由者を更生に必要な治療及び訓練を行う。又は、内臓の機能に重度の障害ある者を医学的管理の下にその更生に必要な指導及び訓練を行う。入所および通所施設である。職員構成は施設長、生活指導員、理学療法員、作業療法員、医師、看護師、介護職員、調理員、事務員など。

(4) **身体障害者通所授産施設（身体障害者福祉法第31条）**
　身体障害者で雇用されることの困難なもの等を通所させて、必要な訓練を行い、かつ、職業を与え自活させる。職員構成は施設長、生活指導員、職業・作業指導員、看護師、介護職員、調理員、事務員など。

(5) **身体障害者福祉センター（身体障害者福祉法第31条の２）**
　無料又は低額な料金で、身体障害者に関する各種の相談に応じ、身体障害者に対し、機能訓練（リハビリテーション）、作業療法、教養の向上、社会との交流の促進及びリクリエーションのための便宜を総合的に供与するＡ型と在宅の身体障害者にデイサービス事業を実施するＢ型とがある。
職員構成は施設長、生活指導員、理学療法員、作業療法員、看護師、介護職員、栄養士、調理員、事務員、嘱託医師など。

(6) 在宅障害者デイサービス施設（身体障害者福祉法第31条の２）

　身体障害者デイサービス事業のみを行う施設で、身体障害者に対し、通所により、創作的活動、機能訓練等の各種サービスを提供する。

　職員構成は施設長、生活指導員、理学療法員、作業療法員、看護師、介護職員、栄養士、調理員、事務員などである。

５．知的障害者（施設・機関など）にかかわる仕事の内容

(1) 知的障害者更生施設（知的障害者福祉法第21条の６）

　18歳以上の知的障害者を入所（通所）させて、これを保護するとともに、その更生に必要な指導及び訓練を行う。

　職員構成は施設長、生活指導員、作業指導員、介助員、医師、看護師・保健師、調理員、栄養士、事務員などである。それぞれ求められる仕事の内容も、障害が重度の人に対しては、日常の生活に必要な食事、排泄、衣服の着脱などの介助や援助、訓練などを行うが、障害が比較的軽度や中程度の人には、社会的自立を目標とした職業指導や生活指導を行う。

(2) 知的障害者授産施設（知的障害者福祉法第21条の７）

　18歳以上の知的障害者であって、雇用されることの困難なもの等を入所（通所）させて、自活に必要な訓練を行うとともに、職業を与え自活させる。

　職員構成は施設長、生活指導員、作業指導員、介助員、医師、看護師・保健師、調理員、栄養士、事務員などである。この施設では、利用者が最終的に社会復帰することを目指しているので、施設内には作業所が設置され、生活指導員や作業指導員の援助、指導を通じて、利用者は生活力と職業的な自活力を身につけていくように支援する。

(3) 知的障害者デイサービスセンター（知的障害者福祉法第21条の５）

　18歳以上の知的障害者又はその介護を行う者を通わせ、手芸、工作その他の創作活動、社会生活への適応のために必要な訓練、介護方法の指導等の便宜を供与する。職員構成は施設長、生活指導員、作業指導員、介護職員、看護師・保健師、調理員、事務員などである。

(4) **知的障害者通勤寮（知的障害者福祉法第21条の8）**
　就労している知的障害者に対し、居室その他の設備を利用させるとともに、独立自活に必要な助言及び指導を行う。
　職員配置は、定員20人に対して施設長1人、嘱託医1人、生活指導員2人以上の計4人以上の体制。原則として、2年の在所期限の制限があるので、円満な対人関係を築く、余暇時間の利用、健康管理、金銭管理、など短期間に指導の成果が問われる。退所後の受け皿の問題がある。

6．精神障害者（施設・機関など）にかかわる仕事の内容
(1) **精神障害者生活訓練施設（精神保健及び精神障害者福祉に関する法律第50条）**
　精神障害のため家庭で日常生活を営むのに支障がある精神障害者に、低額な料金で居室その他の設備を利用させ、必要な訓練及び指導を行う事により、社会復帰の促進を図る。
　職員構成は、施設長、生活指導員、精神保健福祉士、看護師、事務員、嘱託医などで、大きな施設では作業療法士、薬剤師などを配置することもある。

(2) **精神障害者授産施設（精神保健及び精神障害者福祉に関する法律第50条の2）**
　雇用されることの困難な精神障害者が自活することができるように低額な料金で必要な訓練を行い、及び職業を与えることにより、社会復帰の促進を図る。
　職員構成は施設長、生活指導員、職業・作業指導員、精神保健福祉士、精神障害者社会復帰指導員、事務員、嘱託医などである。施設には通所型と入所型の2種類がある。在所者数は通所施設のほうが圧倒的に多い。

(3) **精神障害者地域生活支援センター（精神保健及び精神障害者福祉に関する法律50条）**
　地域の精神保健及び精神障害者の福祉に関する各般の問題につき、精神障害者からの相談に応じ、必要な指導及び助言を行う。あわせて保健所、福祉事務所、精神障害者社会復帰施設等との連絡調整、援助を総合的に行う。

職員構成は施設長、生活指導員、職業・作業指導員、精神保健福祉士、事務員などである。

7．その他の社会福祉施設・機関などにかかわる仕事の内容
(1) 救護施設（生活保護法第38条）
　身体上又は精神上著しい障害があるために日常生活を営むこが困難な要保護者を入所させて、生活扶助を行う。職員構成は施設長、生活指導員、職業・作業指導員、看護師、嘱託医、介護職員（寮母）、栄養士、調理員、事務員など。

　ほかの社会福祉施設と違い、複数の障害を持つ人でも入所できるのが特徴である。そのため、食事や入浴、排泄、衣類の着脱など一般的な介助のほかに、リハビリテーションや職業訓練など総合的な治療、介護なども必要になる。

(2) 医療保護施設（生活保護法第38条）
　医療を必要とする要保護者に対して、医療の給付を行う。この施設利用者は生活保護受給者で、治療が必要な状態にある人だが、もともとは、浮浪者などの疾病対策施設として都市部を中心に設置されてきた。今日では医療扶助を行う指定医療機関（老人病院など）が整備されたことで入所者は減少傾向にある。

　職員構成は施設長、生活指導員、医師、看護師、理学療法士、作業療法士、栄養士、調理員、事務員がおかれている。

(3) 隣保館（社会福祉法第2条の3）
　無料又は低額な料金で施設を利用させること、その他近隣地域における福祉に欠けた住民の生活改善及び向上を図る。

　職員構成は施設長、生活指導員、事務員などである。

(4) 授産施設（社会福祉法第2条の2）
　労働力の比較的低い生活困難者に対し、施設を利用させることによって就

労の機会を与え、又は技術を修得させ、これらの者の保護と自立更生を図る。
　職員構成は施設長、生活指導員、職業・作業指導員、事務員などである。

(5)　有料老人ホーム（老人福祉法第29条）
　常時10人以上の老人を入所させ、食事の提供その他日常生活上必要な便宜を供与する。職員構成は、施設長、生活指導員、看護師、介護職員（寮母）、栄養士、調理員、事務員、嘱託医など。

8．社会福祉関連組織・団体・企業にかかわる仕事
(1)　社会福祉協議会
　地域の実情に応じた住民福祉を向上させる活動を行う。具体的には、地域福祉計画の立案、地域福祉の啓発や調査、ボランティア活動の育成、在宅福祉サービスの実施、福祉関係機関・団体との連絡や調整、ホームヘルプ事業の受託など、住民が主役となる福祉活動を側面から支援する。

(2)　福祉公社
　行政の一組織、または行政から事業委託、もしくは行政から全面的な援助を受け、地域の高齢者などに対し、各種の有償在宅サービスを提供する組織である。サービスの内容は、ホームヘルパー（訪問介護員）を派遣し、各種相談・助言や友愛訪問などの相談関連サービスを提供、介護、食事、入浴、洗濯に至る家事・介護サービス、経理の代行、生活資金の貸付けなど福祉公社によって様々である。介護保険制度の導入後は介護支援専門員（ケアマネジャー）を配置し事業拡大が期待されている。

(3)　福祉生協
　組合員やその家族、および地域の高齢者や障害者の福祉向上のために、入浴、通院などの介助や洗濯、調理などの家事援助サービスの提供、連絡・調整、介護講座、ホームヘルパー（訪問介護員）の養成研修なども行っているのが福祉（系）生協である。

(4) 福祉系企業・事業所

　高齢者や障害者、児童などを対象とした商品やサービスを販売する民間企業、事業所の総称である。介護保険が施行されたことに伴いシルバーサービスの福祉系企業・事業所が注目されている。業務としては①福祉機器販売・レンタル、②金融商品販売、③在宅介護サービス、④シルバーサービスなどがある。

（福本　幹雄）

参考文献
① 厚生労働省 監修，『平成16年版　厚生労働白書』，ぎょうせい，2004年
② 財団法人厚生統計協会 編集，『国民の福祉の動向・厚生の指標』第51巻第12号，通巻803号，財団法人厚生統計協会，2004年
③ 一番ヶ瀬康子・川井龍介編著，『福祉の仕事・資格・職場マルチガイド』，旬報社，1997年
④ 山縣文治・津崎哲郎・小山隆他編著，『福祉の仕事（第3版）』，朱鷺書房，2000年
⑤ 池田書店編集部，『2004年版福祉』―仕事・資格・学校―，池田書店，2002年
⑥ 川村匡由編著，『福祉の仕事ガイドブック2003年版』，中央法規，2003年
⑦ 資格試験研究会 編，『福祉の仕事＆資格オールガイド2006年度版』，実務教育出版，2005年
⑧ 『福祉の就職活動　ここツボ・ブック』，社会福祉法人大阪府社会福祉協議会・大阪府福祉人材センター，2005年

第 5 章　専門高校の教員と福祉

小、中学校の教育職員免許状（以下教員免許と略す）の取得に必修とされる介護等体験については、に第１章で述べられているので、本章では専門高校の教科「福祉」を担当する教員の職務を中心に解説する。そこで、専門高校とはどのような学校なのか、そこに勤務する教員の教科指導、教科外指導上の特徴などについて説明する。

第１節　専門高校の教育制度

　高等学校（以下とくに断らない限り本章では高校と略す）を分類するには、大別して課程別と学科別の２点から区分できる。さらに、それは単位取得の方法によっても区分される。まず課程別であるが、それぞれは以下のように３区分できる。これは生徒の学習時間帯の違いであり、教育課程の内容は学習指導要領に定められた通りである。

１．課程別による高校の分類
(1)　**全日制課程**
　もっとも一般的で数量ともに全高校の90％以上を占める課程である。通常午前９時から午後３時頃の昼間の時間帯に週５日授業を行う形態である。
(2)　**定時制課程**
　定時制課程は以下に３区分できる。
　①　昼間定時制
　　　最近は少なくなったが、農業科などで農繁期は学校が休みになり、農業に従事できるようになっている。そのため卒業が４年以上となっている場合が多い。
　②　夜間定時制
　　　夜間定時制は通常午後５：30～６：00頃に始業となり９：00頃に終業となる場合が多い。卒業は４年以上となっている学校がほとんどであったが、この10年通信制課程との併習や、昼間時間帯の授業なども含めて３年で卒業可能となる学校が増加している。
　③　通信制課程
　　　定常的に通学が困難な生徒を対象とする課程である。主としてスクー

リングといわれる通学学習と、自宅で通信教材により学習する自宅学習とを組合わせて学ぶ。

上記以外に昼間と夜間に同一内容の授業を行う2部制や、午前・午後・夜間に同一内容の授業を行う3部制の定時制もあるが数は少ない。

次に学科別であるが、これは普通科、専門学科、総合学科の3学科に区分できる。この学科の違いはカリキュラム上での、普通教科と専門教科の配分の違いである。現在日本の高校数は約5,300校あるが、その70%以上が普通科である。この普通科を設置した高校を一般に普通高校と称している。これに対して専門学科は30%弱である。専門学科のみで構成されている高校を専門高校と称している。同一校に普通科と専門学科を併設している学校もある。

2．学科別による高校の分類

(1) 　普通科

学習指導要領の普通教科を中心に学習する学科で、学校数、生徒数ともにもっとも多くを占めている一般的な学科である。この学科のみで構成されている高校を一般に普通高校という。

(2) 　専門学科

専門学科は農業、工業のような「職業を中心とする学科」と「その他の学科」とに分類できる。「その他の学科」には音楽、体育など芸術系の学科なども含まれる。専門学科の中で最大数の生徒を占めているのが「職業を中心とする学科」で、その中でも生徒数では工業科が最大であり、ついで商業科である。表5－1－1に示すように、福祉科設置の専門高校は約62校、生徒数で5,000人と専門学科の中でも少数である。専門学科の教育内容は専門教科のみを学習するのでなく普通教科も学習する。普通科の場合は入学から卒業までほとんど国語、数学といった普通教科を学習して卒業するのに対して、専門学科の場合は普通教科と専門教科の両方を学習することになる。この専門学科の設置されている高校を専門高校という。

(3) 　総合学科

普通科でもなく、専門学科でもない第3の学科と言われるもので、入学時の「進路意識」が未成熟な生徒に対して、入学後、本人の選択により、

普通科目、専門科目のいずれかを選択することができる学科である。この学科はまだ歴史が浅く、全国で5％にも満たない。この総合学科を設置した高校を総合高校と称している。

次に卒業に必要な単位であるが、平成11年改定の学習指導要領では、高校の卒業に必要な単位数は、74単位以上と大幅に減少された。実際に多くの全日制の高校で、HRも含め一日平均6時限の授業を週に5日は実施している。すなわち1年30単位、卒業までに約90単位は学習している学校が多い。卒業に4年制をとっている定時制高校でも一日4限で週5日授業と考えて、1年で20単位、卒業まで80単位程度を履修している場合が多い。

ちなみに高等学校では、標準時間50分の授業を年35回おこなって1単位としている。以下にカリキュラムから見た普通高校、専門高校、総合高校の違いを全日制の場合を例にして示す。さらに、高校は単位取得の方法により、学年制と単位制とがある。学年制というのはもっとも一般的な方法であり、

表5-1-1　学科数と生徒数

	学科数	生徒数	生徒数比率	全日制生徒数	定時制生徒数
普通科	4,596	2,700,225	72.8	2,627,715	72,510
農業科	375	101,952	2.7	99,404	2,548
工業科	776	317,492	8.6	298,371	19,121
商業科	917	280,575	7.6	271,713	8,862
水産科	48	11,287	0.3	11,287	----
家庭科	395	56,653	1.5	55,874	779
看護科	98	13,521	3.6	12,995	526
情報科	18	1,194	0.03	1,076	118
福祉科	62	4,984	0.13	4,903	81
その他	630	103,166	2.8	102,013	1,153
総合学科	245	120.013	3.2	115,858	4,155
合　計	8,160	3,711,062	100.0	3,601,209	109,853

	学科数	生徒数	生徒数比率	全日制生徒数	定時制生徒数
普通科	4,596	2,700,225	72.8	2,627,715	72,510
専門学科	3,319	890,774	24.0	857,536	33,188
総合学科	245	120.013	3.2	115,858	4,155

（2005.5.1現在）文部科学省学校基本調査より

クラスの生徒は1年間ほぼ同一のカリキュラムで学習し、原則的には学年単位で単位取得が認定される。現実には一定の単位数までは仮進級などの制度を設けている場合が多い。単位制は大学などの単位取得と同様の方法であり、各人の時間的な都合に合わせて単位を取得するシステムである。この方式を取入れた高校を単位制高校という。したがって、課程、学科、単位制度の3種の組合わせにより、さまざまな高校に区分される。たとえば全日制で普通科で学年制、あるいは定時制で専門学科で単位制などである。

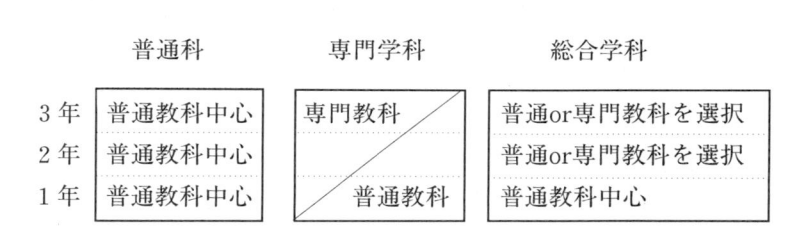

	普通科	専門学科	総合学科
3年	普通教科中心	専門教科	普通or専門教科を選択
2年	普通教科中心		普通or専門教科を選択
1年	普通教科中心	普通教科	普通教科中心

図5－1－1　高校学科別の違い

　一般に専門学科は上級学年に進むほど、専門科目が増加するカリキュラムになっている。総合学科の場合は1年次はほぼ共通の科目を履修するが、2年次以上になると個人の進路適性に応じて選択し、卒業時には個人により普通科を卒業したのと同様な選択をした生徒と、専門高校を卒業するのと同様の選択をした生徒、あるいはその中間など、個人で履修内容が異なる。福祉科を設置した高校は、全国的に見て表5－1－1に示したように少数である。ただ、福祉学科を設置している専門高校の数は少なくても、総合学科の高校で教科「福祉」を設置している学校も多い。また普通科の高校でも、コースとして「福祉」を設置している学校もある。専門学科として福祉科を設置している高校は、介護福祉士などの資格を取得することを目的としている学校も多い。専門高校の福祉科の教員を目指す人は、高校での教科「福祉」に必要な指導力を身に着けることが基本である。この点については3節で述べる。この本の趣旨は専門高校の福祉科の教科教育法を目的としたものではないので、教育方法の詳細までは踏込まないが、普通科の教員とは異なる指導の専門性があることだけは理解しておいてほしい。

第2節　教員の職務と社会福祉

　教員といえば、国公立学校の場合は教育公務員特例法により、小、中、高校の場合は「教頭、教諭、養護教諭、助教諭、養護助教諭、講師（常勤者が該当するとされ、常勤以外の講師については国家公務員法第81条及び地方公務員法28条で該当者の細目が規定されている）」とされている。本節では主として中学校及び高校の教諭の職務を中心に社会福祉（以下、本章では学習指導要領にしたがって福祉と記す）との関わりを解説することにする。ただ助教諭は「教諭の職務を助ける」、講師は「教諭又は助教諭に準ずる職務に従事する」と学校教育法にあるので基本的には教諭と同職務に従事していると考えてよい。

　私立学校の場合も勤務条件などは異なる面があるが、児童生徒の指導に関しては基本的には国公立学校に準じている。その教育課程を中学校と高校の場合について学習指導要領に基づきあげてみるとつぎのようになっている。

　中学校の教育課程は4編成であり、高校の場合は道徳がなく「教科、特別

| 中学校 | ①教科、②道徳、③特別活動、④総合的な学習の時間 |
| 高　校 | ①教科、②特別活動、③総合的な学習の時間 |

活動、総合的な学習の時間」の3編成である。この内、教科の指導というのは、芸術や体育関係、あるいは工業高校や農業高校など専門高校の実習などを除いて、通常は普通教室で行なわれている授業であると考えてよい。

　「福祉」については国語科とか数学科のように教科としては、1999（平成11）年3月改定の学習指導要領までは存在していなかった。この学習指導要領の改定により、高校に情報科とならんで福祉科が新しく設けられた。それだけ新しい教科であり、高校で福祉科教員として教壇に立っている教員も、公民科や家庭科の教員から転向してきたものも多い。教科指導については、これから研究開発されなければならない内容も多い。筆者は福祉科教育の専門家ではないが、今までの論文などを見る限り、福祉科独自の教科指導の方法については、現在のところ確立しているとは言い難いのではないかと考え

る。　中学校の場合は教科としての「福祉」は設けられていない。そのため中学校では「福祉」の内容の指導は社会科の公民的分野及び技術・家庭科の家庭分野の一領域として設けられているのみである。

　1998（平成10）年改定、2003（平成15）年一部改定の中学校学習指導要領には「国民生活と経済」「国民生活と福祉」のところで「国民生活と福祉の増進を図るために、国や地方公共団体が果たしている経済的な役割について考えさせる。その際、社会資本の整備、公害の防止など環境の保全、社会保障の充実、消費者の保護、租税の意義と役割及び国民の納税の義務について理解させるとともに、限られた財源の配分という観点から財政について考えさせる。」(傍線筆者)と記されている。具体的にはこれを受けて、「わたしたちの生活と経済」の中の「国民経済の向上と福祉」の章の中で数頁を割き、福祉に相当する部分が記されている。(大阪書籍2004年版社会科教科書公民的分野の場合)

　技術・家庭科の家庭分野の場合は「家庭と家庭生活」で「地域の人々と関心を持ち高齢者など地域の人々とかかわることができること」と記されている。中学校の場合は社会科（公民的分野）及び技術・家庭科の家庭分野の一領域として福祉の指導を行うことになる。しかし、高校の場合は教科として新しく設けられたわけであるから、「福祉」を担当する教員は、教科「福祉」の教員免許を所持する必要がある。

　ここで注意をしておく必要があるのは、「福祉」という教科は普通教科としてではなく、専門教科として設けられたことである。教科というのは、中学校の場合は国語、社会、数学、理科、音楽、美術、技術・家庭、外国語の9教科のみであるが、高校の場合は教科として普通教科と専門教科に二分されている。それぞれはつぎのようになっている。

普通教科　国語、地理歴史、公民、数学、理科、保健体育、芸術
　　　　　外国語、家庭、情報
専門教科　農業、工業、商業、水産、家庭、看護、情報、福祉
　　　　　理数、体育、音楽、美術、英語

この内、同名の教科として普通教科と専門教科にまたがって設置されているのが家庭と情報である。福祉は農業、工業などと同じく専門教科として設置されている。これは家庭と情報の教員免許を所持する場合は、普通教科の家庭、情報と専門教科の家庭、情報の両方を担当できることを意味している。これに対して「福祉」の場合は、専門教科としてのみ設置されている。これは普通教育あるいは共通教育としての福祉は、公民科や普通教科の家庭科で行われるためだと考えられる。そのため、教科「福祉」の指導をする場合は、専門教科として位置付けされていることを知っておく必要がある。

教科「福祉」は専門教科として福祉の科目が設けられている学校であれば、普通科であっても専門学科であっても問題はないが、教科「福祉」の教員免許所持者が担当しなければならない。教科「福祉」は、中学校の公民的分野及び高校の公民科と、普通教科である家庭科で学んだ福祉に関わる基礎的な知識・理解の上に専門教科として高校の福祉科が存在するわけである。

第3節　教科指導と福祉

1．専門教科と福祉

専門教科としての福祉の目標は、学習指導要領には「社会福祉に関する基礎的・基本的な知識と技術を習得させ、社会福祉の理念と意義を理解させるとともに、社会福祉に関する諸問題を主体的に解決し、社会福祉の増進に寄与する創造的な能力と実践的な態度を育てる。」となっている。福祉としては次の7科目が設けられている。

1．社会福祉基礎	2．社会福祉制度	3．社会福祉援助技術
4．基礎介護	5．社会福祉実習	6．社会福祉演習
7．福祉情報処理		

これらの科目について指導するのが福祉科教員の職務であるが、現行のカリキュラムでは学習指導要領に記されている指導計画の作成と内容の取扱は、「原則として、福祉に関係する科目に配当される総授業時数の5/10以上

を実験・実習に配当すること」となっている。その取扱いは、専門高校に共通しているが、実験・実習を学習する時間が多いことである。一般に高校の授業の多くは黒板を背にした普通教室でなされるものが多く、生徒の知識理解等に焦点をあてたものが多い。それに対して実験・実習授業、とりわけ実習は実技指導が主となる。現場での実務経験を経て教員になった場合は、それほど問題を感じないが、新規学卒の場合は、学生時代に実習を体験したといっても、専門家の領域に達している訳ではない。実習と言うのは一定の技能的な訓練が必要である。そのため新規学卒教員の場合、苦労するのが「社会福祉実習」の指導である。これは専門高校の実習を担当する教員に共通する課題である。教員の責を問うより、教員養成のカリキュラムに問題があると考えた方がよい。農業高校や工業高校の場合も実習については同様の課題を抱えている。近年社会人で実務経験の豊富な人材の採用枠が、専門高校を中心にして増加しているのは、実技面の問題点をカバーする立場から見れば、好ましい傾向だと思う。筆者は専門高校の教員はドイツなどのように、一定の職務経験を義務づける必要があると考えている。福祉の分野なども、学卒後一定期間各種の福祉施設で働いた後、教員として勤めるのが、生徒にとっても望ましい影響を与えるのではと思っている。

しかし、現行の制度・枠組みの下でも、どれだけ教員自身が研鑽するかが大切である。これについては、教員に採用されて以後の自主的な研修が欠かせない。本書の読者の多くは、普通科及びそれに関係した学科の卒業生が多いと予想されるので、ここで専門高校の教育内容の専門性について、普通教科との違いを整理しておくことにする。

2．普通教科と福祉

普通教科の内容として福祉を取扱っているのは、高校では公民科と家庭科である。この家庭科は専門教科としての家庭科ではなく、普通教科としての家庭科である。普通科、専門学科、総合学科の学科の違い、あるいは全日制、定時制、通信制という課程の違いによらず、すべての高校で学習しなければならない必修教科で、福祉と関係が深い教科をあげると以下の通りである。

高校の公民科は「現代社会」「倫理」「政治経済」の3科目から構成されて

いる。普通教科としての家庭科の場合は「家庭基礎」「家庭総合」「生活技術」の3科目から構成されている。学習指導要領では公民、家庭の両教科共それぞれ3科目の内いずれか1科目を選択させればよいことになっている。このうち公民科では、ほとんどの高校で共通に履修しているのは「現代社会」である。現代社会の目標は「人間の尊重と科学的な探求の精神に基づいて、広い視野に立って、現代の社会と人間についての理解を深めさせ、現代社会の

教科	科　　　　目
公民	現代社会(2)　又は倫理(2)・政治・経済(2)
家庭	家庭基礎(2)、家庭総合(2)及び生活技術(2)の内から1科目

基本的な問題について主体的に考え公正に判断するとともに自ら人間としての在り方生き方について考える力の基礎を養い、良識ある公民として必要な能力と態度を育てる。」とある。教科書では社会権の保障と社会保障の箇所が福祉と直接的に関わっている。

　また、普通教科としての家庭科では「家庭基礎」「家庭総合」「生活技術」の3科目に共通して「人の一生と家族・福祉」の中で福祉の問題を取上げている。いずれも、乳幼児の発達と保育・福祉と高齢者の生活と福祉の2点について詳しく説明されている。福祉を担当する教員は、中学校や高校で共通教科として学習した福祉に関わる内容には、どのようなものがあるかを知っておく必要がある。

第4節　教科外指導と福祉

　教科外の指導として中学校、高校に共通しているのは、特別活動と総合的学習の時間である。道徳は中学校のみであるので、本節では特別活動と総合的な学習の時間を中心に解説する。

1．特別活動

　特別活動の内容としては学級活動（高校ではHR活動）、生徒会活動、学校

行事と3活動がある。まず学級活動であるが、これは学校の教育活動の基礎集団である学級の活動である。通常毎日の始業時あるいは終業時に行われる短時間の学級活動は連絡事項などに費やされる場合が多いが、週1回の50分ある学級活動をどのように有効に使用するかは学年団と学級担任の取組にかかっている。福祉に関わるものとしてボランティア活動がある。ボランティア活動とはどういう活動なのか、その意義、内容などについての理解を深めるために学級活動を利用するのである。それを全校的な生徒会活動にまで広げ生徒の自主活動にまで広める必要がある。学習指導要領には「幼児、高齢者、生涯のある人々と触れ合い自然体験や社会体験などを充実するよう工夫すること」とある。

現在の中学生、高校生は幼少時より仲間遊び、群れ遊びの機会が少なく、集団でさまざまな課題に取組むことが苦手な者が多い。また同世代の仲間での活動はできても異年齢、異集団との交流が上手くできない者が多い。このような問題点を克服するためにも、幼稚園、保育園など幼児との交流や、老人福祉施設で高齢者との会話を深めることは、人の命の問題、高齢者や障害者の生活の質を保障するノーマライゼーションの視点を拡大させる視点からも必要なことである。少なくとも、自分達と同世代や父母と異なる世代の人達との交わりは、若者に新鮮な驚きを与えるだろう。学校は生徒指導上の困難はあっても、学校外のさまざまな人達との交流の場を広げる努力をする必要がある。

次に学校行事であるが、これには大別して5点の行事がある。
(1) 儀式的行事…入学式、卒業式、始業式、終業式などの行事である。
(2) 学芸的行事…文化祭、合唱コンクールなどの行事である。
(3) 健康・安全体育的行事…体育大会、球技大会などの行事である。
(4) 旅行・集団宿泊的行事…修学旅行、一泊旅行などの行事である。
(5) 勤労生産・奉仕的行事…修行体験学習、各種ボランティアなどの行事である。

福祉に関わるものは5の勤労生産・奉仕的行事に多い。学年や学級単位で、高齢者の施設訪問を行い、慰問的な活動を行うことなどが相当する。活動する母体は学級や部活動が主体となるが、学校あるいは学年全体の行事として

行うことにより、活動が全体のものになる。学校主催の文化祭などに地域の高齢者を招待し、さまざまな活動を行ったり、近隣の養護学校生徒と共同して出し物を工夫したりすることも考えられる。

　こうした行事を行う場合、なんとか成功させようと教員が躍起になっている場合がままあるが、少なくとも計画の段階から生徒に参加させ、多少まずいと考える点があっても生徒に実践させるべきである。教員への依存が強くなる行事は自主活動とは言えない。例えば地域の児童福祉施設を訪問して演劇を行うという計画がある場合、その行事の目的は学校の教育活動として明確に位置付けし、守るべき最低限度のルールは押さえて、あとはできるだけ生徒に任す方がよい。生徒の反応が鈍いからと、ついつい教員が援助することがあるが、これは極力避けるべきである。自主活動に失敗はつきものである。失敗を恐れるよりも、問題を次にどう生かすか、生徒に議論させ試行錯誤させるのが教育指導のポイントである。

2．総合的な学習の時間

　教員にとって教科の指導が教員の職務ではない、という人はいないであろう。ところが学級活動やさまざまな教科外の活動となると、自分には困難である、といって学級担任を忌避したり、行事などでも積極的に取組もうとしない教員も多い。「総合的な学習の時間」というのは、小、中学校では1998（平成10）年、高校では1999（平成11）年改定の学習指導要領から新しく設けられた教育内容である。教科以外の指導は苦手だと考える教員にとっては、よりいっそう負担が重く感じられるかもしれない。

　教科指導は教科書があり、学習指導のプログラムも一定の規則性がある。ところが教科外の教育活動は教科書や指導書というものが少ない。さらに新しく設けられた「総合的な学習の時間」は、どのように取組んだらいいのか戸惑う教員も多い。とくに中学校や専門高校での教員よりも、普通高校の教員にその傾向が強いように筆者には感じている。

　この「総合的な学習の時間」の狙いは、次の2点にある。
(1) 自ら課題を見つけ、自ら学び、自ら考え、主体的に判断し、よりよく問題を解決する資質や能力を育てること。

(2) 学び方やものの考え方を身につけ、問題の解決や探求活動に主体的に取り組む態度を育て、自己の生き方を考えることができるようにすること。

単純化すれば、それまでの学校教育は、与えられた知識や課題について解答する能力に焦点を当てる「受動的な学習能力」の育成に焦点を当ててきた。そのような能力の必要な社会は、目標とするモデルがあり、それに「追いつき追い越せ」という限りにおいては有効であった。しかし、現在の日本社会のように、高度に発達し変化の激しい社会では、自ら課題を発見し解決していくという「能動的な学習能力」に焦点を当てた教育が必要なってくる。そうした社会的な要請が「総合的な学習の時間」を新しく設けたと考えてよい。

そのためには教員自身の問題意識、問題発見能力が必要となる。残念ながら教員自身も、与えられた課題を解決するのはさほど困難を感じないが、自ら課題を発見し解決していくということに不得意な人も多い。これの克服には今まで以上に、教員の自主的な研修が必要となる。また、そのための研修時間の保障も必要となってくる。

具体的な指導内容を示したものとして
(1) 国際理解、情報、環境、福祉、健康などの横断的・総合的課題
(2) 児童・生徒の興味関心に基づく課題
(3) 地域や学校の特色に応じた課題
などがあげられている。

この中で福祉が示されているのは、その内容が教科の枠を越えた横断的・総合的な課題であるからである。実践例は、つぎのような内容が考えられる。これはあくまで一例であって、学校や地域の状況により、多様な取組が可能である。さらに各教員が、それぞれの得意な分野を生かし、相互に協力して「総合的な学習の時間」の内容を深めることもできる。教員にとっても、教科の枠から離れた共同研究という機会を生かすことができる。
(1) 身近な高齢者や障害者との交流を通じて、その人達の生活や福祉に関する問題を知る。
(2) 児童自立支援や高齢者介護の施設等を訪問し、音楽演奏、演劇活動などを行う。

(3) 学校や地域の中でのバリアフリーの現状を調査する。また車椅子等の体験をする。
(4) 福祉に関わる仕事にはどのようなものがあるか、インターネットなどを利用して検索し、そのためにはどのような方法があるか調査する。

　これらの取組は、計画から実施まで生徒の自主性を尊重し、失敗しても、それを克服することが成功への道であることを体得させることになる。この「総合的な学習の時間」の評価は、教科・科目の学習のように試験等の結果により数値的に判断せず、活動や学習のプロセスを重視し、取組んだ課題や作品の発表や討論等多様な面から評価することが望ましい、と学習指導要領にも記されている。また指導要領などへの記載は、いわゆる評定は実施せず、所見等が記載されることが適当である、とされている。

　「総合的な学習の時間」というのは、中学校では1998（平成10）年、高校では1999（平成11）年に新設されたものだけに、学校現場では教員が全教科を担当する小学校では、比較的多くの実践例があるが、中・高校では教科の枠に縛られ批判的な意見もある。しかし、これからの社会で必要となる「自ら問題を発見し解決する能力」を育成するという視点から見れば、充実する必要のある教育課題である。

第5節　教育指導と福祉

　学校にはさまざまな生育歴をもった生徒が在籍している。とくに、中学生や高校生は第2反抗期という成長発達の節にある。肉体の発達と心の成長のアンバランスが、生徒の行動となって現れる「難しい年頃」なのである。そのような生徒が、学校という場で集団生活をしているのであるから、人間関係をめぐって、トラブルの一つや二つはあるのが当然、と考えるのが自然である。問題はそうしたトラブルを、どのように解決していくのかに課題がある。ここでは、生徒の指導を巡って、トラブルが生じた場合に押さえておく必要のある問題だけを記しておきたい。

　第1点は反社会的な問題行動である。生徒同士の暴力事件、学校の器物破損行為など、その行為が、社会に対して表面化した問題である。これについ

ては、学校内部で処理すべき問題と、地域社会や親も含めて、学校外部の協力を得る問題とを分けて指導する必要がある。少なくとも、成人の社会で刑事事件として取扱われるような問題が発生した場合は、警察、親権者、地域社会に対して事実を公にし、生徒にも社会的な責任をとらせる必要がある。そのための措置は必要なことである。この場合は外部に委託する問題と、学校内部での生徒指導の役割を明確にすることである。警察など外部に任さなければ、できないような問題を学校で抱えても事態は複雑化するだけである。ただ、問題の発生には必ず事前に兆候がある。その段階で適切な指導をいれておけば、という点も筆者の経験では多い。とくに、生徒の家庭や身体的な問題も含めた個人の属性を嘲笑するような問題の発生に対しては、教員は敏感でなければならない。社会は多様なハンディのある人々から構成されている。ハンディのない人間はいない。それらの人々が、全体として調和して、人間の社会は成立している。この問題に正面から取組むことが「WELL BEING（よりよく生きる）」という、福祉の精神を浸透させる課題と深く関わってくるからである。

　第2点は非社会的な行為である。反社会的な問題行動は、その行為が表面化するため指導が比較的早期にできるのに対して、非社会的問題行動は学級、学校、場合によっては家庭からも逃避する行為である。特定の教科あるいは行事だけの欠席、不登校、引きこもり、などの行為は、教員だけでは解決できない問題も多い。そのような生徒に対しては、スクールカウンセラーや地域の教育センターなどの利用があるが、教員として教育相談の技法を身につけておく必要がある。それは日々の教育活動そのものが教育相談の営みであるからである。教育相談は大別して以下の3点に区分できるが、相談の基本は開発的教育相談である。近年では不登校などに対する予防的教育相談も、教員に必要な職務として考えられている。ただ、福祉担当の教員は治療的教育相談を受けるにはどのような施設があるのか。各施設はどのような特徴があるのかなど、他教科担当の教員より豊富な知識があるはずであり、そうした知識を生徒指導に有効に生かすことが求められる。

1．開発的教育相談

　これは、一般にどの教員も行っている日々の相談活動である。生徒がどんな進路を歩み、どのような職業に従事するのか等の進路指導が中心である。これには学習相談も関係する教育活動である。この相談を通じて生徒の自己形成を援助するという基本的な活動であり、教育相談の本流ともいえる。

2．治療的教育相談

　長期の不登校、家庭内暴力、精神疾患等、教員だけでは指導困難な生徒に対して、精神科医や臨床心理士などの専門家に治療を依頼する教育相談である。教員はそれらの専門家の指導や応援を受けながら、生徒を学校生活に適応させていく相談活動である。

3．予防的教育相談

　不登校やいじめなど、表面化しにくい問題行動を初期の段階で発見し予防するための相談活動である。病気になるのは、その前段に風邪などの兆候がある。生徒の問題行動も風邪の段階で適切に指導しておけば予防できる。そのため、学校全体として問題行動などに対処できるように、すべての教員がカウンセリングの研修などを受けておくことなど、学校のコンサルテーションと呼ばれる活動が重要視されている。

第6節　福祉とキャリア教育

　専門高校に設置された学科は、大別して「職業を中心とする学科」と「その他の学科」とに分かれる。福祉科は「職業を中心とする学科」に分類される。この「職業を中心とする学科」の卒業生は、普通科などの卒業生に比較して就職する生徒の割合が高い。福祉の教員免許の取得に必要な教科必修の科目は表5－6－1のようになっている。
　この中で社会福祉学（職業指導を含む）は必修となっている。この科目に「職業指導を含む」となっていることの意味を理解しておく必要がある。これは教科福祉を担当する教員は、職業指導について学んでおく必要があると

表 5－6－1　福祉科教育職員免許状の取得に必修の教科科目

教科に関する科目	社会福祉学（職業指導を含む）　　波線は筆者
	高齢者福祉、児童福祉及び障害者福祉
	社会福祉援助技術
	介護理論及び介護技術
	社会福祉総合実習（社会福祉援助技術実習及び社会福祉施設等における介護実習を含む）

（教育職員免許法第 4 条より福祉分野のみ抜粋，下線は筆者）

いうことである。この節では専門高校の職業指導について解説する。

1．職業指導、進路指導からキャリア教育へ

　学校には学校長を組織上の責任者として、さまざまな分掌がある。その中で進路指導を担当する部門がある。その総括的な責任者が進路指導主事である。この制度が設けられたのは1953（昭28）年である。これは文部省令第25号「学校教育法の一部を改正する省令」で職業指導主事という名称で出発した。ここには「職業指導主事は教諭をもってこれにあてる。校長の監督を受け、生徒の職業指導をつかさどる」とある。

　この省令ができた当時は戦後の混乱期は過ぎたとはいえ、経済的に貧しい家庭が多く、高校進学率はまだ50％にもなっていない時代である。多くの中学生は卒業してすぐに就職の道を歩んだ。そのため、就職指導にはベテランの教員を配置し、職業指導の体制を整える必要があった。この職業指導の定義については1947（昭和22）年に公布された職業安定法では、「この法律で職業指導とは、職業につこうというものに対し、その者に適当な職業の選択を容易にさせ、及びその職業に対する適応性を大ならしめるために必要な実習、指示、助言、その他の指導を行うことをいう。」となっている。

　その後の急速な高校進学率の上昇により、職業指導は進路指導と変更され1971（昭46）年の文部省令の改定により、職業指導主事の名称も進路指導主事となった。これは、それまでの職業指導という職業に限定した指導でなく、学校教育全体の教育活動として、進路指導を位置付けることになったためと

解される。しかし、このように名称を変更したことにより卒業した生徒の最終の主な進路先は、職業に従事して社会的役割を果たすのであるという視点が生徒や教員からも薄れていった。そのため、当面の進路先である高校や大学へ入学することに焦点があてられ、学校教育から職業の問題が遠ざかるという問題も生じた。とくに2000年代に入り、中・高校、さらには大学等を卒業しても、仕事に従事しないあるいは従事しようとしない、ニートなどと言われる職業観、勤労観の稀薄な若者の問題が、クローズアップされるようになってきた。

　以上のような社会変化の中で、「職業指導」「進路指導」も包括した「キャリア教育」の推進が必要である、といわれるようになってきた。これは人生と言う長いスパンで進路を考え、職業の問題にもっと焦点を当てる必要があるというものである。この「キャリア教育」については1999（平成11）年12月中央教育審議会答申につぎのように記されている。

(1)　望ましい職業観を身につけさせる教育
(2)　職業に関する知識や技術を身につけさせる教育
(3)　自己の特性を理解させる教育
(4)　主体的に進路を選択する能力、態度を育てる教育

　この答申を受けて、キャリア教育を推進するための総合的調査協力者会議(2004.1)では、キャリア教育を「児童生徒一人一人のキャリア発達を支援し、それにふさわしいキャリアを形成していくために必要な意欲・態度や能力を育てる教育」と定義し、端的には「児童生徒一人一人の勤労観・職業観を育てる教育」としている。より具体的な方向として

(1)　「働くこと」への関心・意欲の向上
　　　職業や進路などキャリアに関する学習と教科・科目の学習との相互補完性の重視
(2)　一人一人へのキャリア発達への支援
　　　子どもたちへのキャリア発達の的確な把握とキャリア・カウンセリングの機会の向上と質の向上
(3)　社会人・職業人としての資質・能力を高める指導の充実
(4)　自立意識の涵養と豊かな人間性の育成

働くことの意義についての総合的な理解の促進と早期から自立意識の涵養と豊かな人間性の育成

を掲げている。

　実践例として生徒に就業体験をさせるインターンシップや職場見学などの取組みが多くの学校で行われるようになった。とくに小学校から連続した勤労観・職業観の育成について述べられたのは現行の学習指導要領が初めてである。専門学科の場合、「働くこと」に関しては、全体として普通科に比較して教員も生徒も意欲・関心は深いとみられるが、専門高校の教員としては、具体的な職業を紹介するという実務が必要になってくる。これは福祉科の教員も同様である。

2．職業指導の実務

　キャリア教育の推進は、学校の教育計画全体の中で、入学から卒業まで一貫して行うのであるが、その中でも高校の3学年（定時制などの場合は4学年の場合もある）段階での職業紹介の実務について説明する。基本的なことは高校では、学校が職業紹介の実務を行うということである。就職希望者の指導日程を、関西のある専門高校の例で示すと表5－6－2のようになる。

　この中で大学や専門学校などと異なっているのは、受験する事業所の選定である。通常これは「一人一社主義」といわれている。これは、生徒一人に対して受験事業所を一社に限定して受験させる制度である。採用試験が9月中旬に一斉に行われるため、特定の事業所への求職倍率が高くならないよう、できるだけ9月の採用試験に多く内定がとれるようにするための方策である。そのため特定の事業所への求職希望者が多い場合は、学校で過去の実績と照し合わせて、受験者を絞り込む作業を行っている。これが校内選考である。

　ただこの制度は、求職者よりも求人者の数が多い場合には、それほど困難は生じないが、求職者より求人者の数が少ない場合には、校内選考すれば9月の採用試験を受ける事業所がなく、受験できない生徒が生まれるという問題をはらんでいる。これに対処するため、2000年代に入り、求人の少ない北海道、東北、四国、九州などの一部の県で「一人一社主義」を崩さざるを得なくなっている地域もある。

表 5-6-2　就職希望者への指導日程

日程	指　導　内　容
4月	進路希望調査
5月	職業適性検査、職業興味検査の実施、就職説明会
6月	就職模擬試験等の実施、親権者対象の進路説明会 就職応募の説明（統一応募用紙の説明）
7月	求人票の公開と見方の説明会
8月	事業所訪問、受験事業所の決定、校内推薦の決定 本人、親権者、担任との三者懇談
9月	応募書類の発送、模擬面接の実施、 採用試験の受験、受験報告書の提出
10月	採用内定者の承諾書の発送、就職未定者への指導
11月	採用内定者への指導
12月	採用内定者への指導
1．2月	進路変更生徒への指導
3月	入社までの諸注意
4月	求人依頼と第1回追跡調査（前年度卒業生）
5月	就職者の職場訪問など

　高校卒業生の就職先は、どちらかといえば中小の事業所が多い。事業所の経営者の中には、近代的な労務管理に慣れていないため、生徒の早期離職等の問題も多い。福祉系の場合は、高齢化の進行などにより、近年急速に拡大されてきた施設が多い。それらの施設の管理者には、民間の事業所経営者などとは異なり、施設で働く人を労働者としてではなく、無償の奉仕を求めるといった理念からとらえる管理者もいる。それが労働基準法を無視するといった問題も生じている。福祉系の施設は一般の事業所とは異なり、営利を目的とした場ではないとしても、そこで働く労働者も近代的な労務管理の下で、労働者としての権利も保障されながら、福祉の職務に邁進できる環境を整備する必要がある。この点の克服については福祉科教員も努力する必要がある。
　以上、高等学校の福祉科教員として、これだけは押さえてほしいと考える問

題について述べてきた。高等学校での福祉科教育の歴史は浅く、他学科に比較して教科指導、生徒指導、進路指導など多様な面で研究を深め、整備しなくてはならない課題は多い。それぞれの教員が、開拓者の精神で職務に邁進していただくことに期待したい。

(伊藤　一雄)

参考文献

① 伊藤一雄,『職業と人間形成の社会学』, 法律文化社, 1998年
② 伊藤一雄他,『専門高校の国際比較』, 法律文化社, 2001年
③ 伊藤一雄他,『教育指導の理論と実践』, サンライズ出版, 2003年
④ 寺田盛紀,『ドイツの職業教育・キャリア教育』, 大学教育出版, 2003年
⑤ 伊藤一雄他,『教職への道標』, サンライズ出版, 2005年
⑥ 教職問題研究会,『教職論』, ミネルヴァ書房, 2005年
⑦ 教職問題研究会,『教科外教育の理論と実践』, ミネルヴァ書房, 2005年

巻末資料

① 法律等　　　　　　　　　191～214
日本国憲法（抜粋）　　　　　　　　191
小学校及び中学校の教諭の普通免許状授
与に係わる教育職員免許法の特例等に関
する法律（抜粋）〈小中免許特例法〉　191
小学校及び中学校の教諭の普通免許状授
与に係わる教育職員免許法の特例等に関
する法律等の施行について（通達）(抜粋)　192
世界人権宣言　　　　　　　　　196
社団法人日本社会福祉士会の倫理綱領　197
社会福祉法（抜粋）　　　　　　　199

生活保護法（抜粋）　　　　　　　201
児童福祉法（抜粋）　　　　　　　201
母子及び寡婦福祉法（抜粋）　　　203
身体障害者福祉法（抜粋）　　　　204
知的障害者福祉法（抜粋）　　　　206
老人福祉法（抜粋）　　　　　　　207
介護保険法（抜粋）　　　　　　　208
老人保健法（抜粋）　　　　　　　212
障害者基本法（抜粋）　　　　　　212
児童虐待の防止等に関する法律（抜粋）　213

② その他　　　　　　　　　　　　214～215
介護等体験証明書　　　　　　　　214
都道府県社会福祉協議会一覧表　　215

日本国憲法（抜粋）
　　　公布　昭和21年11月3日
　　　施行　昭和22年5月3日

第13条　すべて国民は、個人として尊重される。生命、自由及び幸福追求に対する国民の権利については、公共の福祉に反しない限り、立法その他の国政の上で、最大の尊重を必要とする。

第14条　すべて国民は、法の下に平等であって、人種、信条、性別、社会的身分又は門地により、政治的、経済的又は社会的関係において、差別されない。
②　華族その他の貴族の制度は、これを認めない。
③　栄誉、勲章その他の栄典の授与は、いかなる特権も伴はない。栄典の授与は現にこれを有し、又は将来これを受ける者の一代に限りその効力を有する。

第25条　すべて国民は、健康で文化的な最低限度の生活を営む権利を有する。
②　国は、すべての生活部面について、社会福祉、社会保障及び公衆衛生の向上及び増進に努めなければならない。

介護等体験特例法（抜粋）
（「小学校及び中学校の教諭の普通免許状授与に係わる教育職員免許法の特例等に関する法律」平成9年法律第90号）
　　　改正沿革　平成11年
　　　　　　　　法律第160号

（趣旨）
第1条　この法律は、義務教育に従事する教員が個人の尊厳及び社会連帯の理念に関する認識を深めることの重要性にかんがみ、教員としての資質の向上を図り、義務教育の一層の充実を期する観点から、小学校及び中学校の教諭の普通免許状の授与を受けようとする者に、障害者、高齢者等に対する介護、介助、これらの者との交流等の体験を行わせる措置を講ずるため、小学校及び中学校の教諭の普通免許状の授与について教育職員免許法（昭和24年法律第147号）の特例等を定めるものとする。

（教育職員免許法の特例）
第2条　小学校及び中学校の教諭の普通免許状の授与についての教育職員免許法第5条第1項の規定の適用については、当分の間、同項中「修得した者」とあるのは、「修得した者（18歳に達した後、7日を下らない範囲内において文部省令で定める期間、盲学校、聾学校若しくは養護学校又は社会福祉施設その他の施設で文部大臣が厚生大臣

と協議して定めるものにおいて、障害者、高齢者等に対する介護、介助、これらの者との交流等の体験を行った者に限る)」とする。
2 　前項の規定により読み替えられた教育職員免許法第5条第1項の規定による体験(以下「介護等の体験」という。)に関し必要な事項は、文部省令で定める。
3 　介護等に関する専門的知識及び技術を有する者又は身体上の障害により介護等の体験を行うことが困難な者として文部省令で定めるものについての小学校及び中学校の教諭に普通免許状の授与については、第1項の規定は、適用しない。

(関係者の責務)
第3条 　国、地方公共団体及びその他の関係機関は、介護等の体験が適切に行われるようにするために必要な措置を講ずるよう努めるものとする。
2 　盲学校、聾学校及び養護学校並びに社会福祉施設その他の施設で文部大臣が厚生大臣と協議して定めるものの設置者は、介護等の体験に関し必要な協力を行うように努めるものとする。
3 　大学及び文部大臣の指定する教員養成機関は、その学生又は生徒が介護等の体験を円滑に行うことができるよう適切な配慮をするものとする。

(教員の採用時における介護等の体験の勘案)
第4条 　小学校及び中学校の教員を採用しようとする者は、その選考に当たっては、この法律の趣旨にのっとり、教員になろうとする者が行った介護等の体験を勘案するよう努めるものとする。

(附 則)
1 　この法律は、平成10年4月1日から施行する。
2 　この法律の施行の日前に大学又は文部大臣の指定する教員養成機関に 　在学している者で、これらを卒業するまでに教育職員免許法別表第1に規定する小学校又は中学校の教諭の普通免許状に係る所要資格を得たものについては、第2条第1項の規定は、適用しない。

小学校及び中学校の教諭の普通免許状授与に係わる教育職員免許法の特例等に関する法律等の施行について(通達)(抜粋)
平成9年11月26日
文教教第230号

制定趣旨等
　　今回の法の制定趣旨は、義務教育に従事する教員が個人の尊厳及び社会連帯の理念に関する認識を深めることの重要性にかんがみ、教員としての資質の向上を図り、義務教育の一層の充実を期する観点から、小学校又は中学校の教諭の普通免許状の授与を受けようとする者に、障害者、高齢者等に対する介護、介助、これらの者との交流等の体験(以下「介護等の体験」という。)を行わせる措置を講ずるため、小学校及び中学校の教諭の普通免許状の授与について教育職員免許法(昭和24年法律第147号)の特例等を定めるものであること。(法第1条関係)
　　また、省令は、法第2条第1項等の規定に基づき介護等体験につき必要な内容等を定めるものであり、告示は、省令第2条第10号の規定により文部大臣が認めることとされた施設の指定を行うものであること。

内容
(1) **教育職員免許法の特例としての介護等の体験の義務付け**
　　小学校及び中学校の教諭の普通免許状を授与するための要件として、教育職員免許法第5条第1項に規定する要件に加え、当分の間、介護等の体験を要件とすること。(法第2条第1項関係)
(2) **介護等の体験の内容**
　　介護等の体験とは、18歳に達した後、7日間を下らない範囲内において文部省令で定める期間、盲学校、聾学校若しくは養護学校又は社会福祉施設その他の施設で文部大臣が厚生大臣と協議して定めるもの(以下「受入施設」という。)において行われる介護等の体験を指すものであること。(法第2条第1項関係)
① 　介護等の体験の期間
　　教員免許状の取得要件としての介護等の体験の期間は、7日間とすること。(省令第1条関係)
② 　介護等の体験の実施施設
ア. 法第2条において社会福祉施設その他の施設で文部大臣が厚生大臣と協議して

定めることとされている受入施設は、次に掲げるものとすること。(省令第2条関係)
1　児童福祉法(昭和22年法律第164号)に規定する乳児院、母子生活支援施設、児童養護施設、精神薄弱児施設、精神薄弱児通園施設、盲ろうあ児施設、肢体不自由児施設、重症心身障害児施設、情緒障害児短期治療施設及び児童自立支援施設
2　身体障害者福祉法(昭和24年法律第283号)に規定する身体障害者更生施設、身体障害者療護施設及び身体障害者授産施設
3　精神保健及び精神障害者福祉に関する法律(昭和25年法律第123号)に規定する精神障害者生活訓練施設、精神障害者授産施設及び精神障害者福祉工場
4　生活保護法(昭和25年法律第144号)に規定する救護施設、更生施設及び授産施設
5　社会福祉事業法(昭和26年法律第45号)に規定する授産施設
6　知的障害者福祉法(昭和35年法律第37号)に規定する知的障害者更生施設及び知的障害者授産施設
7　老人福祉法(昭和38年法律第133号)に規定する老人デイサービスセンター、老人短期入所施設、養護老人ホーム及び特別養護老人ホーム
8　心身障害者福祉協会法(昭和45年法律第44号)第17条第1項第1号に規定する福祉施設
9　老人保健法(昭和57年法律第80号)に規定する老人保健施設
10　前9号に掲げる施設に準ずる施設として文部大臣が認める施設

イ　省令第2条第10号の「文部大臣が認める施設」は、次に掲げるものとすること。(文部大臣告示関係)
1　児童福祉法第6条の2第3項に規定する児童デイサービス事業であって、市町村が実施し、又は委託するものを行う施設
2　身体障害者福祉法第4条の2第3項に規定する身体障害者デイサービス事業であって、市町村が実施し、又は委託するものを行う施設
3　知的障害者を施設に通わせ、入浴、食事の提供、機能訓練その他の便宜を提供し、かつ知的障害者を現に介護する者に対し介護方法の指導その他の便宜を提供する事業であって、市町村が実施し、又は委託するものを行う施設
4　高齢者又は身体障害者に対し老人福祉法第10条の4第1項第2号又は身体障害者福祉法第18号第1項第2号に規定する便宜を供与し、併せて高齢者、身体障害者等に対する食事の提供その他の福祉サービスで地域住民が行うものを提供する事業であって、市町村又は社会福祉法人が実施するものを行う施設
5　老人福祉法第29条第1項に規定する有料老人ホームのうち、当該有料老人ホーム内において介護サービスの提供を行うことを入居契約において定めているもの(軽度の介護サービスの提供のみを行うものを除く。)
6　原子爆弾被爆者に対する援護に関する法律(平成6年法律第117号)第39条に規定する事業を行う施設(いわゆる被爆者(一般)養護ホーム及び原爆被爆者特別養護ホーム)
7　児童福祉法第27条第2項に規定する指定国立療養所等

(3)　**介護等の体験に関し必要な事項**
　　法第2条第2項は「介護等の体験に関し必要な事項」は文部省令で定めることとしており、省令において、教員免許状の授与申請に当たっては介護等の体験に関する証明書を提出すること等が定められていること。(省令第4条関係)

(4)　**介護等の体験を要しない者**
　　介護等に関する専門的知識及び技術を有すると認められる者又は身体上の障害により介護等の体験を行うことが困難な者として文部省令で定めるものは、介護等の体験を要しないこと。(法第2条第3項関係)
①　介護等に関する専門的知識及び技術を有するとして文部省令で定める者は、次に掲げるものであること。(省令第3条第1項関係)
1　保健婦助産婦看護婦法(昭和23年法律第203号)第7条の規定により保健婦の免許を受けている者又は同法第59条の2において準用する同法第7条の規定により保健士の免許を受けている者
2　保健婦助産婦看護婦法第7条の規定により助産婦の免許を受けている者
3　保健婦助産婦看護婦法第7条の規定に

より看護婦の免許を受けている者又は同法第60条第1項において準用する同法第7条の規定により看護士の免許を受けている者
4 保健婦助産婦看護婦法第8条の規定により准看護婦の免許を受けている者又は同法第60条第1項において準用する同法第8条の規定により准看護士の免許を受けている者
5 教育職員免許法（昭和24年法律第147号）第5条第1項の規定により盲学校、聾学校又は養護学校の教員の免許を受けている者
6 理学療法士及び作業療法士法（昭和40年法律第137号）第3条の規定により理学療法士の免許を受けている者
7 理学療法士及び作業療法士法第3条の規定により作業療法士の免許を受けている者
8 社会福祉士及び介護福祉士法（昭和62年法律第30号）第4条の規定により社会福祉士の資格を有する者
9 社会福祉士及び介護福祉士法第39条の規定により介護福祉士の資格を有する者
10 義肢装具士法（昭和62年法律第61号）第3条の規定により義肢装具士の免許を受けている者
② 身体上の障害により介護等の体験を行うことが困難な者として文部省令で定める者は、身体障害者福祉法第4条に規定する身体障害者のうち、同法第15条第4項の規定により交付を受けた身体障害者手帳に、障害の程度が1級から6級である者として記載されているものとすること。（省令第3条第2項関係）

(5) **関係者の責務**
① 国、地方公共団体及びその他の関係機関は、介護等の体験が適切に行われるようにするために必要な措置を講ずるよう努めるものとすること。（法第3条第1項関係）
② 盲学校、聾学校及び養護学校並びに社会福祉施設その他の施設で文部大臣が厚生大臣と協議して定めるものの設置者は、介護等の体験に関し必要な協力を行うよう努めるものとすること。（法第3条第2項関係）
③ 大学及び文部大臣の指定する教員養成機関は、その学生又は生徒が介護等の体験を円滑に行うことができるよう適切な配慮をするものとすること。（法第3条第3項関係）

(6) **教員の採用時における介護等の体験の勘案**
小学校又は中学校の教員を採用しようとする者は、その選考にあたっては、この法の趣旨にのっとり、教員になろうとする者が行った介護等の体験を勘案するよう努めるものとすること。（法第4条関係）

(7) **施行期日等**
① 法及び省令は平成10年4月1日から施行すること。（法附則第1項、省令附則関係）
② この法律の施行の日（平成10年4月1日）前に大学又は文部大臣の指定する指定教員養成機関に在学した者で、これらを卒業するまでに教育職員免許法別表第1に規定する小学校又は中学校の教諭の普通免許状に係る所要資格を得たものについては、法第2条第1項の規定は適用しないこと。（法附則第2項関係）

留意事項
(1) **介護等の体験の内容等について**
① 法第2条第1項にいう「障害者、高齢者等に対する介護、介助、これらの者との交流等の体験（介護等の体験）」とは、介護、介助のほか、障害者等の話相手、散歩の付添いなどの交流等の体験、あるいは掃除や洗濯といった、障害者等と直接接するわけではないが、受入施設の職員に必要とされる業務の補助など、介護等の体験を行う者の知識・技能の程度、受入施設の種類、業務の内容、業務の状況等に応じ、幅広い体験が想定されること。
また、特殊教育諸学校において行われた教育実習や、受入施設において行われた他の資格取得に際しての介護実習等は、介護等の体験として、介護等の体験の期間に算入し得ること。
② 1日当たりの介護等の体験の時間としては、受入施設の職員の通常の業務量、介護等の体験の内容等を総合的に勘案しつつ、適切な時間を確保するものとすること。
③ 介護等の体験の期間については、7日間を超えて介護等の体験を行っても差し支えないこと、また、7日間の内訳については、社会福祉施設等5日間、特殊教育諸学校2日間とすることが望ましいこと。
期間の計算については、受入施設においてそれぞれ連続して介護等の体験を行

う場合のほか、免許状取得までの数年間を通じ、長期休業期間中や土曜日・日曜日などに数度に渡って、異なる2以上の受入施設において1日単位で介護等の体験を行うことなども想定されること。

④ 告示第1号から第4号に規定する各施設は、主に下表別添通知の欄に掲げる通知に記された施設であることから、当該通知を参考にされたいこと。

⑤ 法第2条第3項の規定により介護等の

	告　　示	別　添　通　知
一号	児童福祉法（昭和22年法律第164号）第6条の2第3項に規定する児童デイサービス事業であって、市町村が実施し、又は委託するものを行う施設	昭和47年8月23日児発第545号厚生省児童家庭局長通知「心身障害児通園事業について」別紙（心身障害児通園事業実施要綱）に基づく心身障害児通園事業を行う施設
二号	身体障害者福祉法（昭和24年法律第283号）第4条の2第3項に規定する身体障害者デイサービス事業であって、市町村が実施し、又は委託するものを行う施設	平成2年12月28日社更第255号厚生省社会局長通知「身体障害者居宅生活支援事業の実施等について」別添2（身体障害者デイサービス事業実施要綱）に基づく身体障害者デイサービス事業を行う施設
三号	知的障害者を施設に通わせ、入浴、食事の提供、機能訓練その他の便宜を提供し、かつ知的障害者を現に介護する者に対し介護方法の指導その他の便宜を提供する事業であって、市町村が実施し、又は委託するものを行う施設	平成3年9月30日児発832号厚生省児童家庭局長通知「在宅知的障害者デイサービス事業の実施について」別紙（在宅知的障害者デイサービス事業実施要綱）に基づく「在宅知的障害者デイサービス事業」を行う在宅知的障害者デイサービスセンター
四号	高齢者又は身体障害者に対し老人福祉法（昭和38年法律第133号）第10条の4第1項第2号又は身体障害者福祉法第18号第1項第2号に規定する便宜を供与し、併せて高齢者、身体障害者等に対する食事の提供その他の福祉サービスで地域住民が行うものを提供する事業であって、市町村又は社会福祉法人が実施するものを行う施設	平成6年6月23日社援地第74号厚生省社会・援護局長通知「地域福祉センターの設置運営について」別紙（地域福祉センター設置運営要綱）に基づく地域福祉センター

体験を要しないこととされた者についても、介護等の体験を行いたい旨の希望があれば、本人の身体の状況、受入施設の状況等を総合的に勘案しつつ、可能な限りその意思を尊重することが望ましいこと。

(2) 受入の調整等について

① 介護等の体験を行う学生の円滑な受入の確保については、とりわけ社会福祉協議会、社会福祉施設、都道府県教育委員会・社会福祉施設担当部局、指定都市教育委員会、特殊教育諸学校等の関係者に格段の協力を願いたいこと。

なお、そのための連絡協議の体制整備を文部省において検討中であるが、当面、必要に応じ、関係者の情報交換の機会の設定等を都道府県教育委員会にお願いしたいこと。

② 学生の受入のための調整窓口に関しては、各都道府県ごとに、社会福祉施設等については各都道府県社会福祉協議会、都道府県立・指定都市立特殊教育諸学校については各都道府県・指定都市教育委員会に協力を願いたいこと。

③ 大学等においては、受入施設における介護等の体験を希望する学生の円滑な受入を促進するため、介護等の体験を希望する者の名簿の取りまとめ、大学等の所在地の社会福祉協議会や都道府県教育委員会等への一括受入依頼等について格段の協力を願いたいこと。その際、学生の介護等体験の時期について、最終学年等特定の時期に偏らないようにするなどの

可能な調整を願いたいこと。
④　首都圏、近畿圏等に所在する大学等については、近隣の受入施設に不足が生じることが予想されることから、とりわけ介護等の体験を希望する学生のうちこれらの地域以外に帰省先を有する者等については、可能な限り、長期休業期間を活用するなどして帰省先等での介護等の体験の実施促進に協力願いたいこと。この場合における、受入に関する相談は、当該帰省先等の都道府県社会福祉協議会及び都道府県教育委員会等に、協力願いたいこと。
⑤　大学等においては、介護等の体験に必要な事前指導の実施に格段の協力を願いたいこと。なお、文部省において、事前指導のための参考資料の作成等を予定していること。
⑥　介護等体験希望者の受入に伴い、社会福祉施設における介護等の体験については、必要な経費の徴収等が行われることが予定されていること。なお、その他の施設等においても必要な経費の徴収等が行われる場合があること。
　これらのことについて、大学は、混乱の生じること等がないよう、介護等の体験を希望する学生に周知されたいこと。
(3)　施行期日その他について
①　この制度は、主として平成10年4月の大学等の新入学生から適用されるものであるが、平成10年3月31日以前に大学等に在学した者であっても、卒業までの間に小学校又は中学校教諭の専修、1種若しくは2種のいずれかの免許状取得のための所要資格を得なかった者については、平成10年4月以降新たにこれら免許状を取得しようとする場合、介護等の体験を行うことが必要となること。
　このため、例えば、平成10年3月に大学を卒業したが卒業までに上記いずれの免許状取得のための所要資格をも得ておらず、平成10年4月以降大学に聴講生等として在学し免許状取得のための単位修得をするような場合については、介護等の体験を行うことが必要となること。
②　介護等の体験に伴い想定される事故等に対応した保険について、文部省において関係機関と調整中であること。その詳細については別途周知する予定であること。

世界人権宣言
Universal Declaration of Human Rights
　1948年12月10日　国際連合総会を通過し、かつ、これによって宣言された。

(前文)
　人類社会のすべての構成員の固有の尊厳を譲ることのできない権利を承認するには、世界における自由、正義及び平和の基礎であるので、
　人権の無視及び軽悔が、人類の良心を踏みにじった野蛮行為をもたらし、言論及び信仰の自由が受けられ、恐怖及び欠乏のない世界の到来が、一般の人々の最高の願望として宣言されたので、
　人間が専制と圧迫とに対する最後の手段として反逆に訴えることがないようにするためには、法の支配によって人権を保護することが肝要であるので、
　諸国民の友好関係の発展を促進することが、肝要であるので、
　国際連合の諸国民は、国際連合憲章において、基本的人権、人間の尊厳及び価値並びに男女の同権についての信念を再確認し、かつ、一層大きな自由のうちで社会的進歩と生活水準の向上とを促進することを決意したので、
　加盟国は、国際連合と協力して、人権及び基本的自由の普遍的な尊重及び遵守の促進を達成することを誓約したので、
　これらの権利及び自由に対する共通の理解は、この誓約を完全にするためにもつとも重要であるので、
　よって、ここに、国際連合総会は、
　社会の各個人及び各機関が、この世界人権宣言を常に念頭に置きながら、加盟国自身の人民の間にも、また、加盟国の管轄下にある地域の人民の間にも、これらの権利と自由との尊重を指導及び教育によって促進すること並びにそれらの普遍的かつ効果的な承認と遵守とを国内的及び国際的な漸進的措置によって確保することに努力するように、すべての人民とすべての国とが完成すべき共通の基準として、この世界人権宣言を公布する。

第1条
　すべての人間は、生まれながらにして自由であり、かつ、尊厳と権利とについて平等である。人間は、理性と良心とを授けられており、互いに同胞の精神をもつて行動しなければならない。

第2条
1　すべて人は、人種、皮膚の色、性、言語、宗教、政治上その他の意見、国民的若しくは社会的出身、財産、門地その他の地位又はこれに類するいかなる事由による差別をも受けることなく、この宣言に掲げるすべての権利と自由とを享有することができる。
2　さらに、個人の属する国又は地域が独立国であると、信託統治地域であると、非自治地域であると、又は他のなんらかの主権制限の下にあるとを問わず、その国又は地域の政治上、管轄上又は国際上の地位に基づくいかなる差別もしてはならない。

第3条
　すべて人は、生命、自由及び身体の安全に対する権利を有する。

第4条
　何人も、奴隷にされ、又は苦役に屈することはない。奴隷制度及び奴隷売買は、いかなる形においても禁止する。

第5条
　何人も、拷問又は残虐な、非人道的な若しくは屈辱的な取り扱い若しくは刑罰を受けることはない。

第6条
　すべて人は、いかなる場所においても、法の下において、人として認められる権利を有する。

第7条
　すべて人は、法の下において平等であり、また、いかなる差別もなしに法の平等な保護を受ける権利を有する。すべての人は、この宣言に違反するいかなる差別に対しても、また、そのような差別をそそのかすいかなる行為に対しても、平等な保護を受ける権利を有する。

第8条
　すべて人は、憲法は法律によって与えられた基本的権利を侵害する行為に対し、権限を有する国内裁判所による効果的な救済を受ける権利を有する。

第9条
　何人も、ほしいままに逮捕、拘禁、又は追放されることはない。

第10条
　すべて人は、自己の権利及び義務並びに自己に対する刑事責任が決定されるに当たって、独立の公平な裁判所による公正な公開の審理を受けることについて完全に平等の権利を有する。

社団法人日本社会福祉士会の倫理綱領
・1995年1月20日に本会の倫理綱領として採択した「ソーシャルワーカーの倫理綱領」を改訂し、2005年6月3日に開催した第10回通常総会にて採択したものである。

社会福祉士の倫理綱領

定義
　われわれ社会福祉士は、すべての人が人間としての尊厳を有し、価値ある存在であり、平等であることを深く認識する。われわれは平和を擁護し、人権と社会正義の原則に則り、サービス利用者本位の質の高い福祉サービスの開発と提供に努めることによって、社会福祉の推進とサービス利用者の自己実現をめざす専門職であることを言明する。
　われわれは、社会の進展に伴う社会変動が、ともすれば環境破壊及び人間疎外をもたらすことに着目する時、この専門職がこれからの社会福祉会にとって不可欠の制度であることを自覚するとともに、専門職社会福祉士の職責についての一般社会及び市民の理解を深め、その啓発に努める。
　われわれは、われわれの加盟する国際ソーシャルワーカー連盟が採択した、次の「ソーシャルワークの定義」（2000年7月）を実践に適用され得るものとして認識し、その実践の拠り所とする。

ソーシャルワークの定義
　ソーシャルワーク専門職は、人間の福祉（ウェルビーイング）の増進を目指して、社会の変革を進め、人間関係における問題解決を図り、人々のエンパワーメントと解放を促していく。ソーシャルワークは人間の行動と社会システムに関する理論を利用して、人びとがその環境と相互に影響し合う接点に介入する。人権と社会正義の原理は、ソーシャルワークの拠り所とする基盤である。（ＩＦＳＷ；2000.7.）

　われわれは、ソーシャルワークの知識、技術、専門性と倫理性の維持、向上が専門職の職責であるだけでなく、サービス利用者は勿論、社会全体の利益に密接に関連していることを認識し、本綱領を制定してこれ

を遵守することを誓約する者により、専門職団体を組織する。

価値と原則
1 （人間の尊厳）
　社会福祉士は、すべての人間を、出自、人種、性別、年齢、身体的精神的状況、宗教的文化的背景、社会的地位、経済状況等の違いにかかわらず、かけがいのない存在として尊重する。
2 （社会正義）
　差別、貧困、抑圧、排除、暴力、環境破壊などの無い、自由、平等、共生に基づく社会正義の実現を目指す。
3 （貢献）
　社会福祉士は、人間の尊厳の尊重と社会正義の実現に貢献する。
4 （誠実）
　社会福祉士は、本倫理綱領に対して常に誠実である。
5 （専門的力量）
　社会福祉士は、専門的力量を発揮し、その専門性を高める。

倫理基準
(1) 利用者に対する倫理責任
1．（利用者との関係）社会福祉士は、利用者との専門的援助関係を最も大切にし、それを自己の利益のために利用しない。
2．（利用者の利益の最優先）社会福祉士は、業務の遂行に際して、利用者の利益を最優先に考える。
3．（受　容）社会福祉士は、自らの先入観や偏見を排し、利用者をあるがままに受容する。
4．（説明責任）社会福祉士は、利用者に必要な情報を適切な方法・分かりやすい表現を用いて提供し、利用者の意思を確認する。
5．（利用者の自己決定の尊重）社会福祉士は、利用者の自己決定を尊重し、利用者がその権利を十分に理解し、活用していけるように援助する。
6．（利用者の意思決定能力への対応）社会福祉士は、意思決定能力の不十分な利用者に対して、常に最善の方法を用いて利益と権利を擁護する。
7．（プライバシーの尊重）社会福祉士は、利用者のプライバシーを最大限に尊重し、関係者から情報を得る場合、その利用者から同意を得る。
8．（秘密の保持）社会福祉士は、利用者や関係者から情報を得る場合、業務上必要な範囲にとどめ、その秘密を保持する。秘密の保持は、業務を退いた後も同様とする。
9．（記録の開示）社会福祉士は、利用者から記録の開示の要求があった場合、本人に記録を開示する。
10．（情報の共有）社会福祉士は、利用者の援助のために利用者に関する情報を関係機関・関係職員と共有する場合、その秘密を保持するよう最善の方策を用いる。
11．（性的差別、虐待の禁止）社会福祉士は、利用者に対して、性別、性的指向等の違いから派生する差別やセクシュアル・ハラスメント、虐待をしない。
12．（権利侵害の防止）社会福祉士は、利用者を擁護し、あらゆる権利侵害の発生を防止する。

(2) 実践現場における倫理責任
1．（最良の実践を行う責務）社会福祉士は、実践現場において、最良の業務を遂行するために、自らの専門的知識、技術を惜しみなく発揮する。
2．（他の専門職との連携・協働）社会福祉士は、相互の専門性を尊重し、他の専門職等と連携・協働する。
3．（実践現場と綱領の遵守）社会福祉士は、実践現場との間で倫理上のジレンマが生じるような場合、実践現場が本綱領の原則を尊重し、その基本精神を遵守するよう働きかける。
4．（業務改善の推進）社会福祉士は、常に業務を点検し評価を行い、業務改善を推進する。

(3) 社会に対する倫理責任
1．（ソーシャル・インクルージョン）社会福祉士は、人々をあらゆる差別、貧困、抑圧、排除、暴力、環境破壊などから守り、包含的な社会を目指すよう努める。
2．（社会への働きかけ）社会福祉士は、社会に見られる不正義の改善と利用者の問題解決のため、利用者や他の専門職等と連帯し、効果的な方法により社会に働きかける。
3．（国際社会への働きかけ）社会福祉士は、人権と社会正義に関する国際的問題を解決するため、全世界のソーシャルワーカーと連帯し、国際社会に働きかける。

(4) 専門職としての倫理責任
1．（専門職の啓発）社会福祉士は、利用者・他の専門職・市民に専門職としての実践を伝え社会的信用を高める。
2．（信用失墜行為の禁止）社会福祉士は、その立場を利用した信用失墜行為を行わない。
3．（社会的信用の保持）社会福祉士は、他の社会福祉士が専門職業の社会的信用を損なうような場合、本人にその事実を知らせ、必要な対応を促す。
4．（専門職の擁護）社会福祉士は、不当な批判を受けることがあれば、専門職として連帯し、その立場を擁護する。
5．（専門性の向上）社会福祉士は、最良の実践を行うために、スーパービジョン、教育・研修に参加し、援助方法の改善と専門性の向上を図る。
6．（教育・訓練・管理における責務）社会福祉士は、教育・訓練・管理に携わる場合、相手の人権を尊重し、専門職としてのよりよい成長を促す。
7．（調査・研究）社会福祉士は、すべての調査・研究過程で利用者の人権を尊重し、倫理性を確保する。

社会福祉法
（昭和26年3月29日　法律第45号）
施行　昭和26年6月1日等
改正　平成16年　法律第76号

第1章　総則
（目的）
第1条　この法律は、社会福祉を目的とする事業の全分野における共通的基本事項を定め、社会福祉を目的とする他の法律と相まって、福祉サービスの利用者の利益の保護及び地域における社会福祉（以下「地域福祉」という。）の推進を図るとともに、社会福祉事業の公明かつ適正な実施の確保及び社会福祉を目的とする事業の健全な発達を図り、もつて社会福祉の増進に資することを目的とする。

（定義）
第2条　この法律において「社会福祉事業」とは、第一種社会福祉事業及び第二種社会福祉事業をいう。
2　次に掲げる事業を第一種社会福祉業とする。
一　生活保護法（昭和25年法律第144号）に規定する救護施設、更生施設その他生計困難者を無料又は低額な料金で入所させて生活の扶助を行うことを目的とする施設を経営する事業及び生活困難者に対して助葬を行う事業
二　児童福祉法（昭和22年法律第164号）に規定する乳児院、母子生活支援施設、児童養護施設、知的障害児施設、知的障害児通園施設、盲ろうあ児施設、肢体不自由児施設、重症心身障害児施設、情緒障害児短期治療施設又は児童自立支援施設を経営する事業
三　老人福祉法（昭和38年法律第133号）に規定する養護老人ホーム、特別養護老人ホーム又は経費老人ホームを経営する事業
四　身体障害者福祉法（昭和24年法律第283号）に規定する身体障害者更生施設、身体障害者療護施設、身体障害者福祉ホーム又は身体障害者授産施設を経営する事業
五　知的障害者福祉法（昭和35年法律第37号）に規定する知的障害者更生施設、知的障害者授産施設、知的障害者福祉ホーム又は知的障害者通勤寮を経営する事業
六　売春防止法（昭和31年法律第118号）に規定する婦人保護施設を経営する事業
七　授産施設を経営する事業及び生計困難者に対して無利子又は低利で資金を融通する事業
3　次に掲げる事業を第二種社会福祉事業とする。
一　生計困難者に対して、その住居で衣食その他日常の生活必需品若しくはこれに要する金銭を与え、又は生活に関する相談に応ずる事業
二　児童福祉法に規定する児童居宅介護等事業、児童デイサービス事業、児童短期入所事業、障害児相談支援事業、児童自立生活援助事業、放課後児童健全育成事業又は子育て短期支援事業、同法に規定する助産施設、保育所、児童厚生施設又は児童家庭支援センターを経営する事業及び児童の福祉の増進について相談に応ずる事業
三　母子及び寡婦福祉法（昭和39年法律第129号）に規定する母子家庭等日常生活支援事業又は寡婦日常生活支援事業及び同法に規定する母子福祉施設を経営する事業
四　老人福祉法に規定する老人居宅介護等事業、老人デイサービス事業、老人短期

入所事業又は認知症対応型老人共同生活援助事業及び同法に規定する老人デイサービスセンター、老人短期入所施設、老人福祉センター又は老人介護支援センターを経営する事業
五　身体障害者福祉法に規定する身体障害者居宅介護等事業、身体障害者デイサービス事業、身体障害者短期入所事業、身体障害者相談支援事業、身体障害者生活訓練等事業、手話通訳事業又は介助犬訓練事業若しくは聴導犬訓練事業、同法に規定する身体障害者福祉センター、補装具製作施設、盲導犬訓練施設又は視聴覚障害者情報提供施設を経営する事業及び身体障害者の更生相談に応ずる事業
六　知的障害者福祉法に規定する知的障害者居宅介護等事業、知的障害者デイサービス事業、知的障害者短期入所事業、知的障害者地域生活援助事業又は知的障害者相談支援事業、同法に規定する知的障害者デイサービスセンターを経営する事業及び知的障害者の更生相談に応ずる事業
七　精神保健及び精神障害者福祉に関する法律（昭和25年法律第123号）に規定する精神障害者社会復帰施設を経営する事業及び同法に規定する精神障害者居宅生活支援事業
八　生計困難者のために、無料又は低額な料金で、簡易住宅を貸し付け又は宿泊所その他の施設を利用させる事業
九　生計困難者のために、無料又は低額な料金で診療を行う事業
十　生計困難者に対して、無料又は低額な費用で介護保険法（平成9年法律第123号）に規定する介護老人保健施設を利用させる事業
十一　隣保事業（隣保館等の施設を設け、無料又は低額な料金でこれを利用させることその他その近隣地域における住民の生活の改善及び向上を図るための各種の事業を行うものをいう。）
十二　福祉サービス利用援助事業（精神上の理由により日常生活を営むのに支障がある者に対して、無料又は低額な料金で、福祉サービス（前項各号及び前各号の事業において提供されるものに限る。以下この号において同じ。）の利用に関し相談に応じ、及び助言を行い、並びに福祉サービスの提供を受けるために必要な手続又は福祉サービスの利用に要する費用の支払に関する便宜を供与することその他の福祉サービスの適切な利用のための一連の援助を一体的に行う事業をいう。）
十三　前項各号及び前各号の事業に関する連絡又は助成を行う事業
4　この法律における「社会福祉事業」には、次に掲げる事業は、含まれないものとする。
一　更生保護事業法（平成7年法律第86号）に規定する更生保護事業（以下「更生保護事業」という。）
二　実施期間が6月（前項第13号に掲げる事業にあっては、3月）を超えない事業
三　社団又は組合の事業であって、社員又は組合員のためにするもの
四　第2項各号及び前項第1号から第9号までに掲げる事業であって、常時保護を受ける者が、入所させて保護を行う者にあっては5人、その他の者にあっては20人（政令に定める者にあつては、10人）に満たないもの
五　前項第13号に掲げる事業のうち、社会福祉事業の助成を行うものであつて、助成の金額が毎年度500万円に満たないもの又は助成を受ける社会福祉事業の数が毎年度50に満たないもの

（福祉サービスの基本的理念）
第3条　福祉サービスは、個人の尊厳の保持を旨とし、その内容は、福祉サービスの利用者が心身ともに健やかに育成され、またはその有する能力に応じ自立した日常生活を営むことができるように支援するものとして、良質かつ適切なものでなければならない。

（地域福祉の推進）
第4条　地域住民、社会福祉を目的とする事業を経営する者及び社会福祉に関する活動を行う者は、相互に協力し、福祉サービスを必要とする地域住民が地域社会を構成する一員として日常生活を営み、社会、経済、文化その他あらゆる分野の活動に参加する機会が与えられるように、地域福祉の推進に努めなければならない。

（福祉サービスの提供の原則）
第5条　社会福祉を目的とする事業を経営する者は、その提供する多様な福祉サービスについて、利用者の意向を十分に尊重し、かつ、保健医療サービスその他の関連するサービスとの有機的な連携を図るよう創意工夫を行いつつ、これを総合的に提供することができるようにその事業の実施に努め

なければならない。
(福祉サービスの提供体制の確保等に関する国及び地方公共団体の責務)
第6条　国及び地方公共団体は、社会福祉を目的とする事業を経営する者と協力して、社会福祉を目的とする事業の広範かつ計画的な実施が図られるよう、福祉サービスを提供する体制の確保に関する施策、福祉サービスの適切な利用の推進に関する施策その他の必要な各般の措置を講じなければならない。

　　　生活保護法
　　　　（昭和25年5月4日　法律第144号）
　　　　施行　昭和25年5月4日
　　　　改正　平成15年　法律第119号

　　第1章　総則
(この法律の目的)
第1条　この法律は、日本国憲法第25条に規定する理念に基き、国が生活に困窮するすべての国民に対し、その困窮の程度に応じ、必要な保護を行い、その最低限度の生活を保障するとともに、その自立を助長することを目的とする。
(無差別平等)
第2条　すべて国民は、この法律の定める要件を満たす限り、この法律による保護（以下「保護」という。）を、無差別平等に受けることができる。
(最低生活)
第3条　この法律により保障される最低限度の生活は、健康で文化的な生活水準を維持することができるものでなければならない。
(保護の補足性)
第4条　保護は、生活に困窮する者が、その利用し得る資産、能力その他あらゆるものを、その最低限度の生活の維持のために活用することを要件として行われる。
2　民法（明治29年法律第89号）に定める扶養義務者の扶養及びその他の法律に定める扶助は、すべてこの法律による保護に優先して行われるものとする。
3　前2項の規定は、急迫した事由がある場合に、必要な保護を行うことを妨げるものではない。
(この法律の解釈及び運用)
第5条　前4条に規定するところは、この法律の基本原理であって、この法律の解釈及び運用は、すべてこの原理に基いてされな

ければならない。
(用語の定義)
第6条　この法律において「被保護者」とは、現に保護を受けている者をいう。
2　この法律において「要保護者」とは、現に保護を受けているといないにかかわらず、保護を必要とする状態にある者をいう。
3　この法律において「保護金品」とは、保護として給与し、又は貸与される金銭及び物品をいう。
4　この法律において「金銭給付」とは、金銭の給与又は貸与によって、保護を行うことをいう。
5　この法律において「現物給付」とは、物品の給与又は貸与、医療の給付、役務の提供その他金銭給付以外の方法で保護を行うことをいう。

　　　児童福祉法
　　　　（昭和22年12月12日　法律第164号）
　　　　施行　昭和23年1月1日等
　　　　改正　平成16年　法律第21条

　　第1章　総則
(児童福祉の理念)
第1条　すべて国民は、児童が心身ともに健やかに生まれ、且つ、育成されるよう努めなければならない。
②　すべて児童は、ひとしくその生活を保障され、愛護されなければならない。
(児童育成の責任)
第2条　国及び地方公共団体は、児童の保護者とともに、児童を心身ともに健やかに育成する責任を負う。
(原理の尊重)
第3条　前2条に規定するところは、児童の福祉を保障するための原理であり、この原理は、すべて児童に関する法令の施行にあたって、常に尊重されなければならない。
　　第1節　定義
(児童)
第4条　この法律で、児童とは、満18歳に満たない者をいい、児童を下記のように分ける。
　一　乳児　満1歳に満たない者
　二　幼児　満1歳から、小学校就学の始期に達するまでの者
　三　少年　小学校就学の始期から、満18歳に達するまでの者
(妊産婦)
第5条　この法律で、妊産婦とは、妊娠中又は

出産後1年以内の女子をいう。
(保護者)
第6条　この法律で、保護者とは、親権を行う者、未成年後見人その他の者で、児童を現に監護する者をいう。
(児童居宅支援等)
第6条の2　この法律で、児童居宅支援とは、児童居宅介護、児童デイサービス及び児童短期入所をいう。
②　この法律で、児童居宅介護とは、身体に障害のある児童又は知的障害のある児童(以下「障害児」という。)であつて日常生活を営むのに支障があるものにつき、その者の家庭において行われる入浴、排せつ、食事等の介護その他の日常生活を営むのに必要な便宜であって厚生労働省令で定めるものをいう。
③　この法律で、児童デイサービスとは、障害児につき、肢体不自由児施設、知的障害児施設、その他の厚生労働省令で定める施設に通わせ、日常生活における基本的な動作の指導、集団生活への適応訓練その他の厚生労働省令で定める便宜を供与することをいう。
④　この法律で、児童短期入所とは、保護者の疾病その他の理由により家庭において介護を受けることが一時的に困難となった障害児につき、肢体不自由児施設、知的障害児施設、その他の厚生労働省令で定める施設に短期間の入所をさせ、必要な保護を行うことをいう。
⑤　この法律で、児童居宅生活支援事業とは、児童居宅介護等事業、児童デイサービス事業及び児童短期入所事業をいう。
⑥　この法律で、児童居宅生活支援事業等とは、児童居宅介護等事業、児童デイサービス事業、児童短期入所事業、障害児相談支援事業及び児童自立生活援助事業をいう。
⑦　この法律で、児童居宅介護等事業とは、児童居宅介護に係る第21条の10第1項の居宅生活支援費の支給若しくは第21条の12第1項の特例居宅生活支援費の支給に係る者又は第21条の25第1項の措置に係る者につき児童居宅介護を提供する事業をいう。
⑧　この法律で、児童デイサービス事業とは、児童デイサービスに係る第21条の10第1項の居宅生活支援費の支給若しくは第21条の12第1項の特例居宅生活支援費の支給に係る者又は第21条の25第1項の措置に係る者につき児童デイサービスを提供する事業をいう。

⑨　この法律で、児童短期入所事業とは、児童短期入所に係る第21条の10第1項の居宅生活支援費の支給若しくは第21条の12第1項の特例居宅生活支援費の支給に係る者又は第21条の25第1項の措置に係る者につき児童短期入所を提供する事業をいう。
⑩　この法律で、障害児相談支援事業とは、地域の身体に障害のある児童又は知的障害のある児童の福祉に関する各般の問題につき、主として居宅において日常生活を営むこれらの児童及びその保護者からの相談に応じ、必要な情報の提供及び助言を行うとともに、第26条第1項第2号及び第27条第1項第2号の規定による指導を行い、併せてこれらの者と市町村、児童相談所、児童居宅生活支援事業を行う者、児童福祉施設等との連絡及び調整その他の厚生労働省令で定める援助を総合的に行う事業をいう。
⑪　この法律で、児童自立生活援助事業とは、第27条第9項の措置に係る者につき同項に規定する住居において同項に規定する日常生活上の援助及び生活指導を行う事業をいう。
⑫　この法律で、放課後児童健全育成事業とは、小学校に就学しているおおむね10歳未満の児童であって、その者の保護者が労働等により昼間家庭にいないものに、政令で定める基準に従い、授業の終了後に児童厚生施設等の施設を利用して適切な遊び及び生活の場を与えて、その健全な育成を図る事業をいう。
⑬　この法律で、子育て短期支援事業とは、保護者の疾病その他の理由により家庭において養育を受けることが一時的に困難となった児童について、厚生労働省令で定めるところにより、児童養護施設その他の厚生労働省令で定める施設に入所させ、その者につき必要な保護を行う事業をいう。
(児童福祉施設)
第7条　この法律で、児童福祉施設とは、助産施設、乳児院、母子生活支援施設、保育所、児童厚生施設、児童養護施設、知的障害児施設、知的障害児通園施設、盲ろうあ児施設、肢体不自由児施設、重症心身障害児施設、情緒障害児短期治療施設、児童自立支援施設及び児童家庭支援センターとする。

母子及び寡婦福祉法
(昭和39年7月1日　法律第129号)
施行　昭和39年7月1日等
改正　平成15年　法律第121号

第1章　総則
(目的)
第1条　この法律は、母子家庭等及び寡婦の福祉に関する原理を明らかにするとともに、母子家庭等及び寡婦に対し、その生活の安定と向上のために必要な措置を講じ、もつて母子家庭等及び寡婦の福祉を図ることを目的とする。

(基本理念)
第2条　すべて母子家庭等には、児童が、その置かれている環境にかかわらず、心身ともに健やかに育成されるために必要な諸条件と、その母等の健康で文化的な生活とが保障されるものとする。
2　寡婦には、母子家庭等の母等に準じて健康で文化的な生活が保障されるものとする。

(国及び地方公共団体の責務)
第3条　国及び地方公共団体は、母子家庭等及び寡婦の福祉を増進する責務を有する。
2　国及び地方公共団体は、母子家庭等又は寡婦の福祉に関係のある施設を講ずるに当たっては、その施策を通じて、前条に規定する理念が具現されるように配慮しなければならない。

(自立への努力)
第4条　母子家庭の母及び寡婦は、自ら進んでその自立を図り、家庭生活及び職業生活の安定と向上に努めなければならない。

(扶養義務の履行)
第5条　母子家庭等の児童の親は、当該児童が心身ともに健やかに育成されるよう、当該児童の養育に必要な費用の負担その他当該児童についての扶養義務を履行するように努めなければならない。
2　母子家庭等の児童の親は、当該児童が心身ともに健やかに育成されるよう、当該児童を監護しない親の当該児童についての扶養義務の履行を確保するように努めなければならない。
3　国及び地方公共団体は、母子家庭等の児童が心身ともに健やかに育成されるよう当該児童を監護しない親の当該児童についての扶養義務の履行を確保するために広報その他適切な措置を講ずるように努めなければ

ばならない。

(定義)
第6条　この法律において「配偶者のない女子」とは、配偶者(婚姻の届出をしていないが、事実上婚姻関係と同様の事情にある者を含む。以下同じ。)と死別した女子であって、現に婚姻(婚姻の届出をしていないが、事実上婚姻関係と同様の事情にある場合を含む。以下同じ。)をしていないもの及びこれに準ずる次に掲げる女子をいう。
一　離婚した女子であって現に婚姻をしていないもの
二　配偶者の生死が明らかでない女子
三　配偶者から遺棄されている女子
四　配偶者が海外にあるためその扶養を受けることができない女子
五　配偶者が精神又は身体の障害により長期にわたって労働能力を失っている女子
六　前各号に掲げる者に準ずる女子であって政令で定めるもの
2　この法律において「児童」とは、20歳に満たない者をいう。
3　この法律において「寡婦」とは、配偶者のない女子であって、かつて配偶者のない女子として民法(明治29年法律第89号)第877条の規定により児童を扶養していたことのあるものをいう。
4　この法律において「母子家庭等」とは、母子家庭及び父子家庭をいう。
5　この法律において「母等」とは、母子家庭の母及び父子家庭の父をいう。
6　この法律において「母子福祉団体」とは、配偶者のない女子であって民法第877条の規定により現に児童を扶養しているもの(以下「配偶者のない女子で現に児童を扶養しているもの」という。)の福祉若しくはこれに併せて寡婦の福祉を増進することを主たる目的とする社会福祉法人又は同法第34条の規定により設立された法人であって、その理事の過半数が配偶者のない女子であるものをいう。

(都道府県児童福祉審議会等の権限)
第7条　児童福祉法(昭和22年法律第164号)第8条第2項に規定する都道府県児童福祉審議会(同条第1項ただし書に規定する都道府県にあっては、地方社会福祉審議会。以下この条において同じ。)及び同条第4項に規定する市町村児童福祉審議会は、母子家庭の福祉に関する事項につき、調査審議するほか、同条第2項に規定する都道府

県児童福祉審議会は都道府県知事の、同条第4項に規定する市町村児童福祉審議会は市町村長（特別区の区長を含む。以下同じ。）の諮問にそれぞれ答え、又は関係行政機関に意見を具申することができる。
（母子自立支援員）
第8条　都道府県知事、市長（特別区の区長を含む。）及び福祉事務所（社会福祉法（昭和26年法律第45号）に定める福祉に関する事務所をいう。以下同じ。）を管理する町村長（以下「都道府県知事等」という。）は、社会的信望があり、かつ、次項に規定する職務を行うに必要な熱意と識見を持っている者のうちから、母子自立支援員を委嘱するものとする。

2　母子自立支援員は、この法律の施行に関し、主として次の業務を行うものとする。
　一　配偶者のない女子で現に児童を扶養しているもの及び寡婦に対し、相談に応じ、その自立に必要な情報提供及び指導を行うこと。
　二　配偶者のない女子で現に児童を扶養しているもの及び寡婦に対し、職業能力の向上及び求職活動に関する支援を行うこと。

3　母子自立支援員は、非常勤とする。ただし、前項に規定する職務につき政令で定める相当の知識経験を有する者については、常勤とすることができる。
（福祉事務所）
第9条　福祉事務所は、この法律の施行に関し、主として次の業務を行うものとする。
　一　母子家庭及び寡婦の福祉に関し、必要な実情の把握に努めること。
　二　母子家庭及び寡婦の福祉に関する相談に応じ、必要な調査及び指導を行うこと、並びにこれらに付随する業務を行うこと。
（児童委員の協力）
第10条　児童福祉法に定める児童委員は、この法律の施行について、福祉事務所の長又は母子自立支援員の行う職務に協力するものとする。

身体障害者福祉法
（昭和24年12月26日　法律第283号）
施行　昭和25年4月1日
改正　平成16年　法律第150号

第1章　総則
（法の目的）
第1条　この法律は、身体障害者の自立と社会経済活動への参加を促進するため、身体障害者を援助し、及び必要に応じて保護し、もって身体障害者の福祉の増進を図ることを目的とする。
（自立への努力及び機会の確保）
第2条　すべて身体障害者は、自ら進んでその障害を克服し、その有する能力を活用することにより、社会経済活動に参加することができるように努めなければならない。

2　すべて身体障害者は、社会を構成する一員として社会、経済、文化その他あらゆる分野の活動に参加する機会を与えられるものとする。
（国、地方公共団体及び国民の責務）
第3条　国及び地方公共団体は、前条に規定する理念が実現されるように配慮して、身体障害者の自立と社会経済活動への参加を促進するための援助と必要な保護（以下「更生援護」という。）を総合的に実施するように努めなければならない。

2　国民は、社会連帯の理念に基づき、身体障害者がその障害を克服し、社会経済活動に参加しようとする努力に対し、協力するように努めなければならない。

第1節　定義
（身体障害者）
第4条　この法律において、「身体障害者」とは、別表に掲げる身体上の障害がある18歳以上の者であって、都道府県知事から身体障害者手帳の交付を受けたものをいう。
（居宅事業）
第4条の2　この法律において、「身体障害者居宅支援」とは、身体障害者居宅介護、身体障害者デイサービス及び身体障害者短期入所をいう。

2　この法律において、「身体障害者居宅介護」とは、身体障害者につき、居宅において行われる入浴、排せつ、食事等の介護その他の日常生活を営むのに必要な便宜であって厚生労働省令で定めるものを供与することをいう。

3　この法律において、「身体障害者でデイサービス」とは、身体障害者又はその介護を行う者につき、身体障害者福祉センターその他の厚生労働省で定める施設に通わせ、手芸、工作その他の創作的活動、機能訓練、介護方法の指導その他の厚生労働省令で定める便宜を供与することをいう。

4　この法律において、「身体障害者短期入所」とは、居宅においてその介護を行う者

の疾病その他の理由により、身体障害者療護施設その他の厚生労働省令で定める施設（以下この項において「身体障害者療護施設等」という。）への短期間の入所を必要とする身体障害者につき、身体障害者療護施設等に短期間の入所をさせ、必要な保護を行うことをいう。

5　この法律において、「身体障害者居宅生活支援事業」とは、身体障害者居宅介護等事業、身体障害者デイサービス事業及び身体障害者短期入所事業をいう。

6　この法律において、「身体障害者居宅介護等事業」とは、身体障害者居宅介護に係る第17条の4第1項の居宅生活支援費の支給若しくは第17条の6第1項の特例居宅生活支援費の支給に係る者又は第18条第1項の措置に係る者につき、身体障害者居宅介護を提供する事業をいう。

7　この法律において、「身体障害者デイサービス事業」とは、身体障害者デイサービスに係る第17条の4第1項の居宅生活支援費の支給若しくは第17条の6第1項の特例居宅生活支援費の支給に係る者又は第18条第1項の措置に係る者につき、身体障害者デイサービスを提供する事業をいう。

8　この法律において、「身体障害者短期入所事業」とは、身体障害者短期入所に係る第17条の4第1項の居宅生活支援費の支給若しくは第17条の6第1項の特例居宅生活支援費の支給に係る者又は第18条第1項の措置に係る者につき、身体障害者短期入所を提供する事業をいう。

9　この法律において、「身体障害者相談支援事業」とは、地域の身体障害者の福祉に関する各般の問題につき、主として居宅において日常生活を営む身体障害者又はその介護を行う者からの相談に応じ、必要な情報の提供及び助言を行うとともに、第9条第4項の規定による情報の提供及び相談及び指導を行い、併せてこれらの者と市町村、身体障害者居宅生活支援事業を行う者、身体障害者更生援護施設、医療機関等との連絡及び調整その他の厚生労働省令で定める援助を総合的に行う事業をいう。

10　この法律において、「身体障害者生活訓練等事業」とは、身体障害者に対する点字又は手話の訓練その他の身体障害者が日常生活又は社会生活を営むために必要な厚生労働省令で定める訓練その他の援助を提供する事業をいう。

11　この法律において、「手話通訳事業」とは、聴覚、言語機能又は音声機能の障害のため、音声言語により意思疎通を図ることに支障がある身体障害者（以下この項において「聴覚障害者等」という。）につき、手話通訳等（手話その他厚生労働省令で定める方法により聴覚障害者等とその他の者の意思疎通を仲介することをいう。第34条において同じ。）に関する便宜を供与する事業をいう。

12　この法律において、「介助犬訓練事業」とは、介助犬（身体障害者補助犬法（平成14年法律第49号）第2条第3項に規定する介助犬をいう。以下同じ。）の訓練を行うとともに、肢体の不自由な身体障害者に対し、介助犬の利用に必要な訓練を行う事業をいい、「聴導犬訓練事業」とは、聴導犬（同条第4項に規定する聴導犬をいう。以下同じ。）の訓練を行うとともに、聴覚障害のある身体障害者に対し、聴導犬の利用に必要な訓練を行う事業をいう。

（施設等）

第5条　この法律において、「身体障害者更生援護施設」とは、身体障害者更生施設、身体障害者療護施設、身体障害者福祉ホーム、身体障害者授産施設、身体障害者福祉センター、補装具製作施設、盲導犬訓練施設及び視聴覚障害者情報提供施設をいう。

2　この法律において、「身体障害者施設支援」とは、身体障害者更生施設支援、身体障害者療護施設支援及び身体障害者授産施設支援をいう。

3　この法律において、「身体障害者更生施設支援」とは、身体障害者更生施設に入所する身体障害者に対して行われる治療又は指導及びその更生に必要な訓練をいう。

4　この法律において、「身体障害者療護施設支援」とは、身体障害者療護施設に入所する身体障害者に対して行われる治療及び養護をいう。

5　この法律において、「身体障害者授産施設支援」とは、特定身体障害者授産施設（身体障害者授産施設のうち政令で定めるものをいう。以下同じ。）に入所する身体障害者に対して行われる必要な訓練及び職業の提供をいう。

6　この法律において、「医療保健施設」とは、地域保健法（昭和22年法律第101号）に基づく保健所並びに医療法（昭和23年法律第205号）に規定する病院及び診療所をいう。

知的障害者福祉法
(昭和35年3月31日　法律第37号)
施行　昭和35年4月1日
改正　平成14年　法律第1号・法律第167号

第1章　総則
(この法律の目的)
第1条　この法律は、知的障害者の自立と社会経済活動への参加を促進するため、知的障害者を援助するとともに必要な保護を行い、もって知的障害者の福祉を図ることを目的とする。

(自立への努力及び機会の確保)
第1条の2　すべての知的障害者は、その有する能力を活用することにより、進んで社会経済活動に参加するよう努めなければならない。
2　すべての知的障害者は、社会を構成する一員として、社会、経済、文化その他あらゆる分野の活動に参加する機会を与えられるものとする。

(国、地方公共団体及び国民の責務)
第2条　国及び地方公共団体は、前条に規定する理念が実現されるように配慮して、知的障害者の福祉について国民の理解を深めるとともに、知的障害者の自立と社会経済活動への参加を促進するための援助と必要な保護(以下「更生援護」という。)の実施に努めなければならない。
2　国民は、知的障害者の福祉について理解を深めるとともに、社会連帯の理念に基づき、知的障害者が社会経済活動に参加しようとする努力に対し、協力するように努めなければならない。

(関係職員の協力責務)
第3条　この法律及び児童福祉法(昭和22年法律第164号)による更生援護の実施並びにその監督に当たる国及び地方公共団体の職員は、知的障害者に対する更生援護が児童から成人まで関連性をもって行われるように相互に協力しなければならない。

(定義)
第4条　この法律において、「知的障害者居宅支援」とは、知的障害者居宅介護、知的障害者デイサービス、知的障害者短期入所及び知的障害者地域生活援助をいう。
2　この法律において、「知的障害者居宅介護」とは、18歳以上の知的障害者であって日常生活を営むのに支障があるものにつき、居宅において行われる入浴、排せつ、食事等の介護その他の日常生活を営むのに必要な便宜であって厚生労働省令で定めるものをいう。
3　この法律において、「知的障害者デイサービス」とは、18歳以上の知的障害者又はその介護を行う者につき、知的障害者デイサービスセンターその他厚生労働省令で定める施設に通わせ、手芸、工作、その他の創作的活動、社会生活への適応のために必要な訓練、介護方法の指導その他の厚生労働省令で定める便宜を供与することをいう。
4　この法律において、「知的障害者短期入所」とは、介護を行う者の疾病その他の理由により居宅おいて介護を受けることが一時的に困難となった18歳以上の知的障害者につき、知的障害者更生施設、知的障害者授産施設その他の厚生労働省令で定める施設に短期間の入所をさせ、必要な保護を行うことをいう。
5　この法律において、「知的障害者地域生活援助」とは、地域において共同生活を営むのに支障のない知的障害者につき、これらの者が共同生活を営むべき住居において食事の提供、相談その他の日常生活上の援助を行うことをいう。
6　この法律において、「知的障害者居宅生活支援事業」とは、知的障害者居宅介護等事業、知的障害者デイサービス事業、知的障害者短期入所事業及び知的障害者地域生活援助事業をいう。
7　この法律において、「知的障害者居宅介護等事業」とは、知的障害者居宅介護等事業に係る第15条の5第1項の居宅生活支援費の支給若しくは第15条の7第1項の特例居宅支援費の支給に係る者又は第15条の32第1項の措置に係る者につき、知的障害者居宅介護を提供する事業をいう。
8　この法律において、「知的障害者デイサービス事業」とは、知的障害者デイサービスに係る第15条の5第1項の居宅生活支援費の支給若しくは第15条の7第1項の特例居宅生活支援費の支給に係る者又は第15条の32第1項の措置に係る者(その者を現に介護する者を含む。)につき、第3項の厚生労働省令で定める施設に通わせ、知的障害者デイサービスを提供する事業をいう。
9　この法律において、「知的障害者短期入所事業」とは、知的障害者短期入所事業に係る第15条の5第1項の居宅生活支援費の支給若しくは第15条の7第1項の特例居宅生

活支援費の支給に係る者又は第15条の32第1項の措置に係る者につき、知的障害者短期入所を提供する事業をいう。
10　この法律において、「知的障害者地域生活援助事業」とは、知的障害者地域生活援助に係る第15条の5第1項の居宅介護支援費の支給若しくは第15条の7第1項の特例居宅生活支援費の支給に係る者又は第15条の32第1項の措置に係る者につき、知的障害者地域生活援助を提供する事業をいう。
11　この法律において、「知的障害者相談支援事業」とは、地域の知的障害者の福祉に関する各般の問題につき、主として居宅において日常生活を営む18歳以上の知的障害者又はその介護を行う者からの相談に応じ、必要な情報の提供及び助言を行うとともに、第11条第2項の規定による相談及び指導を行い、併せてこれらの者と市町村、知的障害者居宅生活支援事業を行う者、知的障害者援護施設、医療機関等との連絡及び調整その他の厚生労働省令で定める援助を総合的に行う事業をいう。
第5条　この法律において、「知的障害者援護施設」とは、知的障害者デイサービスセンター、知的障害者更生施設、知的障害者授産施設、知的障害者通勤寮及び知的障害者福祉ホームをいう。
2　この法律において、「知的障害者施設支援」とは、知的障害者更生施設支援、知的障害者授産施設支援及び知的障害者通勤寮支援並びに独立行政法人国立重度知的障害者総合施設のぞみの園法（平成14年法律第167号）第11条第1号の規定により独立行政法人国立重度知的障害者総合施設のぞみの園が設置する施設において提供される支援をいう。
3　この法律において、「知的障害者更生施設支援」とは、知的障害者更生施設に入所する知的障害者に対して行われる保護並びにその更生に必要な指導及び訓練をいう。
4　この法律において、「知的障害者授産施設支援」とは、特定知的障害者授産施設（知的障害者授産施設のうち政令で定めるものをいう。以下同じ。）に入所する知的障害者に対して行われる必要な訓練及び職業の提供をいう。
5　この法律において、「知的障害者通勤寮支援」とは、知的障害者通勤寮に入所する知的障害者に対して行われる居室その他の設備の利用の提供並びに独立及び自活に必要な助言及び指導をいう。

老人福祉法
（昭和38年7月11日　法律第133号）
施行　昭和38年8月1日
改正　平成15年　法律第119号

第1章　総則
（目的）
第1条　この法律は、老人の福祉に関する原理を明らかにするとともに、老人に対し、その心身の健康の保持及び生活の安定のために必要な措置を講じ、もって老人の福祉を図ることを目的とする。
（基本的理念）
第2条　老人は、多年にわたり社会の進展に寄与してきた者として、かつ、豊富な知識と経験を有する者として敬愛されるとともに、生きがいを持てる健全で安らかな生活を保障されるものとする。
第3条　老人は、老齢に伴なって生ずる心身の変化を自覚して、常に心身の健康を保持し、又は、その知識と経験を活用して、社会的活動に参加するように努めるものとする。
2　老人は、その希望と能力とに応じ、適当な仕事に従事する機会その他社会的活動に参加する機会を与えられるものとする。
（老人福祉増進の責務）
第4条　国及び地方公共団体は、老人の福祉を増進する責務を有する。
2　国及び地方公共団体は、老人の福祉に関係のある施策を講ずるに当たっては、その施策を通じて、前2条に規定する基本的理念が具現されるように配慮しなければならない。
3　老人の生活に直接影響を及ぼす事業を営む者は、その事業の運営に当たっては、老人の福祉が増進されるように努めなければならない。
（老人の日及び老人週間）
第5条　国民の間に広く老人の福祉についての関心と理解を深めるとともに、老人に対し自らの生活の向上に努める意欲を促すため、老人の日及び老人週間を設ける。
2　老人の日は9月15日とし、老人週間は同日から同月21日までとする。
3　国は、老人の日においてその趣旨にふさわしい事業を実施するように努めるものとし、国及び地方公共団体は、老人週間において老人の団体その他の者によってその趣旨にふさわしい行事が実施されるよう奨励

しなければならない。
(定義)
第5条の2　この法律において、「老人居宅生活支援事業」とは、老人居宅介護等事業、老人デイサービス事業、老人短期入所事業及び痴呆対応型老人共同生活援助事業をいう。
2　この法律において、「老人居宅介護等事業」とは、第10条の4第1項第1号の措置に係る者又は介護保険法（平成9年法律第123号）の規定による訪問介護に係る居宅介護サービス費若しくは居宅支援サービス費の支給に係る者その他の政令で定める者につき、これらの者の居宅において入浴、排せつ、食事等の介護その他の日常生活を営むのに必要な便宜であって厚生労働省令で定めるものを供与する事業をいう。
3　この法律において、「老人デイサービス事業」とは、第10条の4第1項第2号の措置に係る者又は介護保険法の規定による通所介護に係る居宅介護サービス費若しくは居宅支援サービス費の支給に係るものその他の政令で定める者（その者を現に養護する者を含む。）を特別養護老人ホームその他の厚生労働省令で定める施設に通わせ、これらの者につき入浴、食事の提供、機能訓練、介護方法の指導その他の厚生労働省令で定める便宜を供与する事業をいう。
4　この法律において、「老人短期入所事業」とは、第10条の4第1項第3号の措置に係る者又は介護保険法の規定による短期入所生活介護に係る居宅介護サービス費若しくは居宅支援サービス費の支給に係る者その他の政令で定める者を特別養護老人ホームその他の厚生労働省令で定める施設に短期間入所させ、養護する事業をいう。
5　この法律において、「痴呆対応型老人共同生活援助事業」とは、第10条の4第1項第4号の措置に係る者又は介護保険法の規定による痴呆対応型共同生活介護に係る者その他の政令で定める者につき、これらの者が共同生活を営むべき住居において食事の提供その他の日常生活上の援助を行う事業をいう。
第5条の3　この法律において、「老人福祉施設」とは、老人デイサービスセンター、老人短期入所施設、養護老人ホーム、特別養護老人ホーム、軽費老人ホーム、老人福祉センター及び老人介護支援センターをいう。

介護保険法
　　　　　　（平成9年12月17日　法律第123号）
施行　平成12年4月1日
改正　平成16年　法律第21号・法律第132号

第1章　総則
(目的)
第1条　この法律は、加齢に伴って生ずる心身の変化に起因する疾病等により要介護状態となり、入浴、排せつ、食事等の介護、機能訓練並びに看護及び療養上の管理その他の医療を要する者等について、これらの者がその有する能力に応じ自立した日常生活を営むことができるよう、必要な保健医療サービス及び福祉サービスに係る給付を行うため、国民の共同連帯の理念に基づき介護保険制度を設け、その行う保険給付等に関して必要な事項を定め、もって国民の保健医療の向上及び福祉の増進を図ることを目的とする。
(介護保険)
第2条　介護保険は、被保険者の要介護状態又は要介護状態となるおそれがある状態に関し、必要な保険給付を行うものとする。
2　前項の保険給付は、要介護状態の軽減若しくは悪化の防止又は要介護状態となることの予防に資するよう行われるとともに、医療との連携に十分配慮して行われなければならない。
3　第1項の保険給付は、被保険者の心身の状況、その置かれている環境等に応じて、被保険者の選択に基づき、適切な保健医療サービス及び福祉サービスが、多様な事業者又は施設から、総合的かつ効率的に提供されるよう配慮して行われなければならない。
4　第1項の保険給付の内容及び水準は、被保険者が要介護状態となった場合においても、可能な限り、その居宅において、その有する能力に応じ自立した日常生活を営むことができるように配慮されなければならない。
(保険者)
第3条　市町村及び特別区は、この法律の定めるところにより、介護保険を行うものとする。
2　市町村及び特別区は、介護保険に関する収入及び支出について、政令で定めるところにより、特別会計を設けなければならない。

(国民の努力及び義務)
第4条　国民は、自ら要介護状態となることを予防するため、加齢に伴って生ずる心身の変化を自覚して常に健康の保持増進に努めるとともに、要介護状態となった場合においても、進んでリハビリテーションその他の適切な保健医療サービス及び福祉サービスを利用することにより、その有する能力の維持向上に努めるものとする。
2　国民は、共同連帯の理念に基づき、介護保険事業に要する費用を公平に負担するものとする。

(国及び都道府県の責務)
第5条　国は、介護保険事業の運営が健全かつ円滑に行われるよう保健医療サービス及び福祉サービスを提供する体制の確保に関する施策その他の必要な各般の措置を講じなければならない。
2　都道府県は、介護保険事業の運営が健全かつ円滑に行われるように、必要な指導及び適切な援助をしなければならない。

(医療保険者の協力)
第6条　医療保険者は、介護保険事業が健全かつ円滑に行われるよう協力しなければならない。

(定義)
第7条　この法律において、「要介護状態」とは、身体上又は精神上の障害があるために、入浴、排せつ、食事等の日常生活における基本的な動作の全部又は一部について、厚生労働省令で定める期間にわたり継続して、常時介護を要すると見込まれる状態であって、その介護の必要の程度に応じて厚生労働省令で定める区分(以下「要介護状態区分」という。)のいずれかに該当するものをいう。
2　この法律において、「要介護状態となるおそれがある状態」とは、身体上又は精神上の障害があるために、厚生労働省令で定める期間にわたり継続して、日常生活を営むのに支障があると見込まれる状態(厚生労働省令で定める程度のものに限る。)であって、要介護状態以外の状態をいう。
3　この法律において、「要介護者」とは、次の各号のいずれかに該当する者をいう。
一　要介護状態にある65歳以上の者
二　要介護状態にある45歳以上65歳未満の者であって、その要介護状態の原因である身体上又は精神上の障害が加齢に伴って生ずる心身の変化に起因する疾病であって政令で定めるもの(以下「特定疾病」という。)によって生じたものであるもの
4　この法律において「要支援者」とは、次の各号のいずれかに該当する者をいう。
一　要介護状態となるおそれがある状態にある65歳以上の者
二　要介護状態となるおそれがある状態にある45歳以上65歳未満の者であって、その要介護状態となるおそれがある状態の原因である身体上又は精神上の障害が特定疾病によって生じたものであるもの
5　この法律において「居宅サービス」とは、訪問介護、訪問入浴介護、訪問看護、訪問リハビリテーション、居宅療養管理指導、通所介護、通所リハビリテーション、短期入所生活介護、短期入所療養介護、痴呆対応型共同生活介護、特定施設入所者生活介護及び福祉用具貸与をいい、「居宅サービス事業」とは居宅サービスを行う事業をいう。
6　この法律において「訪問介護」とは、要介護者又は要支援者(以下「要介護者等」という。)であって、居宅(老人福祉法(昭和38年法律第133号)第20条の6に規定する経費老人ホーム、同法第29条第1項に規定する有料老人ホーム(第16項において単に「有料老人ホーム」という。)その他の厚生労働省令で定める施設における居室を含む。以下同じ。)について、その者の居宅において介護福祉士その他の政令で定める者により行われる入浴、排せつ、食事等の介護その他の日常生活上の世話であって、厚生労働省令で定めるものをいう。
7　この法律において「訪問入浴介護」とは、居宅要介護者について、その者の居宅を訪問し、浴槽を提供して行われる入浴の介護をいう。
8　この法律において「訪問看護」とは、居宅要介護者等(主治の医師がその治療の必要の程度につき厚生労働省令で定める基準に適合していると認めたものに限る。)について、その者の居宅において看護師その他厚生労働省令で定める者により行われる療養上の世話又は必要な診療の補助をいう。
9　この法律において「訪問リハビリテーション」とは、居宅要介護者(主事の医師がその治療の必要の程度につき厚生労働省令で定める基準に適合していると認めたものに限る。)について、その者の居宅において、その心身の機能の維持回

復を図り、日常生活の自立を助けるために行われる理学療法、作業療法その他必要なリハビリテーションをいう。

10　この法律において「居宅療養管理指導」とは、居宅要介護者について、病院、診療所又は薬局の医師、歯科医師、薬剤師その他厚生労働省令で定める者により行われる療養上の管理及び指導であって、厚生労働省令で定めるものをいう。

11　この法律において「通所介護」とは、居宅要介護者等について、老人福祉法第5条の2第3項に規定する厚生労働省令で定める施設又は同法第20条の2の2に規定する老人デイサービスセンターに通わせ、当該施設において入浴及び食事の提供（これらに伴う介護を含む。）その他の日常生活上の世話であって厚生労働省令で定めるもの並びに機能訓練を行うことをいう。

12　この法律において「通所リハビリテーション」とは、居宅要介護者等（主治の医師がその治療の必要の程度につき厚生労働省令で定める基準に適合していると認めたものにかぎる。）について、介護老人保健施設、病院、診療所その他の厚生労働省令で定める施設に通わせ、当該施設において、その心身の機能の維持回復を図り、日常生活の自立を助けるために行われる理学療法、作業療法、その他必要なリハビリテーションを行うことをいう。

13　この法律において「短期入所生活介護」とは、居宅要介護者等について、老人福祉法第5条の2第4項に規定する厚生労働省令で定める施設又は同法第20条の3に規定する老人短期入所施設に短期間入所させ、当該施設において入浴、排せつ、食事等の介護その他の日常生活上の世話及び機能訓練を行うことをいう。

14　この法律において「短期入所療養介護」とは、居宅要介護者等（その治療の必要の程度につき厚生労働省令で定めるものに限る。）について、介護老人保健施設、介護療養型医療施設その他の厚生労働省令で定める施設に短期間入所させ、当該施設において看護、医学的管理の下における介護及び機能訓練その他必要な医療並びに日常生活上の世話を行うことをいう。

15　この法律において「痴呆対応型共同生活介護」とは、要介護者であって痴呆の状態にある者（当該痴呆に伴って著しい精神症状を呈する者及び当該痴呆に伴って著しい行動異常がある者並びにその者の痴呆の原因となる疾患が急性の状態にある者を除く。）について、その共同生活を営むべき住居において、入浴、排せつ、食事等の介護その他の日常生活上の世話及び機能訓練を行うことをいう。

16　この法律において「特定施設入所者生活介護」とは、有料老人ホームその他厚生労働省令で定める施設（以下この項において「特定施設」という。）に入所している要介護者等について、当該特定施設が提供するサービスの内容、これを担当する者その他厚生労働省令で定める事項を定めた計画に基づき行われる入浴、排せつ、食事等の介護その他の日常生活上の世話であって厚生労働省令で定めるもの、機能訓練及び療養上の世話をいう。

17　この法律において「福祉用具貸与」とは、居宅要介護者等について行われる福祉用具（心身の機能が低下し日常生活に支障がある要介護者等の日常生活上の便宜を図るための用具であって、要介護者等の日常生活の自立を助けるためのものをいう。第44条第1項において同じ。）のうち厚生労働大臣が定めるものの貸与をいう。

18　この法律において「居宅介護支援」とは、居宅要介護者等が第41条第1項に規定する指定居宅サービス又は特例居宅介護サービス費若しくは特例居宅サービス費に係る居宅サービス若しくはこれに相当するサービス及びその他の居宅において日常生活を営むために必要な保健医療サービス又は福祉サービス（以下この項において「指定居宅サービス等」という。）の適切な利用等をすることができるよう、当該居宅要介護者等の依頼を受けて、その心身の状況、その置かれている環境、当該居宅要介護者等及びその家族の希望等を勘案し、利用する指定居宅サービス等の種類及び内容、これを担当する者その他厚生労働省令で定める事項を定めた計画（以下この項において「居宅サービス計画」という。）を作成するとともに、当該居宅サービス計画に基づく指定居宅サービス等の提供が確保されるよう、同条第1項に規定する指定居宅サービス事業者その他の者との連絡調整その他の便宜の提供を行い、及び当該居宅要介護者等が介護保険施設への入所を要する場合にあっては、介護保険施設への紹介その他の便宜の提供を行うことをいい、「居宅介護支援事業」とは、居宅介護支援を行う事業をいう。

19　この法律において「介護保険施設」とは、

第48条第1項に第1号に規定する指定介護老人福祉施設、介護老人保健施設及び同項第3号に規定する指定介護療養型医療施設をいう。

20 この法律において「施設サービス」とは、介護福祉施設サービス、介護保険施設サービス及び介護療養施設サービスをいい、「施設サービス計画」とは、介護老人福祉施設、介護老人保険施設又は介護療養型医療施設に入所している要介護者について、これらの施設が提供するサービスの内容、これを担当する者その他厚生労働省令で定める事項を定めた計画をいう。

21 この法律において「介護老人福祉施設」とは、老人福祉法第20条の5に規定する特別養護老人ホームであって当該特別養護老人ホームに入所する要介護者に対し、施設サービス計画に基づいて、入浴、排せつ、食事等の介護その他の日常生活上の世話、機能訓練、健康管理及び療養上の世話を行うことを目的とする施設をいい、「介護福祉施設サービス」とは、介護老人福祉施設に入所する要介護者に対し、施設サービス計画に基づいて行われる入浴、排せつ、食事等の介護その他の日常生活上の世話、機能訓練、健康管理及び療養上の世話をいう。

22 この法律において「介護老人保健施設」とは、要介護者（その治療の必要の程度につき厚生労働省令で定めるものに限る。以下この項において同じ。）に対し、施設サービス計画に基づいて、看護、医学的管理の下における介護及び機能訓練その他必要な医療並びに日常生活上の世話を行うことを目的とする施設として、第94条第1項の都道府県知事の許可を受けたものをいい、「介護保険施設サービス」とは、介護老人保健施設に入所する要介護者に対し、施設サービス計画に基づいて行われる看護、医学的管理の下における介護及び機能訓練その他必要な医療並びに日常生活上の世話をいう。

23 この法律において「介護療養型医療施設」とは、療養病床等（医療法「昭和23年法律第205号」第7条第2項第4号に規定する療養病床のうち要介護者の心身の特性に応じた適切な看護が行われるものとして政令で定めるもの又は療養病床以外の病院の病床のうち痴呆の状態にある要介護者の心身の特性に応じた適切な看護が行われるものとして政令で定めるものをいう。以下同じ。）を有する病院又は診療所であって、当該療養病床等に入院する要介護者（その治療の必要の程度につき厚生労働省令で定めるものに限る。以下この項において同じ。）に対し、施設サービス計画に基づいて、療養上の管理、看護、医学的管理の下における介護その他の世話及び機能訓練その他必要な医療を行うことを目的とする施設をいい、「介護療養型施設サービス」とは、介護療養型医療施設の療養病床等に入院する要介護者に対し、施設サービス計画に基づいて行われる療養上の管理、看護、医学的管理の下における介護その他の世話及び機能訓練その他必要な医療をいう。

24 この法律において「医療保険各法」とは、次に掲げる法律をいう。
　一　健康保険法（大正11年法律第70号）
　二　船員保険法（昭和14年法律第73号）
　三　国民健康保険法（昭和33年法律第129号）
　四　国家公務員共済組合法（昭和33年法律第128号）
　五　地方公務員等共済組合法（昭和37年法律第152号）
　六　私立学校教職員共済法（昭和28年法律第245号）

25 この法律において「医療保険者」とは、医療保険各法の規定により医療に関する給付を行う政府、健康保険組合、市町村（特別区を含む）、国民健康保険組合、共済組合又は日本私立学校振興・共済事業団をいう。

26 この法律において「医療保険加入者」とは、次に掲げる者をいう。
　一　健康保険法の規定による被保険者。ただし、同法第3条第2項の規定による日雇特例被保険者を除く。
　二　船員保険法の規定による被保険者
　三　国民健康保険法の規定による被保険者
　四　国家公務員共済組合法又は地方公務員等共済組合法に基づく共済組合の組合員
　五　私立学校教職員共済法の規定による私立学校教職員共済制度の加入者
　六　健康保険法、船員保険法、国家公務員共済組合法（他の法律において準用する場合を含む。）又は地方公務員等共済組合法の規定による被扶養者。ただし、健康保険法第3条第2項の規定による日雇特例被保険者の同法の規定による被扶養者を除く。
　七　健康保険法第126条の規定により日雇特例被保険者手帳の交付を受け、その手

帳に健康保険印紙をはり付けるべき余白がなくなるに至るまでの間にある者及び同法の規定によるその者の被扶養者。ただし、同法第3条第2項ただし書の規定による承認を受けて同項の規定による日雇特例被保険者とならない期間内にある者及び同法第126条第3項の規定により当該日雇特例被保険者手帳を返納した者並びに同法の規定によるその者の被扶養者を除く。

老人保健法
　　　（昭和57年8月17日　法律第80号）
　　　施行　昭和58年2月1日
　　　改正　前略　平成14年　法律第168号

第1章　総則
（目的）
第1条　この法律は、国民の老後における健康の保持と適切な医療の確保を図るため、疾病の予防、治療、機能訓練等の保健事業を総合的に実施し、もって国民保健の向上及び老人福祉の増進を図ることを目的とする。
（基本的理念）
第2条　国民は、自助と連帯の精神に基づき、自ら加齢に伴って生ずる心身の変化を自覚して常に健康の保持増進に努めるとともに、老人の医療に要する費用を公平に負担するものとする。
2　国民は、年齢、心身の状況等に応じ、職域若しくは地域又は家庭において、老後における健康の保持を図るための適切な保健サービスを受ける機会を与えられるものとする。
（国の責務）
第3条　国は、この法律による保健事業（以下単に「保健事業」という。）が健全かつ円滑に実施されるよう必要な各般の措置を講ずるとともに、第1条に規定する目的の達成に資するため、医療、公衆衛生、社会福祉その他の関連施策を積極的に推進しなければならない。
（地方公共団体の責務）
第4条　地方公共団体は、この法律の趣旨を尊重し、住民の老後における健康の保持を図るため、保健事業が健全かつ円滑に実施されるよう適切な施策を実施しなければならない。
（保険者の責務）
第5条　保険者は、加入者の老後における健康の保持のために必要な事業を積極的に推進するよう努めるとともに、保健事業が健全かつ円滑に実施されるよう協力しなければならない。

障害者基本法
　　　（昭和45年5月21日　法律第84号）
　　　施行　昭和45年5月21日
　　　改正　平成16年　法律第80号

第1章　総則
（目的）
第1条　この法律は、障害者の自立及び社会参加の支援等のための施策に関し、基本的理念を定め、及び国、地方公共団体等の責務を明らかにするとともに、障害者の自立及び社会参加の支援等のための施策の基本となる事項を定めること等により、障害者の自立及び社会参加の支援等のための施策を総合的かつ計画的に推進し、もって障害者の福祉を増進することを目的とする。
（定義）
第2条　この法律において「障害者」とは、身体障害、知的障害又は精神障害（以下「障害」と総称する。）があるため、継続的に日常生活又は社会生活に相当な制限を受ける者をいう。
（基本的理念）
第3条　すべて障害者は、個人の尊厳が重んぜられ、その尊厳にふさわしい生活を保障される権利を有する。
2　すべて障害者は、社会を構成する一員として社会、経済、文化その他あらゆる分野の活動に参加する機会が与えられる。
3　何人も、障害者に対して、障害を理由として、差別することその他の権利利益を侵害する行為をしてはならない。
（国及び地方公共団体の責務）
第4条　国及び地方公共団体は、障害者の権利の擁護及び障害者に対する差別の防止を図りつつ障害者の自立及び社会参加を支援すること等により、障害者の福祉を増進する責務を有する。
（国民の理解）
第5条　国及び地方公共団体は、国民が障害者について正しい理解を深めるよう必要な施策を講じなければならない。
（国民の責務）
第6条　国民は、社会連帯の理念に基づき、障害者の福祉の増進に協力するよう努めなければならない。

2 国民は、社会連帯の理念に基づき、障害者の人権が尊重され、障害者が差別されることなく、社会、経済、文化その他あらゆる分野の活動に参加することができる社会の実現に寄与するよう努めなければならない。

(障害者週間)
第7条 国民の間に広く障害者の福祉についての関心と理解を深めるともに、障害者が社会、経済、文化その他あらゆる分野の活動に積極的に参加する意欲を高めるため、障害者週間を設ける。
2 障害者週間は、12月3日から12月9日までの一週間とする。
3 国及び地方公共団体は、障害者週間の趣旨にふさわしい事業を実施するよう努めなければならない。

(施策の基本方針)
第8条 障害者の福祉に関する施策は、障害者の年齢及び障害の状態に応じて、かつ、有機的連携の下に総合的に、策定され、及び実施されなければならない。
2 障害者の福祉に関する施策に講ずるに当たっては、障害者の自主性が十分に尊重され、かつ、障害者が、可能な限り、地域において自立した日常生活を営むことができるよう配慮されなければならない。

(障害者基本計画等)
第9条 政府は、障害者の福祉に関する施策及び障害者の予防に関する施策の総合的かつ計画的な推進を図るため、障害者のための施策に関する基本的な計画(以下、「障害者基本計画」という。)を策定しなければならない。
2 都道府県は、障害者基本計画を基本とするとともに、当該都道府県における障害者の状況等を踏まえ、当該都道府県における障害者のための施策に関する基本的な計画(以下「以下都道府県障害者計画」という。)を策定しなければならない。
3 市町村は、障害者基本計画及び都道府県障害者計画を基本とするとともに、地方自治法(昭和22年法律第67号)第2条第4項の基本構想に即し、かつ、当該市町村における障害者の状況等を踏まえ、当該市町村における障害者のための施策に関する基本的な計画(以下「市町村障害者計画」という。)を策定するよう努めなければならない。
4 内閣総理大臣は、関係行政機関の長に協議するとともに、中央障害者施策推進協議会の意見を聴いて、障害者基本計画の案を作成し、閣議の決定を求めなければならない。
5 都道府県は、都道府県障害者計画を策定するに当たっては地方障害者施策推進協議会の意見を聴かなければならない。
6 市町村は、市町村障害者計画を策定するために当たっては、地方障害者施策推進協議会を設置している場合にあってはその意見を、その他の場合にあっては障害者その他の関係者の意見を聴かなければならない。
7 政府は、障害者基本計画を策定したときは、これを国会に報告するとともに、その要旨を公表しなければならない。
8 第2項又は第3項の規定により都道府県障害者計画又は市町村障害者計画が策定されたときは、都道府県知事又は市町村長に、これを当該都道府県の議会又は当該市町村の議会に報告するとともに、その要旨を公表しなければならない。
9 第4項及び第7項の規定は障害者基本計画の変更について、第5項及び前項の規定は都道府県障害者計画の変更について、第6項及び前項の規定は市町村障害者計画の変更について準用する。

(法制上の措置等)
第10条 政府は、この法律の目的を達成するため、必要な法制上及び財政上の措置を講じなければならない。

(年次報告)
第11条 政府は、毎年、国会に、障害者のために講じた施策の概況に関する報告書を提出しなければならない。

児童虐待の防止等に関する法律
(平成12年5月24日　法律第82号)
施行　平成12年11月20日
改正　前略　平成16年　法律第30号

第1章　総則
(目的)
第1条 この法律は、児童虐待が児童の人権を著しく侵害し、その心身の成長及び人格の形成に重大な影響を与えるとともに、我が国における将来の世代の育成にも懸念を及ぼすことにかんがみ、児童に対する虐待の禁止、児童虐待の予防及び早期発見その他の児童虐待の防止に関する国及び地方公共団体の責務、児童虐待を受けた児童の保護及び自立の支援のための措置等を定める

ことにより、児童虐待の防止等に関する施策を促進することを目的とする。
(児童虐待の定義)
第2条　この法律において、「児童虐待」とは、保護者(親権を行う者、未成年後見人その他の者で、児童を現に監護するものをいう。以下同じ。)がその監護する児童(18歳に満たない者をいう。以下同じ。)について行う次に掲げる行為をいう。
1　児童の身体に外傷が生じ、又は生じるおそれのある暴行を加えること。
2　児童にわいせつな行為をすること又は児童をしてわいせつな行為をさせること。
3　児童の心身の正常な発達を妨げるような著しい減食又は長時間の放置、保護者以外の同居人による前2号又は次号に掲げる行為と同様の行為の放置その他の保護者としての監護を著しく怠ること。
4　児童に対する著しい暴言又は著しく拒絶的な対応、児童が同居する家庭における配偶者に対する暴力(配偶者(婚姻の届出をしていないが、事実上婚姻関係と同様の事情にある者を含む。)の身体に対する不法な攻撃であって生命又は身体に危害を及ぼすもの及びこれに準ずる心身に有害な影響を及ぼす言動をいう。)その他の児童に著しい心理的外傷を与える言動を行うこと。

(児童に対する虐待の禁止)
第3条　何人も、児童に対し、虐待をしてはならない。

介護等体験証明書見本

証　明　書

本籍地
氏　名
年月日生

上記の者は、下記のとおり本施設において、小学校及び中学校の教諭の普通免所状授与に係る教育職員免許法の特例等に関する法律第2条に規定する介護等の体験を行ったことを証明する。

記

期　間	学校名又は施設名及び住所	体験の概要	学校又は施設の長の名及び印
年　月　日～ 年　月　日 (　　　間)			

備考1．「期間」の欄には、複数の期間にわたる場合には期間毎に記入すること。
　　2．「体験の概要」の欄には、「高齢者介護等」「知的障害者の介護等」等の区分を記入すること。

都道府県社会福祉協議会一覧

都道府県社協名	〒	所在地	電話（代表）
北海道	060-0002	札幌市中央区北2条西7-1　道立社会福祉総合センター内	011-241-3976
青森県	030-0801	青森市中央3-20-30　県民福祉プラザ内	017-723-1391
岩手県	020-0831	盛岡市三本柳8地割1番3　ふれあいランド岩手内	019-637-4466
宮城県	980-0014	仙台市青葉区本町3-7-4　県社会福祉会館内	022-225-8476
秋田県	010-0922	秋田市旭北栄町1-5　県社会福祉会館内	018-864-2711～5
山形県	990-0021	山形市小白川町2-3-31　県総合社会福祉センター内	023-622-5805
福島県	960-8141	福島市渡利字七社宮111　県総合社会福祉センター内	024-523-1251
茨城県	310-0851	水戸市千波町1918　県総合社会福祉会館内	029-241-1133
栃木県	320-0033	宇都宮市若草1-10-6　とちぎ福祉プラザ内	028-622-0524
群馬県	371-0033	前橋市新前橋町13-12　県社会福祉総合センター内	027-255-6033
埼玉県	336-0012	さいたま市浦和区針ケ谷4-2-6　彩の国すこやかプラザ内	018-822-1191
千葉県	260-0026	千葉市中央区千葉港4-3　県社会福祉センター内	043-245-1101
東京都	162-8853	新宿区神楽河岸1-1	03-3268-7171
神奈川県	221-0844	横浜市神奈川区沢渡4-2　県社会福祉会館内	045-311-1422
新潟県	950-8575	新潟市上所2-2-2　新潟ユニゾンプラザ内	025-281-5520
富山県	930-0091	富山市安住町5-21　県総合社会福祉会館内	076-432-2958
石川県	920-8557	金沢市本多町3-1-10　県社会福祉会館内	076-224-1212
福井県	910-8516	福井市光陽2-3-22　県社会福祉センター内	077-624-2339
山梨県	400-0005	甲府市北新1-2-12　県福祉プラザ内	055-254-8610
長野県	380-0928	長野市若里1570-1　県社会福祉総合センター内	026-228-4244
岐阜県	500-8385	岐阜市下奈良2-2-1　県福祉農業会館内	058-273-1111
静岡県	420-8670	静岡市駿府町1-70　県総合社会福祉会館内	054-254-5248
愛知県	460-0002	名古屋市中区丸の内2-4-7　県社会福祉会館内	052-232-1181
三重県	514-0003	津市桜橋2-131　県社会福祉会館内	059-227-5145
滋賀県	525-0056	草津市笠山7-8-138　県立長寿社会福祉センター内	077-567-3920
京都府	604-0823	京都市中京区竹屋町通烏丸入る清水町375　府立総合社会福祉会館内	075-252-6291
大阪府	542-0065	大阪市中央区中寺1-1-54　大阪社会福祉指導センター	06-6762-9471
兵庫県	651-0062	神戸市中央区坂口通2-1-18　県社会福祉センター内	078-242-4633
奈良県	634-0061	橿原市大久保町320-11　県社会福祉総合センター内	0744-29-0100
和歌山県	640-8545	和歌山市手平2-1-2　県民交流プラザ和歌山ビッグ愛内	073-435-5222
鳥取県	689-0201	鳥取市伏野1729-5　県立福祉人材研修センター内	0857-59-6331
島根県	690-0011	松江市東津田町1741-3　いきいきプラザ島根内	0852-32-5970
岡山県	700-0813	岡山市石関町2-1　県総合福祉会館内	086-226-3511
広島県	732-0816	広島市南区比治山本町12-2　県社会福祉会館内	082-254-3411
山口県	753-0072	山口市大手町9-6　ゆ～あいプラザ山口県社会福祉会館内	083-924-2777
徳島県	770-0943	徳島市中昭和町1-2　県総合福祉センター内	088-654-4461
香川県	760-0017	高松市番町1-10-35　県社会福祉総合センター内	087-861-0545
愛媛県	790-0853	松山市持田町3-8-15　県総合社会福祉会館内	089-921-5070
高知県	780-8567	高知市朝倉戊375-1　県立ふくし交流プラザ内	088-844-4600
福岡県	816-0804	春日市原町3-1-7　県総合福祉センター内	092-584-3377
佐賀県	840-0021	佐賀市鬼丸町7-18　県立社会福祉会館内	0952-23-2145
長崎県	852-8555	長崎市茂里町3-24　県総合福祉センター内	095-846-8600
熊本県	860-0842	熊本市南千反畑町3-7　県総合福祉センター内	096-324-5454
大分県	870-0907	大分市大津町2-1-41　県総合社会福祉会館内	097-558-0300
宮崎県	880-8515	宮崎市原町2-22　県福祉総合センター内	0985-22-3145
鹿児島県	980-8517	鹿児島市鴨池新町1-7　県社会福祉センター内	099-257-3855
沖縄県	903-8603	那覇市首里石嶺町4-37-1　県総合福祉センター内	098-887-2000

【索　引】

あ行

ADL（日常生活動作）	52,97,105
NPO	63
いじめ	21,184
医療ソーシャルワーカー（MSW）	153
インクルージョン	12
栄養士	83,135,150,152

か行

QOL向上	54
介護支援専門員	150
介護場面	111,118
介護職員（寮母・寮夫）	57,134,155,156,163
介護等体験	15,26,119,131
「介護等体験」の意義	26
介護等体験のポイント	99,101,136
介護等体験を行う指定施設	137
介護福祉士	149,156,173
介護保険法	55,104,114,137
介護老人保健施設	113,114,117,137
開発的教育相談	184
各種福祉手当	72
学校教育法	39,174,185
環境整備	111,118,136
看護師	57,130,151
関連する資格	151
義肢装具士（PO）	153
基本的資格	148
技術・家庭科	175
居宅サービス	114,157
グループホーム	12,58,98
救護施設	71,134,165
救護施設の目的	132
教育基本法	39
教員の職務	174
教科外指導	178
教科「福祉」の教員免許	175
健康保険	73
言語聴覚士（ST）	152
公的扶助制度	69
高齢化社会	51,147
国際障害分類（ICIDH）	42
国際生活機能分類（ICF）	43
コミュニケーション	57,92,94,102,110,112,118,125,127
ゴールドプラン	53,146
ゴールドプラン21	53,144,147

さ行

在宅福祉サービス	53,56,62,156,166
作業療法士（OT）	114,129,134,135,146,151
支援費制度	49,87,147
施設サービス	87,105,150
肢体不自由	35,45,49,86,128,138
肢体不自由養護学校の概要	128
視覚障害	47,86,90,123
視能訓練士（ORT）	152
事前学習	112,119,136

児童虐待	22,38	生活指導員	57,134,154
児童権利宣言	16	生活保護法	69,70,132,139,165
児童福祉	16,32,36,185	精神障害者	46,48,74,138,164
児童福祉の法体系	39	精神保健福祉士	149
児童福祉施設	35,158,180	精神保健福祉法	46
児童福祉法	11,16,33,34,94,150,158	専門学科	124,171,173,176
児童養護施設	35,78,80,159	専門教科と福祉	176
次世代育成支援対策推進法	40	総合学科	171,173
自己決定	82,103	**た行**	
社会福祉の仕事	144,155	体験のポイント	123,124,127,128,130
社会福祉協議会	29,61,144,166	知的障害児・者関係施設	94,99
社会福祉士	148	知的障害者福祉法	45,95,163
社会福祉事業	14,144	知的障害養護学校の概要	126
社会福祉法	49,60,139,165	地域福祉	58,60,166
社会保障	65,73	中央福祉人材センター	147
社会保障制度	67,68	聴覚障害	91,124
少子化社会対策基本法	40	治療的教育相談	184
少年法	39	デイサービス	57,62,162
障害者基本法	44	都道府県福祉人材センター	147
職業指導	79,94,161,185,187	特殊教育諸学校	121,123,132
ショートステイ	58,105,158	特定疾病	114
新エンゼルプラン	40,144	特別活動	19,121,174,178
新ゴールドプラン	53,145	特別支援教育 (Special Support Education)	
身体障害児・者	48,85,88,93		122,132
身体障害児・者関係施設	85,87	特別支援教育体制	121
身体障害者福祉法	45,85,86,138,162	特別養護老人ホーム	
進路指導	185		55,103,106,109,156,162
人権教育	16,18,20	**な行**	
人材確保の施策	146	乳児院	11,35,78,82,84,158
スクールカウンセラー	20,24,183	認知症	52,104,107,108,119,157
世界人権宣言	16	ノーマライゼーション	
成年後見制度	49		12,42,59,106,122,144,179

は行

ハートビルト法	9,50
バリアフリー	9,13,50,128,182
病弱養護学校の概要	130
不登校	15,23,183,184
普通科	123,124,171,173,177,187
普通教科と福祉	177
福祉科教育職員免許状	185
福祉科教員	174,176,188
福祉学科	173
福祉公社	65,166
福祉人材センター	144,145,147
福祉生協	166
保育士	34,82,84,95,150,158
保健師	95,152,158
母子及び寡婦福祉法	37,147,161
母子保健法	38,39,74
ホームヘルパー	12,57,145,150,166
ホームヘルプサービス	57,62
ボランティア	58,64,65,105,110,131,179
ボランティア学習	14
ボランティア活動	21,65,161,166,179

ま行

民生委員	34,62
盲学校の概要	123
盲導犬訓練士	155

や行

ユニットケア	58,107,109
ユニバーサルデザイン	9
予防的教育相談	183,184
余暇活動	111,157

ら行

理学療法士（PT）	129,135,151,160,165
リハビリテーション	89,110,116,118,151,162
臨床心理士	154,184
レクリェーション	111,116,118
ろう学校の概要	124
老人福祉施設	55,145,179
老人福祉法	54,104,139,157,158
老人保健法	54,74,113,147

編集者略歴 2005年12月現在

山口洋史　東京教育大学大学院教育学研究科修士課程修了、教育学博士（筑波大学）
　　　　　佛教大学助教授、兵庫教育大学学校教育学部教授など歴任
　　　　　現在　九州保健福祉大学社会福祉学部教授

伊藤一雄　名古屋大学大学院教育学研究科（教育科学専攻）博士課程単位取得満期退学
　　　　　島津製作所、高校教諭、京都大学講師（非常勤）高野山大学教授など歴任
　　　　　現在　関西福祉科学大学社会福祉学部教授

福本幹雄　佛教大学大学院社会学研究科（社会福祉学専攻）修士課程修了
　　　　　㈱サカタインクス、ビックケミージャパン㈱部長など歴任
　　　　　現在　高野山大学文学部助教授、佛教大学非常勤講師

執筆者一覧（アイウエオ順）2005.12現在

氏名	所属	担当
伊藤　一雄	関西福祉科学大学社会福祉学部教授	[5-1～5-6]（第5章編著者）
井澤　信三	兵庫教育大学学校教育学部助教授	[3-2]
岡村ヒロ子	大阪薫英女子短期大学 生活科学科専任講師	[3-4、3-5]
小川　巌	島根大学教育学部教授	[3-6]
尾崎　剛志	大原医療秘書福祉専門学校 介護福祉科専任教員	[2-5]
加山　弾	関西学院大学社会学部助手	[2-2、2-3]
中　典子	宇部フロンティア大学短期大学部 保健学科専任講師	[2-1、3-1]
長崎　繭子	四天王寺国際仏教大学大学院 人文社会学研究科修士課程在籍	[巻末資料]
福本　幹雄	高野山大学助教授	[3-7、4-1～4-3]（第2、3、4章、資料編著者）
山口　洋史	九州保健福祉大学 社会福祉学部教授	[1-1、1-3]（第1章編著者）
吉利　宗久	京都教育大学教育学部専任講師	[2-2]
渡辺　明宏	静岡大学教育学部助教授	[1-2、3-3]

福祉への道標 ―教職のための社会福祉―

2006年2月10日　発行

編　者　山口洋史、伊藤一雄、福本幹雄

発行者　岩　根　順　子

発行所　サンライズ出版
　　　　〒522-0004滋賀県彦根市鳥居本町655-1
　　　　TEL0749-22-0627 FAX0749-23-7720

印　刷　サンライズ出版株式会社

©山口洋史、伊藤一雄、福本幹雄　乱丁本・落丁本は小社にてお取り替えします。
ISBN4-88325-291-4　C1037　　　　定価はカバーに表示しております。